科学传媒的做点

中国国家地理之路

李栓科 / 著

编写组

李栓科　单之蔷　陈惊鸿　李志华　黄秀芳　许秋汉　孙　钢　江　郁

才华烨　孙　樱　李　宁　高　颖　黄志鹏　郭亦城　王　杰　陈　辉

王　彤　刘　晶　李　晟　闫瑞杰　孙媛媛　陈沂欢　陈红军　宋静茹

郭颖谦　李殿荆　李　惟

致谢

中国国家地理走过的二十年，
是一本杂志与祖国山河巨变的二十年，
更是一家科学传媒与各界朋友神交意会的二十年。

感谢各级领导、专家，
你们的引领创见，拓展了地理探索的精神版图；

感谢各位作者、摄影师、插画师，
你们的才情眼界，使深奥的科学得以走进千家万户；

感谢发行伙伴、广告客户，
你们的实力推举，让科学众享之路不再独行；

感谢读者们，感谢同事们，
二十年风雨偕行，一路上真诚相伴。
光荣属于每一位。

我们将继续从感恩出发，以情怀启程，跨界创新，砥砺前行。
赋予国人更多热爱中国的理由，
带给世界更加完整的中国景象。

本书由文化名家暨“四个一批”人才工程项目资助

目 录

前　言

今天的中国，为何需要科学传媒？

我出生在大西北，是家中第四子，出生那年恰逢全国开展“阶级斗争、生产斗争、科学试验”三大革命运动。那时“科学”意味着先进，代表着知识的最高水平。老父亲希望我能像拴牛拴马一样把科学拴住，便给我起名“栓科”，这便是我和“科学”的初遇。然而我这大半辈子，到底没能拴住科学，反倒被科学牢牢拴住了。

科学有力量，它引人入胜，饶有趣味。对科学从业者来说，其使命是求真，在追求真理的路上，“科学请求被超越，被相形见绌”。不管是自然科学还是社会科学，所有的研究都承认自己的不足并被后人不断超越，如此才能常变常新。对公众来讲，科学早已走下神坛，变成了我们日常生活中的话题和谈资。它可以是飞在太空中的“嫦娥”，是浩瀚的星空，也可以是家门口的一条河、正在把玩的智能手机，或者我们皮肤上的微尘。

青年时期，我随国家组织的综合科学考察队在南极、北极和青藏高原做科考，爬冰卧雪十来年。人们常有惊叹，这人竟在企鹅、北极熊和藏羚羊的世界里过了十年！想当初，在北冰洋剪切带被大范围冰裂所困、在南大洋赶上超级飓风以及在克里雅河谷突遇冰川泥石流，几次死里逃生，确有那么几许传奇色彩。极地的恶劣气候和艰苦的野外环境，练就了我超强的感受力和耐受力，也让我看淡了人生中的得与失。这大概是地学工作者所共有的底色：但凡在野外长期工作或生活的人，心胸都会变得非常开阔。

原以为自己会在地学研究中过完一生，没想到33岁那年，竟有了做传媒的机缘。那时，我已是中科院地理研究所的研究员了，思量再三，我这

1992年，李栓科在南极中山站越冬时，造访帝企鹅的“幼儿园”。

个西北汉子决定挑战自己：年轻人，怕什么！越是不可能的事，我越要尝试。从地理工作者变成传媒经营者，我和同事们一起把科普期刊《地理知识》做成了今天的《中国国家地理》，一本有着百万级发行量的科学传媒杂志。

转眼，在这条路上已跋涉了廿三年，同行的科学传媒越来越少，而公众的科学热情却与日俱增。我便有问要发：科学精神之于中国到底是什么？今天的中国需要怎样的科学传媒？这些问题尽管宏大，但对于立志传播科学精神与理性思辨的媒体来讲，这些话题牵系着其精神之内核。如此，我们且借纸谈，铺陈开去。

科普VS科学传媒

做科学传媒和做科普（即科学普及）是两码事。接手《地理知识》时，我并不确定要把这本杂志具体做成什么样。不过有一点我非常明确，一定不能做成一般的科普类。

《地理知识》创刊于1950年，最早由中国科学工作者协会南京分会地理组编辑，办刊目的是“为人民普及地理知识”，主要读者为中学地理教师、大中学生和各级干部。1953年，《地理知识》改由新成立的中科院地理研究所主管，时任中科院院长的郭沫若为杂志题写了刊名。1959年，编辑部随中科院地理所从南京迁至北京。之后，因编辑方针不符合国家要求以及受到“文革”影响，杂志在1960年和1966年遭遇两次停刊。1972年10月，顶着“文化大革命”的风浪，《地理知识》复刊了，封面图片为“红旗渠”。复刊号中关于“气象卫星”的文章，语言虽有些刻板，却有勇气在“知识越多越反动”的年代向读者介绍气象科学的最前沿信息。

科学精神之于中国到底是什么？今天的中国需要怎样的科学传媒？这些问题尽管宏大，但对于立志传播科学精神与理性思辨的媒体来讲，这些话题牵系着其精神之内核。

复刊时，编辑部就开始思考：如何以生动活泼的形式、短小精悍的文章来表达地理科学的趣味内容。[1]努力归努力，可杂志并没摆脱课本式的科普风格，没能真正活泼起来，更不用说将科学的思辨精神以大家喜闻乐见的方式讲出来。

1977年我国高考制度恢复，得益于考试催生的市场需求，《地理知识》成为国内少有的热卖期刊，曾连续5年每期发行量在40万册左右。1982年，高考制度改革，“地理”不再作为高考主科，《地理知识》月发行量锐减至20多万册。待到90年代文化市场开放，人们的阅读态度发生大转变，那种枯燥的、居高临下的说教式刊物已经很难被读者接受了。加之期刊市场的繁荣、人们阅读选择范围的扩大，都使得仍然端着“我教

1 《地理知识》，1972.10，《编者的话》，p24。

《地理知识》杂志时期的木质印章，印章下方为《地理知识》的创刊号。摄影 / 王宁

在我看来，科学、宗教和艺术是人类最重要的三大利器，人类文明若离开这三样，便如白纸一张，回到动物一样的蛮荒时代。从这个意义上讲，我们做科学传媒，只是追踪报道科学的最新发现、进展和认知，并不是鼓吹科学的完美，也不将它凌驾于一切之上。

你”这种科普腔调的《地理知识》，月发行量在1997年跌至1.5万册，面临严峻考验。这种考验对传统科普期刊来说，是必然也是警钟：时代不需要你了。

而从另一方面来说，科学传媒，或“科学传播”，因其深入浅出、有趣耐看的特点，成为新的社会刚需。我们从《地理知识》到《中国国家地理》的跨越，就是抓住了这样的机遇和变化。

不说杂志，作为地理工作者的我，也亲身经历了这样的转变。90年代中期，我曾给《地理知识》供稿，连载16期，讲述我在南极越冬的故事。我呕心沥血写出的稿子，论文气过重，只得反复修改。编辑痛苦，我自己也痛苦。一次，我想起在南极看到幻日，即五六个太阳同时出现在天上的奇观，颇有“后羿射日”的光景，内心极为兴奋，便在专栏里写道：“老祖宗看到的太阳可能是真的！”可惜那时还是以传统科普的语言体系来讲述南极洁净空气中的冰晶雨。虽然也曾引起轰动，毕竟再现了神话中的“十个太阳”，但今日再看，并不觉得十分有趣。确实如此，很少有科学家能把专业知识深入浅出地讲给大众听。难道公众不关心科学吗？关心的。经常有大众媒体写科学现象或描述某项科研进展，语言明快，可读性强，可专家一看，“哟，这个点不对啊”。一边是茶壶里煮饺子倒不出来，另一边是十万个为什么一个接一个。这种信息不对称，反映出来的就是专家语汇与公众之间的障碍，而科学传媒正是架在两者之间的极好桥梁。

在这里，我并没有否定科普在历史时期的重要性，而是讨论当下国家和市场对科学传播的真实需求。其实，科普和科学传播之间是有继承性的。初识科学的力量，有识之士就呼吁培养公民的“科学意识”（Awareness of Science），由此催生了科普，解释“是什么、为什么”。比如，在我出生的60年代，点煤油灯的人恐怕不能想象电是什么，但是有科学意识的人会知道，电是个好东西，哪怕他并没有见过。后来，努力的方向变成让公众“理解科学”（Public Understanding of Science），科学传播出现

2008年，李栓科在获得首届中国出版政府奖后，发表了获奖感言："我们奋斗了10年，已经取得了阶段性的成就，但我们的目标还在远方、在高处，我们会继续躬身前行"。摄影 / 马宏杰

了，语言妙趣横生、贴近人们的生活，科学也从知识变成了公众的话题和谈资。我们从《地理知识》到《中国国家地理》的转型，就是发生在这个阶段的事。眼下，"科学"已经飞入寻常百姓家，成为我们日常生活中的一部分了。比如，每个人都知道六级以上的地震非常可怕。拥有理解科学的能力后，公众开始参与科技发展（Public Engagement of Science and Technology)，理论性的科学、实践性的技术和公众之间有了现实意义上的互动，科学传播的内容和载体也越来越丰富了。雨后春笋般建起来的科学博物馆、自然课堂和地理公园，就是公众参与和体验科学的新范式。

因此，我最不愿将《中国国家地理》划入科普行列。科普在中国，正如我们之前说过的，它的语汇体系太古老——"我是权威，我来告诉你它是什么、为什么"，这种居高临下的姿态，自然形成"拒人于千里之外"的疏远感，是传统科普的第一大弱点。第二个，科普长期由政府包办，从中央到地方都有官办组织，国家财政拨款维系着这个庞大的体系，跟市场并无紧密关联，也不贴近大众的日常生活，很难引起读者共鸣，运作效率并不高。第三个，目前科学已经发展到了需要庞大经费、有组织、有协作的集团行为了，科研经费的投向和使用决定了科学成果和科学议题的产生，但自上而下的科普不会让公众了解科学的组织结构、运作机制以及科学结论的产生过程，而这些也许比知识本身更重要。另外，科普普及的是知识，不在意公众的参与和互动，因而不够活泛，生命力有限。科学传播

则是动态的，通过激发大众对科学的热爱与思辨来完成它最重要的使命，即提升民众的科技素质与涵养。在我看来，科学、宗教和艺术是人类最重要的三大利器，人类文明若离开这三样，便如白纸一张，回到动物一样的蛮荒时代。从这个意义上讲，我们做科学传媒，只是追踪报道科学的最新发现、进展和认知，并不是鼓吹科学的完美，也不将它凌驾于一切之上。

科学，从来都不完美，永远都是阶段性或局部性正确，科学家总是在质疑和批判中继承着前人的成果，进而创新并推向新高度，我想这正是它的魅力所在。任何一项科学发明，都不是百利而无一害的，也并不是所有的科学都造就了恶魔。原子的发明让人类获得了高效的核能，但是它也催生了终极武器原子弹。所有的科学都有两面性，关键在于我们如何理性地认识它。然而，这种理性与思辨精神，在当下是稀缺的。移动互联带来的信息巨流和碎片化阅读，造就了大量的“知道分子”：我什么都知道，我多少都知道一点，但是什么我都只能说上一句半，再往下我就不知道了。即便不知道背后的原因，“知道分子”也要参与表达自己的意见。为什么

2000年10月18日，“《地理知识》创刊50年暨更名《中国国家地理》庆祝大会”在中国科学院地理科学与资源研究所举行，留下了这张创业期的员工（部分）合影。

我们社交媒体上的舆论浪潮今天向东漂，明天浪又回来了？这种来回过山车般的传播现象，不仅出现在中国，全世界都面临着这样一个问题，这是时代问题。

如此一来，科学传播的使命更加重大，那就是要把大量的“知道分子”变成有独立思考能力、有批判精神、有行动力的“知识分子”。当一个社会知识分子越来越少的时候，很难期待这个社会科学上有创新、文化上有迭代、技术上有进步、商业模式上有颠覆。我们太需要把“知道分子”转化为“知识分子”，而不是任凭“知识分子”自甘下沉为“知道分子”。而我能想到的，就是通过科学传媒，引领公众热爱科学并参与其中。

与地理有关的题材不仅丰富到取之不尽，更有大美于斯，而且和人们的生活息息相关，颇有“天地生人”的况味。更有趣的是，由于地理学体系庞杂，兼采自然科学和社会科学，反而最能培养人的思辨精神：地理世界里，没有单一的因和果，全是一果多因、一因多果。

传播什么？

既然要做科学传媒，以内容为驱动力的媒体，我们思考的第一个问题就是：传播什么？

面向大众的科学传媒，和其他媒体一样，其核心在于筛选并解读社会热点、难点和疑点问题。如果我们选择的传播要素和途径合理，优质内容就一定能传播出去。由此，取材和传播方式很关键。首先，并不是所有的科学都能传播，一些有着复杂论证或者过于晦涩的科学项目就很难成为公众话题。其次，取好材后，我们还要在讲透故事的同时传递科学的思辨精神。这两点看似简单，但对于一本按月出刊的杂志来说，就不容易了。

假如我们以化学为着眼点，做一本面向大众的趣味期刊，可能用不了多久就会关门。虽然化学现象有趣，但讲述其原理的化学语言诸如元素、分子和方程式，和解析几何一样，很难为公众所接受。一来，能看懂的人太少；二来，咱老百姓谁没事去琢磨化学反应的方程式呢？

细想下来，还真只有地理是专家和大众平分秋色的科学门类，所谓

立足于地理，我们涉足并跟进公众关心的社会热点、难点、疑点，将这些话题进行精准、精彩、精炼的整理和分析，内容造就杂志的价值，即引发公众对社会议题的理性思考。

“平民化的科学”。住在长江边上的人和研究长江的地理学者，都能对这条大河侃侃而谈。地理科学，天生具备亲民与平民化的属性，贴近民众衣食住行的各个方面，它所描述的东西是我们从生命形成之初、打从娘胎里出来就能感知的。地理不仅关注山川湖泊、风雨雷电、火山地震、气流洋流这些无机世界，也关注有机界的动物、植物和人类。地理学既属于自然科学范畴，也与社会科学相交叉，比如经济地理、历史地理和人文地理。可谓东西南北、四维上下，尽在其中。与地理有关的题材不仅丰富到取之不尽，更有大美于斯，而且和人们的生活息息相关，颇有“天地生人”的况味。更有趣的是，由于地理学体系庞杂，兼采自然科学和社会科学，反而最能培养人的思辨精神：地理世界里，没有单一的因和果，全是一果多因、一因多果。做一本立足地理、面向大众的科学传媒杂志，真是再合适不过了。美国《国家地理》（*National Geographic*）、英国《地理》（*Geographical*）和德国《GEO视界》的风行，进一步证实了我们的判断，也激励着我们做一本中国自己的“国家地理”。1998年，《地理知识》迈向全彩版时代，我们在改版号的封面顶部添加了一小行字：“中国国家地理杂志”。这是我们从科普期刊转型为科学传媒杂志的目标，也是我们的理想和担当。

2000年10月，《地理知识》正式更名为《中国国家地理》，“地理”成为描述中国的新语言。以中国960万平方公里的领土和300多万平方公里的领海为核心，《中国国家地理》发现和记录自然的绝妙和人文的精华。我们把自然题材作为优选题材，是因为自然界有接近终极的标准，几乎所有报道的内容和结论都可以验证，经得起不同读者从各种立场的质询。但是，为了自然而自然，会落入孤立的科学研究范式，所以《中国国家地理》关注那些与人类生活密切相关，甚至在日常生活中可以接触到的自然现象。可若是为了人文而人文，则在滑向社会科学领地之时，面临难就同一人文现象达成具有共识性描述的困境；为此，我们讲述那些在特定自然环境中出现、演进或兴衰存废的人文景观，以保持自然与人文之间

的平衡。“推开自然之门，昭示人文精华”，恰如其分地诠释了《中国国家地理》的办刊理念。

为了让读者更好地领略自然与人文地理的风采，在表达上我们力求完美。对于文风，我的老搭档，《中国国家地理》的执行总编单之蔷提出：我们理想中的作者，应是“记者+学者+艺术家+哲学家”的综合体。像记者那样到现场去，给读者强烈的现场感、新闻感；像学者一样严谨和富有知识；像诗人那样锤炼语言和富有情感；像摄影家那样追求图片的美妙绝伦；像画家设计师那样把版面和装帧做得精美雅致；像哲学家一样思考，给文章“魂”一样的东西。对于图片，我们不仅希望它有艺术性，符合摄影和美学的原则，还要有地理科学的支撑以及时代感，这样读者不仅能感受到美与愉悦，更会产生好奇心与求知欲，这样我们才有机会与读者分享科学的魅力。我们的这些思考和判断，得到了杂志发行曲线的验证：仅是1998年改版到2004年的最初6年时间，我们的发行量就翻了10倍之多。

从老牌科普期刊《地理知识》到《中国国家地理》的转型，我以为这本杂志最大的亮点在于其着眼于地理学的本质，即强调区域多样性，通过报道“差异美”和“变化美”来确保内容的独家性，又通过“新发现、新进展”和“再发现、再认识”让杂志流动和鲜活起来。

我经常在想，一本杂志的生命力到底在哪里？让它鲜活的是知识吗？明显不是。可能最接近答案的是，一份杂志能否为公众创造话题和谈资。立足于地理，我们涉足并跟进公众关心的社会热点、难点、疑点，将这些话题进行精准、精彩、精炼的整理和分析，内容造就杂志的价值，引发公众对社会议题的理性思考。也许，这就是《中国国家地理》区别于旅游杂志的所在。同样讲旅行，国家地理展示的是出行的由头——这个地方自然之美与人文之美的底蕴和内涵，而旅游杂志更多介绍美的感受和经历。就像汪国真先生的《旅行》:“凡是遥远的地方/对我们都有一种诱惑/不是诱惑于美丽/就是诱惑于传说。”我们提供给读者的就是这份美丽和传说，只不过在诗意的诱惑之外，我们还传递着科学的思辨美。

随着《中国国家地理》在新知阶层的风行，我们内部孵化了第一份子刊《博物》，这是青春版的“国家地理”，给儿童和少年的科学传媒期刊。为什么叫“博物”呢？科学有两种传统，一种是博物学传统，一种是数理和实验传统。地理学属于博物学传统，这种流派不喜欢数学、符号、模型和公式，也不喜欢实验室。在20世纪中叶曾经有一股潮流试图把地理学“数学化”，不少地理学家把那段时间称为“地理学最悲惨的岁月”。《中国国家地理》所继承的正是博物学传统，关注地理学中非数理部分的议题，将自己划入老少皆宜的博物学视野之中。考虑到博物知识是人类对世界、自然万物包括对自身的认识与汇总，我们想和年轻的读者一起探索自然的奥秘、感悟博物带给我们的闲情逸致与审美体验。若少年有科学视野和博物情趣，中国必有科学和博物的未来。

地理学能从时间和空间两个维度记录、解读区域之美。2007年，我们和中华书局合作推出了《中华遗产》杂志，从历史的角度梳理华夏文明。在我看来，《中国国家地理》与《中华遗产》就像一只手的正反两面，是手心和手背的关系。历史与自然，本来就相辅相成。没有自然的历史会失去基石，没有历史的自然或许也只能称为“器物”。与《中国国家地理》不同的是，《中华遗产》是在“叩击历史星空，梳理华夏文明”。

随后，影视、图书和新媒体公司，也加入了中国国家地理传播系列，形成了六大内容传播矩阵。无论传播平台和渠道如何更替，我们仍然坚持做内容驱动型的媒体，内容即中国国家地理的核心，也是我们作为科学传媒的最大利器。回望过往，岁月悠悠，我们已经深深根植于“地理味”的科学传媒中，向阳生长。

大市场

前面，我曾提到自己为《地理知识》写过“幻日”。然而，《地理知识》对地理圈外的影响委实有限，总有人抓着我问“幻日”的真假。直到今天，还有人问我，真的有“幻日”吗？为什么会有“幻日”？每回答一次类似问题，我都更为深刻地体会到：公众对科学方面的谈资如饥似渴，而地理科学也亟待更加广泛、更加有效地传播。科学传播在中国，不仅有重要的政治、文化和社会价值，它还有着广阔的市场前景。

仅从《中国国家地理》的发行来看，2005年10月推出“选美中国”特辑之后，我们的月发行量就呈直线上涨，很快超过30万册。2008年金融危机之前，我们的发行徘徊在平均每月30万~40万册，挺过金融危机，我们过了50万的门槛。自2018年起，我们有了接近百万级的发行量。依我看，金融危机是鉴定所有行业的利器，没有真正技术含量的“山寨企业”全部倒地。因为真正有价值的产品溢价会更高，杠杆效应明显；而没有技术含量、没有市场价值的产品自然会退出市场，空出的份额必然由好产品填充。金融危机对于媒体行业也是考验，真正有内容、有价值的产品，它会遇到挫折，但终究会越来越好。

2005年10月推出“选美中国”特辑之后，我们的月发行量就呈直线上涨，很快超过30万册。2008年金融危机之前，我们的发行徘徊在平均每月30万~40万册，挺过金融危机，我们过了50万的门槛。自2018年起，我们有了接近百万级的发行量。

2005 **30**万

2008 **50**万

2018 **100**万

如果我们对标美国《国家地理》发行量，可以进一步预测《中国国家地理》的潜在市场。2015年，美国《国家地理》在全球一共有650万份发行量，美国本土市场占其发行量的半壁江山，有350万。这样算来，3.21亿美国人口中，有1.09%是《国家地理》的读者。如果中国1%的人口能成为《中国国家地理》的用户，我们的发行规模将从百万级跃升至千万级。而这种飞跃，并不是不可能的事情，未来十分可期。

肯定有人会问，现在纸媒不是萎缩了吗？你们的发行规模真这么大？不仅母刊《中国国家地理》发行达到百万量级，目前《博物》已越过了30万的门槛，《中华遗产》也超过5万的月发行量。我们经历了金融危机过后纸媒断崖式下跌的惨痛时期，不仅活下来了，还更加强壮了，其中的关键在于："内容为王"。对于唱衰纸媒的人来讲，这听起来肯定老套，但它确实是市场真实需求的反映。

就我个人而言，且不说发行盈利，一个媒体至少要卖回纸张、印刷、油墨钱，即"造货价"，否则，不可能活。发行不盈利的媒体产品，一定不是有市场价值的产品。同样一份报纸，为什么英国《金融时报》能盈利而别的报纸却亏损呢？根据2019年4月的数据，《金融时报》在全球拥有百万级的付费订阅用户，2018年营收总计为3.83亿英镑，利润为2500万英镑。[1]《金融时报》因内容过硬，不可替代，越活越好。报纸如此，杂志也如此。

我们再看中国的白酒市场，一瓶茅台多贵，市值多高。反过来看，中国有太多白酒企业活不下去，几乎天天都有倒闭的。不能因为几个酒厂倒闭，就说中国的白酒行业衰退了。只要有市场需求，就一定有市场赢家。关门的报纸、广播或电视，关张的原因很多，在此我不下断言；但有一条我很确信，那就是它对自己的核心价值定位有问题。价值定位是否合理的唯一检验标准，就是有没有人愿意花钱买产品。真正有市场价值的传媒，一定有活路。所以，我不仅认为中国拥有庞大的科学传媒市场，而且坚信这个市场正在变得更大。

首先，科学传媒的市场，以中国国家地理旗下杂志的发行销售为例，近年来，不仅北上广深和发达地区省会城市发行稳定，还有市场下沉的利好消息。这和中国公民科学素质的不断提升有直接的关系。《中国公民科学素质建设报告（2018年）》显示，中国公民具备科学素养比例为8.47%，比2015年的6.2%上升了2个百分点。北京、上海、天津、江苏、浙江和广东六省市已经超过了10%，提前实现"十三五"要求在2020年达到的目标。其中，北京和上海的这一数值已经超过了20%，与

1 金融时报网站，FT tops one million paying readers，2019年4月1日。

我们经历了金融危机过后纸媒断崖式下跌的惨痛时期，不仅活下来了，还更加强壮了，其中的关键在于：“内容为王”。对于唱衰纸媒的人来讲，这听起来肯定老套，但它确实是市场真实需求的反映。

发达国家水平相当。与此同时，中部和西部地区民众的科学素质增速最快。这意味着科学传媒市场的底盘变大了。

第二个，以往科学传媒市场的读者和用户主要为男性，现在女性用户的增幅非常大，打破了只有钢铁直男热爱科学的陈旧印象。不仅《中国国家地理》女性读者增多了，更为明显的是，女性已然成为《中华遗产》的中流砥柱。因此，女性成为科学传媒市场需要挖掘的核心用户。这种情形不仅发生在中国，也是全球性的。被调侃为“直男大报”的《华盛顿邮报》，就在2017年为千禧一代的女性创办了一个新媒体品牌：The Lily。这份电子订阅杂志延续了母刊的严肃性，将内容以精美的视觉设计呈现，在传递高品质新闻资讯的同时取悦用户。

第三个，科学爱好者的年龄分布也越来越广泛，不再为青年所独钟。1998年《地理知识》初改版时，我们想象中的焦点读者是这样的：一位35岁左右的男青年，大学本科以上的学历，喜欢边缘和交叉知识，热爱自然，具有生态和环保的情怀，愿意走向户外。现在来看，不仅“男性”被去掉了，“35岁左右”也不应景了。在中国具备科学素养的人群中，50岁以下的占比达到90%，其中最为核心的是18~29岁的公民。[1]我们旗下的微博网红“博物君”（id“博物杂志”），拥有的千万级粉丝中绝大多数都是年轻人。但是，我们也为出生于90年代那些30岁左右的青年读者感到骄傲，因为他们在年过半百之时仍是科学的爱好者。

总之，以上谈到的三大变化——市场下沉、女性的崛起、读者年龄线的拉长，都说明科学传播已经从小众走向了大众。就跟每个人都是内容创作者一样，在当下这个科技无处不在的“后人类纪”，每个人都可以成为科学爱好者。从这个角度来想，未来的科学传媒市场更为庞大。能否抓住这个朝气蓬勃的大市场，说到底，还是取决于我们的商业抓手是否给力。

1　中国科普研究所，《2018中国公民科学素质调查主要结果》。

硬商业

善弈者谋局，不善弈者谋子。商业，对于自负盈亏、市场导向型的传媒来说，是要害。在讨论商业逻辑和布局之前，我们先厘清做科学传媒最容易遇到的两个困扰：一是，科普以传播科学知识和科学理念为中心，这不是市场而是政府的职能。从中央到地方的各级科研机构、科技部（局）、教育体系等三大体系，践行着媒体和市场所无法企及的社会责任。二是，作为企业的科学传媒，其本质是商业公司，有投资人、有股东，要为股东负责，也要在社会上打造品牌，因而要抛弃科普概念与“施与”情怀。

就我们的经营来说，最基本的商业逻辑就是“内容为王”，编辑部是整个团队的思想源泉。无论传播渠道、市场和商业模式有怎样的变化，不变的是人们对优质内容的需求。看清了这一点，我们在移动互联时代没有乱了阵脚，而是努力做互联网的引领者。为了保持内容的原创性，旗下三刊的编辑部都采用了“互联网检查制度”，即检查计划选题的内容是否在互联网上已经有了或者是否已经有雷同的作品，一经发现，再好的稿子我们都会撤回。这样的做法让我们在保证选题原创性的同时，既利用了互联网又不受制于互联网。

为了有过硬的内容做基点，我们向影视业学习，将编辑、记者培养成“制片人”，与专家的合作方式采用“剧组与明星”的项目签约制度，如此形成了专业化的内容制作模式。科学家是社会公共资源，我们独占不了，也独占不起，所以，编辑部会根据每一期的主题，与相关领域最为权威的专家进行合作。专家的思维通常是严谨的，他们提供的数据也更翔实可靠，只是他的语汇系统不适合面向大众，而语言转译就成了编辑的工作。

当然，“酒香也怕巷子深”，内容的有口皆碑，终究由发行突破。从一个人到一个部门再到一个公司，发行团队变大了，但不变的是一直攀升的发行曲线。自1998年《地理知识》改版以来，发行公司发出了将近一亿册各类杂志，累计回款数十亿元，可以说，发行成就品牌媒体。发行盈利，才是“内容为王”的注脚，因为每一次的品牌效应，都通过发行来实现。

广告收入的上涨，即为媒体品牌价值的体现。从2007年到2018年，我们旗下的全景广告公司的经营性收入每年增长8%，年收入从3000万增加到7000万元。这成绩中除了有发行带来的品牌溢价，更有广告公司的创意和策划式营销带来的极致客户体验——广告成为爆款，将品牌价值变成了源源不断的真金白银，更让我们有机会与优质客户一起成长。

虽说发行及广告和编辑部完全独立，但是其业务灵感多半来自编辑部的内容宝库。我们很多发行和广告的大案都来自几百本的杂志报道。与品牌拓展相关的工作人员，需要吃透杂志的内容，以此作为最大的养分来源，这样在对接品牌时才能找到最契合地理风格的广告商。让行业津津乐道的广告案例“越野‘心’版图——寻找中国Rubicon之路”，奠定了Jeep® 牧马人在中国市场的品牌识别度，更借此探索了国人从未涉足的路线地带：我们与Jeep® 一起走进了尚未开通公路的墨脱县，穿越了阿尔金山自然保护区、黑戈壁和雪域天山。又比如，2019年“11.11”购物节，发行公司与完美日记美妆品牌合作推出的“中国美色”爆款眼影盘，灵感其实来自《中华遗产》的“中国美色”专辑报道。

深信“内容为王”，我们从内部裂变形成的六大内容传播矩阵——《中国国家地理》、《中华遗产》、《博物》、影视公司、图书公司和新媒体公司，与经营性的发行、广告，以及我们新近拓展的场景式科学体验诸如实体书店、地理公园、科学考察、极奥训练营之间，产生了商业上的“飞轮效应”，即各个业务板块的融合，提供了增加核心用户群忠诚度的机会。这种效应，带来了强大的吸力，让我们在拥有稳定用户群的基础上，不断吸纳新粉丝的加入。我们不仅安心地在垂直领域里深耕细作，也满怀信心地将科学传媒的使命付诸实践。

曾经有人问我，一定有什么东西支撑着你们，而且还是超越了商业模式的。我想了很久，这种魂一样的东西，从本真上讲，是理想主义。不仅是我，那些个属于80年代的青年，多少都给自己预设了时代的责任和目标。或许，在今天的这个时代，讲理想或者使命有点不合时宜，但这的确是我内心所想，也是我的信念和坚守。从地理科学工作者到科学传媒经营者，我的社会角色发生了变化，但我的祈盼从未改变。既然我领略过科学的理性和创新之美，我愿继续鼓瑟吹笙，击鼓传之。

你听见了吗？今日的中国仍在呼唤理性和科学精神，而我们，这个时代的科学家、科学传媒从业者和千千万万个读者，就是它的回响。

达果神山的皑皑白雪和西藏当惹雍错的碧蓝湖水交相辉映。摄影 / 王宁

第一部分

PART. 1

老牌纸媒的再创业

1997 年，我们几个年轻人走进《地理知识》杂志社，为这本创刊于 1950 年的老牌科普期刊带来了活力。我们靠着理想、信念和激情，在一无所有的情况下，将《地理知识》改造成了《中国国家地理》，一本有社会影响力的科学传媒期刊。

在市场化转型的路上，我们有过坎坷，也有过荣耀的高光时刻，无论在何种境地，我们坚守着初心，从不轻言放弃。1997 年至 2005 年的这段奋斗岁月让我们拥有了一个强大的团队，为中国国家地理的飞扬与发展打下了扎实的基础。

第 1 章

前奏：

没有不艰难的创业

初到杂志社，虽说万事艰难，但比现在快活。那时真是一无所有，原有的年轻专业编辑全部离开，几间办公室拥挤不堪，桌椅的年龄都比我大。可就因为什么也没有，一点点进步，都让人十分高兴。马云也说，他最快乐的日子是拿92块钱工资的时候，最单纯的想法是工作几个月，存钱买辆自行车。那种快乐，是最简单和纯粹的满足感，因为你满脑子想的是把事儿给做了，而非承受他人对你不断提高的期待。时至今日，我们仍然感念那段创业时光。确实如此，纯粹与简单，驱使创业者全情投入并且坚信一定能达成目标。《地理知识》的再创业，就是这样开始的。

1996年上半年，《地理知识》的老编辑李志华老师找我好几次，说他们想把科普期刊《地理知识》做成中国的《国家地理》，请我去当杂志社社长。第一次接到这个邀请时，我吓了一跳，赶紧摆手谢绝。那时，我是中科院地理研究所地貌研究室极地项目组的骨干力量，完全没有做传媒的经验，这怎么能行？李志华老师找来地理所副所长唐登银劝我，之后又上门游说了好几次，“我们是真诚的，要找有魄力的年轻人来脱胎换骨”。我一面是感动，另一面想着自己还年轻，尝试点儿新鲜事也好，就答应了。李志华老师是高兴了，但极地项目组的同事不愿意。后来，经过各方协商，我在1997年3月底来到了《地理知识》杂志社，主持改版工作。

同属于中科院地理所，我对《地理知识》并不陌生，曾在1994年、1995年连续两年为杂志供稿，写《我在南极越冬》的连载故事。杂志科普风格强烈，黑白印刷，以文字为主，给作者的稿酬甚少。我连着攒了两年的稿费，才买回一条万宝路香烟。这和全球大卖的美国《国家地理》差别非常大，人家全彩版印刷，图多字少，早已进入读图时代了。

看清问题所在，我们做了三件事：找方向、找钱、找人。在方向上我们是清楚的，答应接手《地理知识》时就决定抛弃科普传统，做中国的《国家地理》。而现实问题中最紧要的就是找钱，找志同道合的人，然后开始做事。

虽然有所准备，但是当我收拾好办公室开始在“小红楼”工作，发现情况远比自己预想的要难。小红楼，在地理研究所大院东南角，是一座4层红砖砌成的小楼，全是绿漆木头窗户，一楼有一个咣当咣当响的印刷厂。杂志社的几间办公室都在二楼，算上我，一共有9名员工，除了做行政、财务的两位女同事与我年龄相当，其余的6人都是地理学专业出身，不是研究员就是副研究员，平均年纪50多岁。与其说这是一个杂志社，不如说是一个编辑部。杂志社在1993年从中科院负责书刊经营的科学出版社独立出来，是由中科院地理所主办、自负盈亏的法人单位，独立统筹编辑、发行和出版。《地理知识》定价4.9元，月发行量在1997年时已经降到1.5万册，靠着收内文广告的“奇艺地理”栏目，收支勉强持平。发行量的持续走低，令杂志社运作资金捉襟见肘，只能满足日常开销和薪水发放，无力推行改版。

看清问题所在，我们做了三件事：找方向、找钱、找人。在方向上我们是清楚的，答应接手《地理知识》时就决定抛弃科普传统，做中国的《国家地理》。而现实问题中最紧要的就是找钱，找志同道合的人，然后开始做事。

“推开自然之门，昭示人文精华”是杂志社的12字宗旨，也是创业之初大家共同思考的结晶。

天下事有难易乎？为之，则难者亦易矣；不为，则易者亦难矣。从科学研究转行做商业传媒，我们没有慌乱，斗志昂扬的同时保持着理性冷静。科研逻辑和商业运作，实则是相通的。科学研究基本遵循五步：选取实验对象和目标，选取素材，分析它们之间的结构，然后通过归纳、演绎、推理来证实或证伪。做商业也有这样一个推导和分析过程。发行量超过1000万份的美国《国家地理》给予了我们足够的启示，读图时代已经来临，我们的商业目标是要做一个有地理味、按月更新的科学传媒杂志，我们需要转变观念，从科普期刊转型为大众喜欢的科学传媒杂志。而这样的转变，需要资金和专业的团队支撑。作为办刊人，我们需要寻找资金，构建团队，完成这个老牌纸媒的再创业。按照这个思路，一点点去做，至于结果最终被证实或证伪，我们早已抛诸脑后了。

钱从哪里来？中科院地理所的领导态度明确，全力支持改版，但费用要自己解决。我们粗略估算了一下，仅改版第一年的运作经费就需要100万元，这在当时可是一个天文数字。想到可以采用“合作办刊，借力发展”的方式与民营资本合作，我们开始寻找合适的投资人。

一边寻访潜在的投资人，一边发布招聘启事、招募新同事。面对一个由地理专业人员组成的老龄化编辑部，组建一个朝气蓬勃、多元化的编辑部是迫在眉睫的任务。既然杂志社属于自负盈亏的独立法人，也许可以尝试从社会上引进人才，而不是在中科院内部物色人选。打破编制饭碗，公开面向社会招聘文学、新闻、摄影专业的人才加盟，得到了主管领导的支持，这在当时的中科院，可谓破例。虽说中科院是个大院机构，但它最大的文化特色是包容和创新，所以，我们能在这个环境里成长起来。

我们最先物色的是执行总编辑人选，一个有媒体市场经验、能担当重任的人。我们同时物色了好几个人，有些人名气很大，做过总编辑或者得过新闻奖。不过，这些大咖要么觉得杂志社平台不好，要么过于自我，并不适合做追求理性客观的科学传媒。直到7月下旬的一个下午，我遇到一位同样三十多岁的年轻人。初次见面，就觉得这人低调、好学、务实、有理想，还很有才华。他不以自己的喜好来判断世界，能够客观、冷静、真诚地面对读者。这个人就是我的老搭档单之蔷，老单，大家都熟悉的《中国国家地理》的执行总编辑。23年过去了，我们还在并肩作战，他的热情不减当年，仍旧勤学刻苦，有理想主义和浪漫主义色彩，还有一贯的文字灵敏度、逻辑严密性和说一不二的性格。

那时候，老单在《人民日报》（海外版）当经济新闻编辑，也曾担任过《时尚先生》副主编，工资比我们杂志社能给的高一倍。我全凭两张嘴，给他画大饼，说现在我最多只能给他2400块钱的工资，这个数比我们所有人的都高，是杂志社里最高的工资。虽然眼下经济困难，但我们的未来会很好，不能因为贫困遏制了我们对未来的憧憬。我说得真，他听得真，就来了。

陆陆续续，又来了两位编辑和一位摄影师，还有做绘图和电脑排版的。不出一个月，一个朝气蓬勃又拥有专业性的新编辑部就开始工作了，反复争论和讨论改版问题以及登什么样的文章。

尽管每个人都怀揣着成功的希望，但对如何改版却有着完全不同的态度。毕竟《地理知识》封闭运行得太久了，又没有专门的发行团队来接触读者世界，也没有广告团队去了解赞助商的要求，想精准定位用户群是一件很难的事。不仅是我们《地理知识》，那时候整个中国的媒体界都很少深入研究目标客户群，尚未学习工商企业界的市场化运作模式。我们为“科普”和“科学传媒”的不同定位争论不休，实际上就是在确定要不要走市场化的路子。

这张摄于珠峰中绒布冰川的工作照在“民间”为执行总编单之蔷赢得了“007”的绰号。当时，为制作“西藏专辑”，正在考察冰川的他正在兴奋地往电脑里面“倒”刚拍摄到的图片，第一时间浏览、检查拍摄成果。他的左后方就是世界第一高峰珠穆朗玛峰。这浪漫形象的背后，是巨大的艰辛：在海拔5500米的地方，背负15公斤重的摄影器材，往返徒步14个小时。摄影 / 阿旺

这种变革，对于《地理知识》来说，是难以接受的：如果以市场为导向，务必要提价，那么原先的读者群可能就没有了。创刊于1950年，《地理知识》长期以普及地理知识为己任，有过高达40万份月发行量的辉煌过去，虽然第二次高考制度改革让她经历了从天堂到地狱般的变化，但历史的荣耀是难以割舍的。也许因为我们新来的年轻人没有太多的历史包袱，不像老社长郑平先生、杨勤业先生那般坚守杂志普及知识的初心；相反，我们认为唯一的出路就是市场化转型，升级这种“初心”。

1997年是互联网进入中国的元年，虽然那时网络技术尚未普及，但我们已经步入信息爆炸、知识快速迭代、阅读选择多样化的飞速发展时期，单纯的知识传播已经不能支撑一本杂志的发展。重新定位“核心读者”，走商业化的路子，才能让我们融入新时代。

与此同时，我们看到世界各国的地理杂志，承担的并不是编写地理教材或教辅的社会功能，而是满足公众对自然和人类自身命运的探索与思考的需要。尤其

“小红楼编辑部”时期的工作场景。

施雅风先生是中国国家地理的创始人之一，冰川地理学泰斗，虽年过九旬，依然关心着杂志的成长。图为李栓科与李志华去京师园探望施先生时的合影。

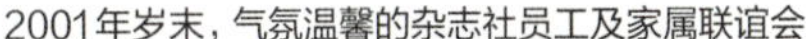

2001年岁末，气氛温馨的杂志社员工及家属联谊会。

是美国《国家地理》，描述自然界的变化和文化的多样性，高清大图印刷精美，文字简洁风趣，征服了世界各地成千上万的读者，1997年的发行量高达1100万份。反观国内的科普期刊，尽管有少数精品，但大多面目呆板，喜长篇宏论，少有图片，难以吸引读者。满街的书摊报亭，虽说是五花八门，但不是明星、美女占据着杂志封面，就是舶来时装、美容化妆充斥着刊物。人们在呼吁更多优秀科普期刊的出现。而我们，作为地理学最权威的部门——中国科学院地理科学与资源研究所和中国地理学会主办的地理杂志，不能忽视这种社会需求，要承担起向全体公众传播理性和思辨精神的使命。

渐渐地，我们的核心读者群清晰了。老单有个贴切的比喻，即“同心圆”理论。他构想中的读者定位图，就像围绕着“圆心”的多个“同心圆”，圆心就是“焦点读者”。而如何定位未来的《中国国家地理》“焦点读者”，他以特写形式进行了形象地描述：一位30岁左右的男青年，大学本科以上的学历，喜欢边缘和交叉知识，热爱自然，具有生态和环保的情怀，愿意走向户外；他可能是一位外企经

1997年夏，《地理知识》杂志社部分成员参加中央电视台举办的活动并合影留念。

理人，坐在“京广中心”的写字间里，拥有较高收入，愿意购买一本印刷精美、大气简洁、传递科学精神的地理杂志；这个“圆心”还有一定的社会影响力，可以辐射其他人，形成“同心圆”。策划选题时，我们需要想象：“圆心”对此感兴趣吗？看完一篇稿件时，我们也会想：我们的“圆心”愿意看这篇东西吗？

虽说关于杂志具体的版式设计和编辑方针，我们仍有争论，但在市场化转型和扩展核心读者的大方向上，我们思想统一，目标明确：彻底告别科普风格，扩大“同心圆”读者群，寻找阐释中国的地理新语言。这样，才有了《地理知识》1997年第8期和第9期的卷首语《走进林海听松涛》和《心愿机遇》。“像《国家地理》在美国一样，《地理知识》将努力办成中国杂志之林的精品，办成中国的国家地理杂志……”“我们都曾为蔽体果腹而忙个不停，如今物质生活的富足又使精神与理念重归人生旅途。走入沙漠、踏足冰海、攀登雪峰，挑战人生的极限已不再为探险家所独有；探索自然之谜、追踪人类历史、了解物种演化，营造沧海桑田中的绿荫，也由文人学者的笔谈进入寻常百姓的语汇。这就是我们所面临的前所未有的机遇，一个充满创造力和想象力的时代，《地理知识》将在这个伟大的时代把握这次巨大的机遇，呈现给社会一份提高生活理念、评述环境热点、展示学人风采的综合性科普期刊……” 字里行间，可以看出我们编辑部的意气风发与豪情壮志，虽然那时候我们还没有找到合适的投资人。

> 而我们，作为地理学最权威的部门——中国科学院地理科学与资源研究所和中国地理学会主办的地理杂志，不能忽视这种社会需求，要承担起向全体公众传播理性和思辨精神的使命。

整个团队的热情高涨，那真是一段难得的时光，每个人都愿意为理想全力以赴，在完成每期《地理知识》的同时，精心打造改版号。每一期的卷首语里，我们不厌其烦地和读者分享我们的愿景与行动，期待读者与我们一起翻开1998年元旦上市的新版杂志。

忙碌着，收获着，炎热的夏天过去了，北京的秋天来了。像许多商业的机缘

随着1998年第1期全新改版杂志的面世，《地理知识》的形式、内容和读者定位都全方位进行了变革。杂志终于迈出了从“量变”到“质变”的重要跨越。这一重大事件，在杂志70年的历程中，永远值得大书特书。

一样，我和天津经济技术开发区泰达集团创始人李勇先生的结缘是从一顿饭开始的。那是非常重要的一顿饭。1997年秋天，燕莎附近的凯宾斯基啤酒坊，我见到了李勇，当时他担任天津开发区管理委员会主任。50多岁年纪，头发略白，戴着眼镜，知识分子的模样，很休闲的打扮，非常平和。他英文很好，平常喜欢阅读英文刊物，像美国《国家地理》杂志。他对我的“梦想”很感兴趣——这个年轻人想办一本《中国国家地理》，两人都有点相见恨晚的意思。很快，天气转冷，冬天到了。在一个下雪天，我们涮着火锅，踌躇满志，谈论着前景，最后定下来了：李勇出资100万元。

> “这就是我们所面临的前所未有的机遇，一个充满创造力和想象力的时代，《地理知识》将在这个伟大的时代把握这次巨大的机遇，呈现给社会一份提高生活理念、评述环境热点、展示学人风采的综合性科普期刊……”

终于有资金改版了，而且是一步到位。

为了推进改版的精细化作业，我们引进了新的排版机器。对于《地理知识》来说，从版式设计、文字风格、图片使用到彩色铜版纸印刷，将是一场脱胎换骨的变化。

至于改版号的封面大图和主打文章，我们选择了绝对的国货：憨态可掬的大熊猫。在世界上，大熊猫是一个典型的中国符号。选择大熊猫，透露了我们要立足“中国”、做好“中国”的决心。作为一种全球流行的杂志形式，美国《国家地理》、德国的《GEO 视界》是国家地理系列中的领跑者，而我们得以面世的根本立足点是“中国”二字，本土化是我们的目标，也是市场策略。

选定大熊猫后，编辑部向潘文石教授约稿。潘文石教授是中国生物学界泰斗、大熊猫研究专家，对“熊猫社会”的选题很是支持，不出两周，交来5000字。编辑部一看，稿子没法用，简直就是一篇学术报告，李志华老师赶紧去找潘教授，请他改写成考察日记。在沟通过程中，我们找到了一件法宝，就是第一人称

"我"。当潘文石教授用上"我"，行文立刻生动活泼起来，将熊猫家族的生活刻画得栩栩如生，让读者仿若身临其境般地跑到了秦岭山区。

科学家们在田野里经常会发现许多有趣的故事，然而，由于科研论文提倡中立与客观，具有主观色彩的"我"，通常被弃用。可是，在与公众分享科学发现时，"我"这个法宝，几乎一用就灵。不过，这种强调第一人称的写作风格，在当时的编辑部引起了争论，一度遭到强烈抵制。我们编辑部的大多数专业人士都有科研背景，认为科学的中立与客观是杂志的灵魂，如果"我"太多，会削弱文章的可信度和权威性。所以，不仅是改版号，之后一段时间里，杂志上会有第一人称和第三人称两种写作风格的稿件同时出现。

在摸索行文风格的同时，我们开始确立选图的标准和依据。未来的《中国国家地理》，用什么样的图片？徐继畬在《瀛寰志略》里说过，"地理非图不明，图非履览不悉"，对地理而言，制图是非常重要的工作，更何况是在当下的读图时代呢。高清彩色图片是科学传媒传达内容最有力的表达方式。比如，野生动物、植物、山川、河流、城市都具有丰富的颜色层次，黑白照片根本无力呈现出景观和色彩的多样性。因此，作为视觉语言的呈现者，图片不仅要美，还要有内涵，能够描述和展示自然和人文的精华。注意到图片与文字的张力，在选择改版号使用的大熊猫图片时，我们选出21张照片，涵盖了熊猫家族的栖息地、"食堂"、"育儿室"、刚出生的幼崽图以及熊猫与动物学家的互动场景，以图文并茂的方式把潘文石教授8年来的大熊猫追踪研究全方位地展示出来。所谓再精彩的策划也必须落实到文字和图片上。

我们从改版之初就极为注重视觉识别与版面语言，因此，在封面设计上颇为用心，将杂志的封面外围设计成C形红框，为CNG (Chinese National Geography)首字母变形设计，试图最大限度地吸引潜在读者群。对于视觉识别期刊来讲，封面必须有一个相对持久的整体形象，统一、醒目、协调，方便读者识别以及延续购买。为了打造"面孔感"，我们的刊名选用了醒目的黄色字体，封面边沿采用了具有视觉冲击力的大红色，显得热情、奔放、兴奋。此后的二十多年来，《中国国家地理》封面设计的基本特征就没再变过，"红框"，已成为读者对杂志的显性记忆了。

随着改版号的成形，杂志社有了专门的广告和发行人员，团队越来越齐整。扩展了"核心读者群"的改版新刊，不仅面向原来的中学生及地理教师读者群，更增加了具有消费能力的新知阶层，尽管改版号发行量只有1.5万册，但我们所描绘的未来开始对广告主产生吸引力。到1997年12月末完成改版号时，我们签了7个平面广告，主要客户是相机类的电子产品和汽车。虽然发行和广告各自只有一个人，但因为信心满满，一个人就像一支队伍，我们已经出落得无所畏惧。

改版号正式出版那天，正值1998年元旦，每个人都激动万分，于是大家从自己家里拿来锅、碗和盘子，在办公室里涮起了火锅，以此庆祝改版和新年，喜悦和开心把整个房间充溢得满满的。觥筹交错里，豪言壮语里，沸腾的血液里，满是创造的热情，还有迫不及待想要实现的未来目标，“做好中国的国家地理”！

1998年元旦，经过几个月的辛劳后，改版的第一期杂志以全新面貌正式出版。为此，编辑部里摆了一桌庆功宴。赴宴者几乎就是那时的全体员工了。摄影／薛冠超

日落时的珠穆朗玛峰无比壮美，执行总编单之蔷望着这番美景，笑谈如果有个“超长”镜头，可以在这个位置拍摄到珠峰顶端的登顶之人，那该多好。摄影／王宁

空中看中国
——访中国航空摄影家车夫大校

第2章

迈步：

1998年，

开启全彩版时代

1998年1月，改版号《地理知识》问世，面貌焕然一新。黑白改为全彩，胶版纸改为铜版纸，从48页增至84页，一册在手，沉甸甸的。颇有设计感的C形红框里，是一只倚在树上吃竹子的大熊猫，青葱的竹叶与红框相映成趣，大熊猫头顶上方是变化的刊名。“地理”与“知识”分开了，不再并作一排。亮眼的是由大红色变成姜黄色的“地理”，而“知识”二字不仅小了、镂空了，亦从大红色淡成浅灰色。不仔细看的读者，很容易忽视我们刻意隐藏的“知识”二字。封面最上方有一行低调但灵动的白色小字，“中国国家地理杂志”。可以说，版式变化的每一个小角落里，都是我们对未来的期许。

我们已经走出“科普”与“科学传媒”的定位迷雾，办刊理念由传播知识改为描述理想、传播科学精神。对我们来说，“国家地理”的分量已经足够大，再有“中国”冠名，肩头的责任更是重大，如果做不好，便是愧对刊名和读者了。

新版第一期出来后，我们接到的读者反馈中，正反两方面的意见都有。很多人打电话来，说：“我们终于有了中国的国家地理。”最鼓舞人心的是一位云南读者，说杂志非常好看，他跑了50里地才买到。反方意见则比较集中，主要来自《地理知识》的老订户，新版杂志好看是好看，就是太贵了。

改版后，杂志的定价由4.9元增至16元。我们面向市场，扩展了核心读者群，改变以往单纯以中学生和地理教师为主的局面，开始面向广大受过良好教育的、有稳定的工作和一定的社会地位、有理想、热爱自然、生活态度积极向上的读者群。在我们看来，想做一本有生命力的期刊，必须获得读者的认可，在发行销售上盈利，才能活下来。改为全彩印刷后，且不说人力成本，每一本杂志基本的造货价——纸张、油墨和印刷费就高达十几元，如果亏本卖杂志，就得从广告上来创收。如果以广告为生，软文就会来了，一本为读者服务的期刊就会变成为广告主服务，这不是我们做科学传媒的初心。

创业是激情澎湃的，但在改版之初，仍有艰难的市场化摸索过程。我们之前主要通过科学出版社和邮局发行，没有社会零售和自主订阅渠道。改版号出来后，我们十一二个人，全员出动，把杂志拿到市场上去卖。我们拎着一捆又一捆的杂志，送往北京报刊亭和书店。很多摊主说：“你把教科书拿来给我！这东西会有人买吗？地理学的东西谁会买？”进入市场第一道关口就遇到挫折，但我们相信读者的判断力，因此对报刊亭老板说：“第一期你可以去卖，卖来的钱归你，我不要一分钱。”即便如此，有些报刊亭和书店的老板也不屑于打开捆着杂志的绳子，就让《地理知识》一摞一摞地躺在地上，一些买杂志的读者，还得自己把杂志从地上捡起来。

改版号，我们的发行量不到2万册。这离收回成本的目标还很遥远，但我们成功地扩展了核心读者群，《中国国家地理》的创新事业由此起航了。我们明白，即使方向找对了，每一步都走对了，也需要2~3年时间来培育市场。我们埋头苦干，深信胜利在前方，就像老单说的，“不信春风唤不回”。

煞费苦心打造出来的改版号，我们仅在杂志的最后一页，用580字的编后语宣告了改版。虽然带着万丈豪情做事，因为珍视心中的理想，反倒处理得格外低调。为了向读者阐述全新的办刊理念，我们从1998年2月起开辟了“读者园地”栏目。我们与读者分享：“地理”最突出的特点就是它的综合性、地域性和差异性，山川、河流、城市、村落、民族，乃至经济、军事、科技、历史……，皆可以“地理”的眼光观之照之。更重要的是，地理是现代文明人的一种“教养”，一种知识背景。在这里，我们不再以科普式的专家自居，而是提倡“媒体”意识，我们认为，读者和我们是完全平等的，甚至在他自己的领域里比我们更高明、更专业。

想着脑海里的那个“圆心”和“同心圆”，即杂志的目标读者群，我们铆足了劲，从年头干到年尾。这年11月份，有个北京大学自然地理专业毕业的小姑娘，北京人，拿着杂志过来应聘。她在三联韬奋书店看到了改版后的《地理知识》，从“熊猫社会”那期追到第10期，发现了内附的招聘页，就自己找上门来了。她加入了我们，成了编辑部当时最年轻的编辑，她就是刘晶，现在《中国国家地理》的内容总监。

改版号出来后，我们十一二个人，全员出动，把杂志拿到市场上去卖。我们拎着一捆又一捆的杂志，送往北京报刊亭和书店。很多摊主说：“你把教科书拿来给我！这东西会有人买吗？地理学的东西谁会买？”

用刘晶的话讲，那时候，编辑部的理想主义气息浓厚，主要是一群有思想的“中年人”（当年自以为血气方刚的我们，在第二代年轻编辑眼里，三十多岁就已是人到中年了），想着通过办杂志来表达他们希望革新或改造现实的理想，内部争论得非常厉害。从一篇稿子的编辑思路到一张图片的摆放位置，为了追求更好的读者体验，编辑们会争吵，甚至还会拍桌子。如果这个团队只有一个认真的人，可能会平和很多，但这里有一群认真的人，因此，在落实到文本细处时不同意见带来的分歧可以说非常尖锐。有时候，我居中调停，更多的时候，我加入论战。在外人看来，那是一种特别好的氛围，热烈又真诚。但今日再回想，争论中其实也有许多致命的伤害，那就是很多同事没办法干了，就离职了。

地理杂志应该办成什么样？这种争论不仅发生在我们杂志社，也是当时的一个社会现象甚至是一股社会风潮，它代表了一种新文化。那时，全国人民都在改革开放的大潮里奋勇求新求变，知识分子比较活跃，市面上有着好几本不同风格的地理杂志。虽说大家都照着美国《国家地理》的模子在做，但差异也挺大。比较早的是云南省社科院主办的《山茶：人文地理》，主要从民族学和人类学视角做西南地区的人文地理，1998年时还很受市场欢迎，到后来生存不下去了，2001年由

“小红楼编辑部”时期的工作场景。图为单之蔷正在主持刊会。

时尚集团接手，成了现在的《华夏地理》。最具文人气质的，则是张承志在1998年至1999年间主编的《三联·人文地理》。受三联书店委托，张承志担任杂志主编，强调从人文景观中获取“真理与常识”的方法，提出了“一切人，包括‘他人’自己，都必须懂得他人的尊严、原则、分寸”，他始终站在弱小民族的角度，呼吁把对文明的描写和阐释权交还给本地、本族、本国的著述者。三联这本杂志学术气息浓厚，讲的也是精英话术，主要在知识分子圈里流传，后来，这份相当于学术期刊的杂志也停办了。我们的《地理知识》更偏重自然地理，使用“我”这个第一人称来改良专家语汇，算是最具平民气质的地理杂志了，也最有市场感召力。

虽然没有人公开批评我们杂志社“偷梁换柱”，但我私下也听着不少，说我们依葫芦画瓢，照着美国《国家地理》做了个《中国国家地理》。我们确实学习借鉴了不少美国《国家地理》的理念和元素，但我们一开始就明白做《中国国家地理》本土化的重要性，因此，一直在寻找扎根本土、描述中国或者世界的新语言。

其实，在杂志改版的第五个月，1998年5月，美国《国家地理》就找上门来，希望与《地理知识》合作。美国《国家地理》要求我们每期一半以上的内容

完成了2000年9期，美术编辑李晟把封面图做成了喷绘。这期封面成了集体合影中醒目的“主角”。

包括图片由他们提供，但我提出不能刊登他们的地图，尤其是涉及国界和边境问题的。在这一点上我很坚持，后来合作就取消了。虽然有些遗憾，但这件事让我们有了两个认识：一是我们改版的方向找对了，已经引起了美国《国家地理》的注意；二是我们应当更加努力，不说超越美国《国家地理》，至少在描述中国本土这件事上，要做到独一无二。

也是在这一时期，有了市场经验后，我们确立了“内容为王”、打造媒体品牌的经营理念，因此，对编辑部提出了以下限制：编辑人员不能参加任何经营活动；内容不能暗含广告，要维护内容的科学严谨，保证编辑策划的独立性和风格。经营与编辑并驾齐驱，但互不干涉。

有了市场经验后，我们确立了“内容为王”、打造媒体品牌的经营理念，因此，对编辑部提出了以下限制：编辑人员不能参加任何经营活动；内容不能暗含广告，要维护内容的科学严谨，保证编辑策划的独立性和风格。经营与编辑并驾齐驱，但互不干涉。

《地理知识》的内容、形式和文风都在发生改变，不变的是我们要把刊物做成科学与民众间的桥梁、在疲软的纸媒市场里站稳脚跟，把媒体的规律和方式引入地理科学，将原汁原味的地理世界分享给读者。所以，我们改版和市场化最重要的工作就是内容表达方式的更新、文风及图片风格的转变以及作者群体的迭代更新，把有科学含量的信息用公众喜欢且能够消化吸收的方式传播出来，也就是科学的艺术表达。这种“科学家的艺术”，就是编辑们需要具备且不断追求的素质，也正是这样的素质让《地理知识》的内容得以吸引更多的读者。我们的发行开始有小幅攀升，突破了2万册。

这一年，也并非总是顺利。1998年秋末，我们与李勇的合作结束了。这种失败并不是个人的原因，而是经营团队的理念差异所致。虽然我们想通过市场转型建立自己的商业传媒品牌，然而，由于长时间受惠于国家财政拨款，忽然转向市场化，我们还是有所欠缺的。而他们的投资公司是一个成熟的商业团队，所以我们的合作，如同一个商业上的成年人和孩子。我们做科学传媒的理念是对的，我们要按照自己的想法去做杂志，不愿受资本的干预，但他们想要尽快收回投资，对媒体的成长过程并没有足够的耐心。虽然再次面临资金短缺，但为了保全杂志社的独立性，我们将投资公司当初给的100万悉数奉还了。时至今日，我一直感激李勇在我们最艰难的时候投入了这笔巨资，为我们日后的腾飞打下了最重要的基础。我和李勇也还保持着很好的私人关系，毕竟我们都是真心想做事情的人。

在资金紧张的情况下，一方面是投资人的撤资，另一方面是发行和广告持续低迷——1998年全年12期杂志只有54则广告，我们只好选择练就强大的编辑部，等待时机。那时候，我们没有资金支持编辑走出去，基本上没有“出差”这一说法。我们便最大化地利用中科院的科研资源和网络，向专家、学者约稿，再通过编辑对专家语汇进行大众化的解读和延展，来弥补无法去到现场的缺憾。好在优质的内容在当时是个稀缺资源，能够吸引读者。

财务上虽然捉襟见肘，仅能维持杂志的印刷与出刊，但团队的初心未改。与上一年相比，我们与理想的距离在拉近。1998年第12期，回望改版这一年，我们写下了一则言简意赅的编后语：

1998年是《地理知识》里程碑式的一年。这一年，杂志全面改版，在形式上改为全彩色铜版纸印刷，在内容和读者定位方面也做了重大调整。我们的目标就是办一本在中国最具影响、最权威，在市场获得巨大成功的地理科学传媒。

转眼又一年元旦，我们延续了第一年的聚餐传统。压力虽有，志气仍是笃定的。成败与否，且看将来。

1999年第一期，杂志页码增加到了100页，新增卷首语栏目，由单之蔷主笔。这一年，我们继续从科普期刊向科学传媒转型。编辑部首次探讨了地理文体，还向读者倡导科学传播理念：对读者而言，科学家在科研或考察中所经历的环境、所运用的方法，甚至其所经历的情感过程，也许比科学的结论更感人，更能激发人们对科学的关注和向往。由此，我们开始用“事件+知识”的方式报道科学新发现、新进展，展示“有时间的科学”。

1998年9月，国务院正式命名“雅鲁藏布大峡谷”后，10月下旬至12月

初，中国科学考察队再次对大峡谷进行测量时，发现了雅鲁藏布大峡谷瀑布群。1999年1月，我们便向科考队约稿，在1999年的2月刊上发表了图文并茂的《中国科学家发现雅江大峡谷瀑布群》一文。藏区恢宏大气的自然景观，打动了诸多读者的心："中国竟有这么美的地方！"中国广袤的西部尚未被世人了解，我们于是加大力度，报道西部地区的自然美景与风土人情。

1999年6月，我们的团队再次壮大，第一次通过笔试、面试这种标准化的流程来录取新人。我们有了专业的美编和图编，图片比例占到杂志内容的50%以上。之前，《地理知识》都是拿到外面请设计制作公司来编图和排版，然后再交付印刷。后来，为了实现编辑部自己做设计的愿望，我们斥巨资买了台苹果iMac G3。这台机器花了3万多块钱，算得上当时杂志社最大的一笔投资，要知道那时

1999年第9期《地理知识》内容及版面。

我们每个月的工资才2000多块钱。苹果机太贵了，刚买回来的时候，老单觉得放哪屋都不安全，生怕被人偷了。这一年，我们不仅确立了区域差异性的选题原则和“热点、难点、疑点”的优先原则，还有了精美的三图——图片、地图和插图。杂志变得更有时代气息了！

从科普期刊向科学传媒升级的路上，杂志社持续进行的争论和“内战”，让不适应变化的人都离开了，不仅彻底完成了团队的新老更替，更是凝练了编辑部的集体主义风范。在选题上，我们把目光聚焦在“人”上，美国《国家地理》对我们的影响弱化，编辑部开始探索中国社会感兴趣的地理话题。随着国人对环保议题的关注，人与自然的关系以及生态环保思想的传播成为杂志注重的领域。长于自然地理的《地理知识》，也开始关注“文化”层面的人文地理和现象，比如文化怎样影响一个区域、一个城市、一个村落甚至是一幢民居，与此同时，一件服饰、一件器物是如何形成、发展、演变的。我们不断吸纳民族学、人类学、社会学、生态学、信息学、数字地球这些新领域的研究视角和方法，为《地理知识》注入生机的同时，更好地描绘了东方的山河图景。

冬去春又来，2000年，杂志的内容质量再上一个台阶，我们开始在发行上下功夫。因为缺乏对新版《地理知识》的了解，很多发行商并不看好我们的杂志，代理商自然也就不多。我们改变思路大胆尝试，先让发行商接受《地理知识》。为

我们不断吸纳民族学、人类学、社会学、生态学、信息学、数字地球这些新领域的研究视角和方法，为《地理知识》注入生机的同时，更好地描绘了东方的山河图景。

此，编辑部的主编给发行商讲我们在办一本怎样的杂志、带领他们走进大自然，对我国大自然的美景进行实地考察。随行的科学家们为发行商详细地讲解地学知识和生物学故事，让他们以实地体验的方式来感悟地理的魅力。亲历大自然的活动把发行合作伙伴培养成了地理迷，他们再去影响下游分销商和零售商。久而久之，《地理知识》在这个供应链上就不再是简单的商品，而是一种生活理念和生活方式。这种共识直接从杂志社贯穿到读者心中，成为后来《中国国家地理》在发行量上遥遥领先于其他刊物的重要因素。这一年，我们的发行量突破了5万。

发行突破5万后，紧张的运营资金一下子得到缓解。我们知道，这一刻一定会来。中国有着世界上最为悠久的历史和文明，有着最为丰富的自然地带和宏伟壮丽的自然景观，中国也一定会有一本无愧于此的自然和人文地理杂志。

通往未来的路途，前行是唯一的方向。很快，杂志的发行量再度跃升，广告价格水涨船高，一时间广告客户也多了起来。我们对杂志传播和销量的增长有一个深切感受：如果内容品质能保持优良且稳定，在没有大规模市场活动参与的情况下，杂志月发行量一旦突破5万册，往后就会像滚雪球一样，自发地以几何级数迅速增长。

也是在这一年，我们成立了会员部，这是舶来自国外的营销模式。在纸媒的黄金年代，贝塔斯曼，这个在国际上居于领导地位的媒体和服务集团，就以会员制取得了巨大的成功。1997年，贝塔斯曼集团在上海建立了中国第一个合资书友会，试图扩大在中国的影响力。受到启发的我们引入了会员制，《地理知识》成为全国少数几家最先将会员制引入媒体发行体系和品牌体验环节的组织之一。《地理知识》会员可以享受订阅新杂志的会员优惠价格，还可获赠诸如台历、典藏书盒等小礼品，可优先参加丰富多彩的实地科考探险活动，大客户订阅还可以提供配套的个性化服务。

2000年6月，会员部首次举办了风光摄影讲座，组织会员去往内蒙古多伦县塞罕坝草原进行实地拍摄，7月又组织了一场穿越青藏高原的活动。在南极、北极和青藏高原有过10年科学考察经验的我，成了会员部的招牌。人们对出行和野外考察的巨大热情，让我们意识到《地理知识》不仅是一本科学传媒期刊，也应当为热爱科学、愿意走进大自然的人提供一个交流和出行的平台。自此，我们开始思考，如何将科学考察转化为普罗大众能参加的项目，这为日后具有中国国家地理特色的广告出行和商业科考项目提供了一个契机。

乘着优质内容和经营的双驾马车，《地理知识》从三年前的说教式科普期刊，变成一本充满地理趣味的科学传媒期刊。我们，已经准备好成为《中国国家地理》。

1995年3月底，中国首次远征北极点的科学考察队出发前夕，作为队长的李栓科和同事执旗留念。

图为著名的珠峰观景台。在这里，可以观测到众多8000米级别的山峰，远处耸立于云端之上的，正是珠穆朗玛峰。曲折多拐的山路给画面增加了动感。摄影 / 陈业伟

中国终于有了

国家地理

第3章

更名：2000年，《中国国家地理》诞生

2000年第10期，《地理知识》正式更名为《中国国家地理》。

封面上的“中国国家地理”，从小白字变成六个金色的大字，而传承了50年的“地理知识”被缩成一个小印章留在左上角。封面底部一行亮黄色的大字，“中国终于有了国家地理”，更是洋溢着不加掩饰的荣耀和喜悦。

1950年，一群30多岁的地理学者，为了给新中国的民众普及地理知识，“一个现代公民必须对世界和中国的地理事宜有基本的认识”，创办了《地理知识》。50年后，另一群30多岁的地理人，追寻着国家前进的步伐，让《地理知识》成长为《中国国家地理》。从科普期刊到科学传媒的转型，不变的是杂志强大的“科学”基因，这是我们永远的底色，也是我们不断向前的核心动力。

2001年第1期，“地理知识”4个字撤离封面，《中国国家地理》的办刊理念更改为“推开自然之门，昭示人文精华”，这就是我们一直渴望做的科学传媒。

随后，杂志进行了更大范围地调整，全力提升《中国国家地理》的媒体影响

2000年10月，《中国国家地理》正式诞生。

力。在内容上，编辑部不断尝试新的编辑和传播方式。在经营上，发行部独立成一个部门，已经不再有合作伙伴怀疑读者是否喜欢地理。在读者眼里，《中国国家地理》不再与教材、地图、考试辅导挂钩，是一本内容涉及地理的科学传媒读物，里面有优美的文字、震撼的图片、专业的地图，是走向市场的商业传媒杂志。境遇的转变，让我们开始思考媒体的影响力和品牌价值：我们要如何更好地成为中国的《国家地理》？

为了深描“中国”，我们不断地推陈出新。2001年，我们首次采用整体策划的思路，尝试了“专辑”这一特殊的传播形式，对报道对象进行多层次、多角度

《中国国家地理》部分专辑封面。

的解读。其次，看到GS、GPS和GIS技术对现代地图和空间再现的影响，我们越加重视地图的作用，不再将地图作为解读主题的辅助工具，而是作为视觉呈现的主要表达方式之一。1月，杂志推出新年贺岁的“钱币之旅”专辑，令读者耳目一新。杂志不仅刊登了“石家庄印钞厂见闻”，披露了人民币背后的故事，还提出“钞票 —— 国家名片”概念。随后，又推出了三个专辑。3月推出了首个省区专辑，聚焦台湾；5月，我们为纪念西藏和平解放50年推出“西藏的路”专辑；6月，推出了“北京专辑”；8月，为配合在北京召开的世界地图大会，我们推出了地图专辑。其中的“台湾专辑”，值得在此一说。2000年后，台海局势发生很大的变化，半个世纪的隔离让大陆人民更加期待认识台湾。我们的台湾专辑出版后，在大陆和台湾都引起了强烈的反响。我们也借此机会，在当年6月1日发行了《中国国家地理》繁体版，在台湾地区以及海外销售，这是大陆第一家把版权卖到发达地区的杂志。

虽说2001年开始的“省专辑”中的“北京专辑”反响不够强烈，善于做创新实验的老单认为，这类专辑对读者来说是个“新鲜事”，未来可以成为《中国国家地理》一大特色。因此，在2002年新年特刊中推出了扩版至132页的“新疆专辑”。由于在内容和版式方面的创新，第一次出现连续彩色大拉页等，本期杂志获得空前好评，全国上万个零售点几乎在一周内全部卖空，杂志在一个月内连续四次加印，可谓一时洛阳纸贵。还有新疆报纸专门刊文讨论该期杂志，新疆维吾尔自治区的领导还给杂志社打电话以示感谢。这些反响坚定了编辑们的信心，促使他们做了一个决定：趁热打铁，加快速度，做好区域专辑，即“省专辑”。随后，《中国国家地理》在2002年陆续推出了澳门、山西、云南等专辑，销售成绩斐然。

“省专辑”的出版，给发行工作带来一个全新的市场认识：关于新疆、云南、西藏的内容很受欢迎，特别是以省专辑出品时更受市场青睐。2002年，伴随着国内期刊市场和旅游市场的红火，《中国国家地理》杂志的发行量踏上一个全新的台阶，10万册。会员部的会员人数也超过1万，承担杂志寄发任务的杂志社与邮局联合，建立了更快捷的寄发流程。要知道，之前我们可是全社上下一起动手打包、邮寄杂志的。

改版前的《地理知识》，每月直接向外寄发的杂志只有30来本，包括交换和读者直接到编辑部订购的杂志。杂志一到，老编辑刘玉琴就用信封一本一本装好，用糨糊粘起来后放到椅子上，然后坐在上面，利用体重把封口压紧。改版后，杂志进入大发展时期，尤其是会员部的设立让杂志的直接订购量大增，从数十份变成千份万份，寄发杂志这件小事成为整个杂志社每个人都要参与的大事，我和老单也一期不落地参加了。那是杂志社每月庆丰收般的场面，心情兴奋，好不热闹。一部分人负责装杂志，另一部分人将装好的杂志一本压一本放好，露出封口。这时，总有一个小伙子提着一桶糨糊，挥舞着一把大刷子，围着桌子转圈涂抹，后面紧跟几个快手粘起封口。后来，我们弃用了糨糊，使上了更加方便的不干胶信封，工作量大减。千禧年过后的两年是我们杂志的快速发展时期，会员部里每月都有会员人数快速增长的惊喜。一方面团队已无力承担繁重的打包和邮寄工作，另一方面，国内的物流服务也越来也好，我们便通过各级邮局的仓储和物流直送杂志了。

2001至2002年，不仅杂志大放光彩，我们的办公设备也开始升级，2001年甚至算得上杂志社的电脑普及元年。2001年3月，杂志社有了第一位计算机专员，闫瑞杰。我的本意是请他来设计《中国国家地理》的网站，但是没想到，他来了以后第一件事是去帮着地图编辑做地图，然后又兼职给大伙配电脑。那时候，电脑刚开始在社会上推广，许多编辑还不会用，仍以传统的手工作业方式，写完稿子后交给打字员，打字员把文稿数字化了再在杂志社为数不多的电脑里进行排版。我对新技术一直很感兴趣，觉得有必要普及电脑，便让闫瑞杰去中关村买。没想到，这小伙子说品牌机太贵，不如买配件回来自己组装。就这样，杂志社一下子就有了41台电脑，全是他一个人攒的，我们联了网，还有了“技术后勤”，开始了现代化办公。

虽说2001年开始的“省专辑”中的“北京专辑”反响不够强烈，善于做创新实验的老单认为，这类专辑对读者来说是个“新鲜事”，未来可成为《中国国家地理》一大特色。

有了网络和电脑，不仅编辑和排版工作的效率提高了，我们对外界的讯息反馈也更及时了。2001年，最为重大的突发事件莫过于“9·11”了，美国纽约世界贸易中心和五角大楼被炸，恐怖主义和伊斯兰成为全球关注的热点。得知消息后，编辑部立即策划了第10期的特别报道《摩天大楼——激扬与沉思》和《阿富汗：战争和贫困轮番蹂躏的土地》。当年12月，杂志社再次推出特别策划“走进伊斯兰世界”，以便读者深入了解“9·11”事件背后的故事。自此，编辑部已经熟练使用“由头+知识”“人物+知识”和“事件+知识”的方式向读者传播地理科学理念。

电脑的普及和互联网的兴起之势，让我们意识到必须尽快有自己的官方网站。2002年3月，杂志社组建了网络部，虽然整个部门只有闫瑞杰一个人，中国国家地理网（www.cng.com.cn）还是在随后的三个月内建成了。起初，网站主要介绍每期杂志的内容，后来开办了地理论坛和地理商城。这个地理论坛很有意思，聚拢了一批诸如摄影师和旅行家之类的资深地理爱好者，其中不少人是《中国国家地理》的读者，我也经常泡在论坛里，成为最早的一批BBS用户。在这其中，闫瑞杰一人担任了好几个角色，网络部的程序员、网站的管理员、网站编辑和整个

《中国国家地理》繁体版、日文版、英文版部分封面。

中国有960万平方公里的陆地面积和300多万平方公里的领海，有着世界上最完整的自然地带，如此浩大的空间，为我们创造了层出不穷的报道话题，我们也为自然爱好者和旅行家提供了出行的由头和谈资。

杂志社的技术后勤。他是杂志社唯一一个不记考勤的人，因为他需要在下午和夜里上班，以办公室为家的他曾经创下了14天不下办公楼的纪录。2005年，只有一个运营人员的中国国家地理网，获得了“全国优秀科普网站奖”，我真是既自豪又感动。像闫瑞杰这样的“跨界者”，在我们杂志社还挺普遍的，每个人都是多面手。这样的团队，是我们的战斗力之所在！

在华语世界发展势头良好，我们想进一步扩大杂志的影响力。在台湾推出繁体版的《中国国家地理》后，2001年8月，我们与日本Asia Geo公司在北京签订版权合作合同。2002年1月，《中国国家地理》杂志日文版《中国地理纪行》在日本成功发行，成为国内首家向发达国家完整输出版权的杂志。《中国国家地理》中文繁体版和日文版的发行，引起业内轰动，成为中国期刊走出去的实例。2008年7月，《中国国家地理》港澳繁体版诞生，作为一个对外传播中国及其品牌的平台，该杂志从自然及人文地理的角度诠释中国，淡化港澳台及海外华人华侨与中国大陆的文化差异，为港澳人士、海外华人华侨提供一个认识中国的起点。

“小红楼编辑部”时期的工作场景。2002年《中国国家地理》日文版《中国地理纪行》在日本出版发行。图为李栓科正在给杂志社员工介绍日文版。

此外，我们的目光也投向了更辽远的世界舞台。2009年，《中国国家地理》英文版正式创刊，杂志在新加坡印刷，是第一家面向全球读者发行的中国地理期刊。经过法兰克福和旧金山国际书展交易，英文版发行超过30万册，然而因为股东变更在2010年停刊了。2013年，《中国国家地理》编辑部再次筹办英文版，为了与美国《国家地理》区别开来，刊名从*Chinese National Geography*更为*China Scenic*，入选国家新闻出版改革发展项目库。使用Windows Azure（微软云）美国东部主机，我们建立了Facebook和Twitter等社交网络宣传渠道。为了适应国外阅读习惯，我们采用了官方网站在线阅读和App客户端下载的付费模式。虽说英文版有很大的市场前景，但因为国际环境的变化，在2018年再次停刊。这两次尝试，给我们增长了很多经验，顺应大势，我们将目光重新聚焦于中国本土市场，至于海外市场，且待将来。

以上陈述的，是杂志多年间的多元发展和长足进步，而这些成绩，都离不开改版之初的时代弄潮和不断创新。

2004年2月，编辑单琳在柬埔寨洞里萨湖采访。当天的太阳非常“毒”，她不得不找了块头巾“武装”自己。当地的孩子对游人毫不陌生，摄影师拍照时也十分配合。摄影 / 王彤

奇特旺国家公园是尼泊尔建立最早的国家公园，以孟加拉虎、亚洲独角犀保护区和热带山地森林生态系统而著称于世，被誉为亚洲最好的国家公园之一。在这里不仅可以观赏各种珍奇动物，还可以领略尼泊尔先进的生态管理理念。我们的摄影师和编辑正骑在大象上拍摄。
摄影 / 姜平

摄影师关海彤来到斯里兰卡宝石城拉特纳普勒，拍摄用传统工艺打磨宝石的工匠。

2002年3月，我们的编辑、记者和摄影师踏上了越南这块土地，报道、描绘出了一个全新的、站在起跑线上的越南。
摄影 / 徐健

千禧年后，不仅期刊开始引进来和走进去，互联网更是加速了全球信息流和人流的往来，旅游业开始兴盛，中国迎来了“地理热潮”。一时间，户外热、登山热、探险游、自助游、出国游……层出不穷。从《地理知识》到《中国国家地理》的改版，正好赶上这股“地理热潮”。中国有960万平方公里的陆地面积和300多万平方公里的领海，有着世界上最完整的自然地带，如此浩大的空间，为我们创造了层出不穷的报道话题，我们也为自然爱好者和旅行家提供了出行的由头和谈资。考虑到国人对远方的向往，我们在2002年7月刊，推出第一个周边国

在《中国国家地理》，我们带着善意报道世界，当编辑部的实力越来越强时，我们呈现自然世界和人类文明的方式也愈加理性和深刻。

家专辑“早安越南”，随后在2002年12月推出了第二个周边国家专辑“四性尼泊尔”，助推国人探索东南亚和喜马拉雅地区的热情。

随着发行和广告收入的直线上涨，我们在财务上完全走出了资金窘迫的境地，出差和出行的审批权限也由社领导下放到部门负责人。在专辑策划和特稿中，我们开始外派专家、记者和摄影师团组，这带来了更有现场感，也更为优质的稿件。“早安越南”这个专辑，就由执行总编辑单之蔷带着专家、作家、编辑和摄影师团队采自越南。主图是晨曦中绿油油的稻田，露珠迎着朝阳闪着光，农人戴着斗笠，撑着一支支长篙，在田间辛勤劳作。特别策划里的6篇文章，轻描淡写这个国家的战争记忆，展示了一个富有生活气息、全新美好、向整个世界开放的越南。这样的图文，使得人在反观战争之殇的同时，在日常生活的情境中感悟越南人的坚强与越南文化的韧性。在《中国国家地理》，我们带着善意报道世界，当编辑部的实力越来越强时，我们呈现自然世界和人类文明的方式也愈加理性和深刻。

回望1998年改版到2002年末，不知不觉中，第一个五年过完了。我在2002年12月刊发的文章《献给未来的回忆》写道：“人生沧桑，需要忘却的东西很多很多；媒体兴衰，必须记忆的又有许多许多。2002年对《中国国家地理》杂志及其团队注定是要永久铭记的。30年前，作为《中国国家地理》杂志前身的《地理

知识》复刊了；5年前，《地理知识》进行了全新的改版；2年前，《地理知识》正式更名为《中国国家地理》(CNG)；1年前，她的繁体字版在台湾创刊；今年她的日文版又在日本上市；年中她的网络版正式开通……”5年的岁月，让当初那个毫无压力的我，开始对媒体人这个角色如履薄冰，不敢有些许的懈怠。

2003年新年特辑，我们推出了第七个省专辑：“山东：中国的缩影”，扩版面至148页。不仅定价照旧，还加赠精美地图。这个月，中国国家地理中文网改版完成，中国国家地理青少网开通，这是我们为青少年用户特别开办的。在连续两年举办发行研讨会后，我们意识到自己拥有了一定数量的青少年用户群，是时候打造中国的《GEO 少年》了。经过半年筹划，《中国国家地理》杂志青少年版——《博物》试刊号发行。

2003年3月，我们在“读编往来”栏目中首次出现“封面选择”，以后逐渐固定并成为杂志的一个品牌栏目。在杂志出刊的过程中，编辑部总是会为每期封面的主图争来辩去，偶尔还会出现每个图都很喜欢、难以选择的情况，我们觉得这个过程很有趣，因此以这种方式邀请读者参与，和我们一同走进杂志的制作过程。这个栏目延续到了今日，喜欢玩社交媒体的老单还把“封面选择”移植到了新浪微博，颇受网友们欢迎。

“非典”肆虐的那个春天，人们足不出户或者很少有大型公共活动，和所有行业一样，期刊发行市场也受到巨大的冲击，很多杂志报纸无人问津。想要继续发行，我们就必须了解市场需求，所以发行部门得给出一个准确的发行市场预测，由此来决定杂志印数。也许无知者无畏，发行人员当时可能还不知道“非典”的严重性，他们坐公交、坐地铁或骑自行车去北京的报亭、超市、书店等发行渠道，实地调查杂志的销售情况，得出了一个利好结论：当前情况对杂志销量没有大的影响，我们的杂志仍然畅销。

推出省专辑的脚步没有停，中国34个省级行政区，我们才做完7个。2003年9月，我们推出“上帝为什么造四川”专辑，首次加厚至200页并赠送精美地图。《中国国家地理》“物超所值”的典藏性得到鲜明体现。9月7日，我们在成都召开了“四川专辑”的新闻发布会，发行部第一次探索以专辑形式扩充市场并创建新的发行模式，尝试和当地服务代理商合作推广宣传。杂志上市不到一周就销售告罄，又紧急加印2万册，发行数量为2002年同一时期的三倍。

我们的野外考察活动也没有停。2003年1月，我们成立了会员俱乐部，专门

2008年10月，徒步穿越塔克拉玛干会员活动即景。当时，这是一条全新开辟的线路，从达里亚博依到和田河，全程约120公里，徒步约5~6天，驼队负责物资供应和收容“伤病员”。
摄影／赵超

2007年10~11月，俱乐部承办了人类历史上第一次连续穿越羌塘、可可西里、阿尔金山、罗布泊四大无人区的科学考察活动。这次考察专家阵容极其豪华，车队也堪称“奢华”：计有5辆路虎和4辆奔驰“乌尼莫克”。摄影／张书清

阿尔金科学考察中的片段，才华烨是这个团队中唯一的女队员。

2006年4月，穿越“大可可西里”核心地带的大型科考探险行动中，一辆装备车陷进了冰河，大家正在讨论拖车方案——其实在野外，这样的“胶着”场景简直就是家常便饭。摄影 / 杨浪涛

贡嘎山冰川科考。摄影 / 单之蔷

为会员组织活动，完成实地体验任务。早在2000年初次组织实地拍摄和考察活动时，我们就意识到《中国国家地理》要为读者提供一个出行的平台，因为地理学最重要的就是到野外去实地考察。为了让每一位员工都有机会领略祖国的山河壮美，实地学习自然地理和人文地理方面的知识，我们不惜重金，开始组织全体员工进行野外培训。

作为一个为杂志社品牌服务的非盈利部门，会员俱乐部的核心工作是组织具有科学考察意义的科考和探险活动，让更多的会员和读者有机会去野外体验地理的魅力，增加读者对杂志的认同感，提高媒体品牌的影响力。同时，这个部门还负责杂志社的野外考察项目，承担员工野外培训的组织工作，保障野外采编工作的顺利执行。2002年我们组织了6场考察活动，2003年我们组织了3场。其中，2003年8月与新疆阿尔金山国家级自然保护区管委会联合举办的“回望阿尔金山20年活动”，开启了我们的品牌宣传活动。在无人区探路和穿越，这次活动异常艰苦，我们前后花了2个月的时间才完成。我负责带队，我的第一任助理、2003年非典期间招进来的才华烨，负责媒体联络。这次活动的媒体联动效应非常好，我们在户外和科学考察的影响力得到了很好的传播。

2003年岁末，《中国国家地理》的发行量达到了25万册，成为国内公认的优秀科学传媒期刊。然而，并非所有的科普期刊或科技期刊都像《中国国家地理》发展得这样好。众所周知，千禧年之初，科技期刊占据了中国期刊总数的一半左右，普遍表现出“小”“散”“弱”的经营状况，原先靠财政拨款勉强度日，但在传媒业自立门户已成定局的时日，传统的科技期刊生存环境在逐渐恶化。《中国国家地理》的出现带给科技期刊一种新的气象，转型与发展的命题不仅牵涉到科技期刊的经营主体，更被政府主管部门视为工作重点。然而，《中国国家地理》的运作模式不太具有可复制性。地理科学的平民化气质，本身就能形成话题，它是多因多果、多源多解性的。这与一解性的数学、物理、化学这些学科不一样。《中国国家地理》杂志可以参与社会热点、难点和疑点问题的讨论，运用科学上的精准与思辨精神成就自己的典藏性，因此并不是所有的科技期刊都能像《中国国家地理》一样转型。

我们就这样沉思着、摸索着、创新着，走到2004年元旦，因奥运场馆建设需要，大屯路917大楼边上的四层红砖楼，装满我们创业故事的“小红楼”将被夷为平地。告别前，我们在门口合影留念，一个时代结束了。

《地理知识》杂志社早期的办公地址在大屯路上的917大楼（中科院地理科学所）边的小红楼上。2004年，因奥运场馆建设需要，这里将被夷为平地，《中国国家地理》杂志社迁往中关村南一条乙3号办公，作为临时过渡。2004年农历二月初二，告别小红楼时，杂志社部分成员在办公楼前合影留念。摄影／王彤

2014年秋，在青藏高原的多湖地带，一群藏羚羊正在奔跑。摄影 / 王宁

www.cng.com.cn
CNG
CHINESE NATIONAL GEOGRAPHY
中国国家地理
2005年增刊
选美中国
特辑
中国最美的地方排行榜
颠覆传统：名山名湖纷纷落马
推进审美：冰川雅丹进入视野
关注西部：边缘文化大放异彩
ISSN 1009-6337
（精装修订版）

第4章

激流勇进：质疑声中走出的强势品牌

2004年3月，我们在临时过渡的中关村南一条乙3号办公楼，推出了3月刊，“国花、国鸟、国树、国石”专辑。封面是一幅人体彩绘，女模特的背上画着大红色的牡丹，融在特别调制的胭脂红背景里。“封面故事”栏目还为此写了一篇颇为得意的外传：《开创性的行为通常在反常之举里》。

正当所有人为此欢欣鼓舞时，意想不到的事情发生了，杂志上市后遭到读者的广泛质疑和诟病，有读者来信问是不是杂志换了领导，换了风格。其中一位读者一口气买了好几本杂志，在未拆封的情况下寄到杂志社，以示不满，认为那是对读者的羞辱。许多中科院的老专家也拿着杂志来找我们：“这简直是三俗！你们要再这样的话，我们再也不看这本杂志了！”

这无疑是当头一棒。杂志改版以来的几年，杂志还没有形成固定的风格，封面所涉主题涵盖了动物、人物、器物、自然风光等方方面面。风格没稳定的好处就是，可以尝试多样性表达。通常情况下，编辑部会在做好内容后一起商量封面。

以往每次的封面选题会上，编辑们都会各持己见，争个不停，但这次大家都被惊住了，意见出奇地一致。要知道，为获得创意与独创性，编辑部总是“上穷碧落下黄泉，语不惊人死不休”，这次确实做到了独特与惊人，不过却是铩羽而归。

早些时候，我也看过这封面，初看内心一片“哇”声，细看下来，觉着还挺有艺术感的。编辑来问我意见，我便回了“好”。编辑部一直想突破“雪山、冰川、河曲”对封面的垄断，力图探索新的表现形式，这是好事。只是我们未曾想到，在读者心目中，《中国国家地理》品牌形象已经开始固化，山川河流、自然风光才是杂志应有的“脸面”。

作为面向大众的杂志，我们不能以自己的喜恶来做判断。我们要优先考虑广大读者的接受度，因为创新和胡来之间只有半步之遥，“领先半步叫创新，领先一步就是胡来”。

那时的我们，是真的在追求创意，内心是无邪的，认为人体本身就是美的，因而那张大胆超前的封面毫无低俗或媚俗的味道。问题是我们忽视了外部环境，一方面，人体彩绘在当时的中国尚未被社会大众所接受，我们算是做了一次行为艺术。另一方面，争取女性平等权的女权主义也在兴起，很多人会追问：“为什么要在女性后背画牡丹？”

对这个事件，我们开了反思会。从艺术的角度来说，我们没有错。但是，作为面向大众的杂志，我们不能以自己的喜恶来做判断。我们要优先考虑广大读者的接受度，因为创新和胡来之间只有半步之遥，“领先半步叫创新，领先一步就是胡来”。这件事以后，杂志的封面日益趋向于壮美的自然景观，偶尔也会使用人物肖像、动物和植物做封面，总体上秉持了朴素、大气、庄重的传统，让读者在第一时间辨认出此刊就是《中国国家地理》。

这场封面引发的风波，随着杂志风格的调整，很快平复。编辑部开始筹备2004年7月的“大香格里拉”专辑，这是我们的第一本非行政区域专辑，跨越了川滇藏三大区域，给中国最美的地方画了一个圈。这期杂志是创纪录的超厚版，有240页，验证了一本好的杂志不仅要越办越好，还要越办越厚。7月4日，我们在四川成都和云南昆明召开了“大香格里拉”专辑的发布会，这是我们第一次探索跨区域销售模式。这个新思路，让杂志在销售市场又一次取得了可喜的成绩，全国4万多个零售摊点，基本上在两周内就脱销了。

这本专辑出版后，杂志月销售很快突破30万册。我们的广告大幅提升，与许多著名企业在科学考察、市场推广方面开展了一系列颇有影响力的合作。优质的内容带来跃升的发行量，发行量的增大带来了强大的品牌效应，这是一个连锁反应。我们当初的判断是对的，杂志的成功其实就是编辑部的成功。因此，继续坚持“内容为王”，禁止采编人员从事任何经营活动，即使再匹配的文稿，只要涉及收费付费，就一定要在显著位置提示这是“广告资讯”，这是基本的媒体伦理。那几年，几乎每月都有新杂志登场，有些“先市场后内容”，很快就消失了。“先内容后市场”，看似守着酒香不怕巷子深的传统，可实际上杂志的口口相传远甚于市场炒作。有人说这种经营方式带有“科学家气质”，我们不否认科学之求真务实对杂志社发展思路的影响，但这其实是真正的经商之道。

这一时期，互联网已经普及，除了《中国国家地理》全面上网，我们在2004年新推出的《博物（青少版）》也上了中国国家地理网，杂志的话题和谈资借助互联网在人群中快速传播。2002至2004年杂志销售连续三年成倍上涨，互联网起了巨大的推动作用。但最重要的因素还是中国经济的高速增长。地理话题不仅为政府重视，也为民众所关注，更受到大众媒体的追捧，《中国国家地理》在大时局中开始有质量地活着了。

年初的封面事件和月销售突破30万册，让2004年看起来不一样，但真正让这一年惊心动魄的是“选美中国”特辑的策划。外人看到的是“选美中国”的爆红和巨大成功，殊不知这个策划也造成了《中国国家地理》杂志社有史以来最大的内部争论和分裂。我也经历了从商以来最为挑战的一年，在一片质疑声中，和少数支持者一起激流勇进。

2004年初，我们提出在2005年10月推出“选美中国”特辑，以纪念杂志创刊55周年：做一本550页的限量版特辑，印制55万份，让《中国国家地理》从只是“活着”的状态变成一个强势品牌。但这是一个极为冒险的方案。做一本550页全彩铜版杂志，再印55万份，一个从来没有过的发行量，意味着千万级的投入。如果再邀请全国顶级专家团队有理有据地做出中国最美地方排行榜，这笔花费又是一个千万级。这意味着要花光我们账上所有的钱。

支持做特辑的是少数，反对意见更多。“你把咱这几年攒下的辛苦钱，一次性地全砸里头，万一回不来，孤注一掷太冒险！”杂志社甚至有人请来商界巨星当外援说客，也有老领导、老专家找上门，这些都是亦领导亦恩师亦朋友的人，我们能不在意吗？当然在意，我们认真地听，觉得他们说的都有道理。最后，连广告商和发行商都来劝阻，更有客户从深圳跑来，试图阻止我们的特辑计划。他们的好意，我们至今感念。

面对如此强大的反对声，真是需要极大的勇气来摁下执行按钮。按照科学推理五步曲，我们觉得这个计划在逻辑上是成立的。我们不是脑门一热、大腿一拍就说要做这个事，而是经过缜密考虑，真觉得能成。大市场已经在那里了，只等着我们跳起来去抓住它。

到2004年秋天时，我们下定决心，要做，而且是举全社之力来做。在这件事上，老单和图片总监王彤不仅是最铁杆的支持者，而且他们早就有心想做这件事，编辑部在2003年做过的“最美山峰选”和2004年7月刊“大香格里拉”专辑里已经有了这种尝试。虽然只有少数支持者，但我们并不缺信心。我们的团队在前些年的争吵和磨合中积累了不少默契，士气、实力、激情和理想主义都有。既然决定要做，那就只能成不能败，搁置争议，把计划变成执行方案。

策划“选美中国”特辑的执行方案时，最难的是确定选美的标准。这个“选美”中国，和时下社会上流行的选美女比赛完全不一样。我们是一本科学传媒期刊，即便是对美这种抽象、主观的感受，也要用相对科学的方式来求证和表现。中国之美是确切的，但她到底美在哪里？

我们国家有着广袤的领土，拥有许多世界级的景观，比如青藏高原，但是由于交通不便等障碍，这些美丽但偏远的地方常人一般难以企及，而中国之辽阔又使得任何人也不可能踏遍每一寸土地，边缘文化所处区域的景观很难进入主流社会的视野。为此，我们反复讨论，最终确定了17大类选美主题，“中国最美的十大名山”“中国最美的五大湖”“中国最美的七大丹霞”等。依据这17大类别，我们列出了一个长达200多位指导专家的名单，其中有自然地理、人文地理方面的院士、专家，美学、建筑学、人类学和社会学等社科领域的专家，还有登山家、探险家和户外运动专家。

有了这个初步计划，2005年元旦过后我们就开始推进这个项目了。编辑部负

编辑部有不少好的工作规则，如打印好的彩样会张贴在办公室各处，供大家品头论足——批评意见是最好的，总比印出来再挨批评要好吧。摄影 / 马宏杰

责联络专家、制定选美标准、准备组稿，广告部根据这期主题寻找合适的广告商，发行部开始酝酿销售方案，而新成立的市场部则负责联合中央到地方的各级媒体，为“选美中国”造势。这不仅是编辑部第一次操刀特大型专辑策划，也是《中国国家地理》第一次各部门的大联合。这是一场决战，真正的大决战。

2005年2月，春节假期一结束，我们就投入到选美特辑的大会战里了。为了充分调动媒体和大众的积极性，在编辑部组织专业评审的时候，市场部开始组织

《中国国家地理》编辑部的工作场景。办公室的一大特色是，各种规模的会议特别多。最小型的，有三四个人参加的排版“选片”会。图中，图片编辑吴敬（前）正在自己的工位上演示已收集到的图片资料，责任编辑、图片总监和主编在旁随时提出意见和建议。

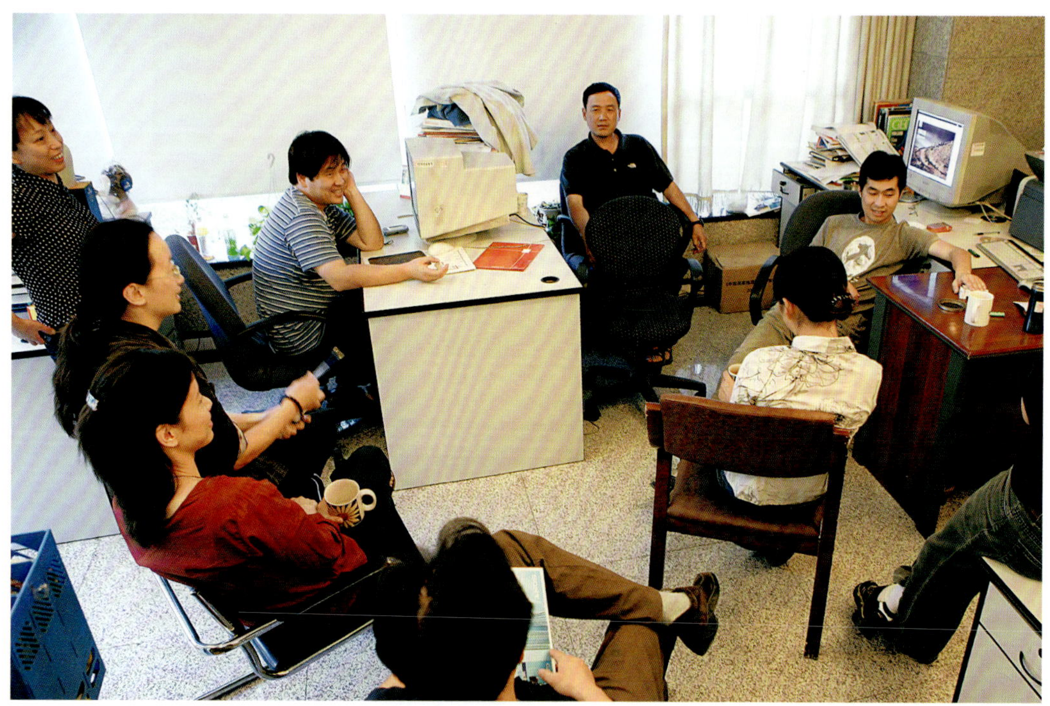

选题策划会和大型评刊会也经常举行。一个紧急召开的会议常常意味着原有策划方案被推翻了，编辑们需要不断迎接来自外部和自己的挑战。

民间的选美投票活动。总共4个人的市场部（人数不够，3月份我们新招募了一个小伙伴），分了媒体组和网络组两个组别。媒体组联系当时全国地方上发行量最大的都市报，每期主打一个内容，比如“中国的江南在哪里？”“最美十大湖泊在哪里？”我们将这些话题授权地方媒体，在当地做评选。那时候是都市报的黄金时期，因而“选美”这个话题炒得非常火爆。网络组负责联动新浪、搜狐之类的门户网进行网络投票，和都市报的评选活动形成的报网互动，也算当时的一个新鲜事。紧接着，发行部和市场部联合起来在全国范围内组织读者见面会，因为《地理知识》最早在南京创刊，我们在南京开启了全国性的“地理魅力”巡回活动。可谓一石激起千层浪。

我们忙得跟车轱辘似的，全国各地疯了一样地到处出差，去做“选美中国”的项目推广。从3月到10月杂志出刊的7个月里，我们都记不清到底接受了多少报纸、广播和电视台的专访。

我们忙得跟车轱辘似的，全国各地疯了一样地到处出差，去做“选美中国”的项目推广。从3月到10月杂志出刊的7个月里，我们都记不清到底接受了多少报纸、广播和电视台的专访。不得不说，地理真正最具大众气质，在“选美中国”这件事上，每个人都能发言，每个人都愿意发言。旅游市场的兴起，也让各个景区、国家公园和旅行家、摄影师、广大驴友，积极参与这个活动。有了发言讨论的机会和由头，所有的参与者都非常高兴。然后，大家就都知道有这么一个社会热点了：“中国哪个地方最美？”

广告部的时间也非常紧张，一些新晋员工培训尚未结束就直接奔赴市场，广告公司的现任总经理高颖就是这么过来的。以前，广告部只做总的年度刊例，但这次破例做了一期《选美中国》特别刊例，因为杂志厚达550页，相当于平日里4本杂志的容量。2月份就开始的媒体造势和市场运作，使得一些广告商提前来预定版面。特辑刊例在5月份推出后，我们十分头疼，因为广告太多而版面有限，广告商尤其是车企，一直在抢广告位，像开篇跨页这种稀缺版面，每家客户都

梅里雪山的缅茨姆峰。摄影 / 杨桦

志在必得。广告位很紧俏，同事们每天都想着怎么去协调品牌冲突和版位控制。即便在这种可以大赚广告费的时候，我们跟平常一样，坚持“明显标识杂志正文和广告”的核心原则，在广告数量上也极力控制，按照150页杂志、30页左右的广告比例，让广告客户实实在在地体验到了“物有所值”。

编辑部这边，紧锣密鼓地组织专家评审，根据选美的17个类别，最终确立了100位推选专家。为了使评选结果更加客观、公正和权威，我们特别组织了总评审委员会。这个委员会包括了5家关于风景、旅游等与“地理选美”相关的权威学会，一些中国自然科学相关领域的顶尖人物，还有一些德高望重的美学家，使得评选兼具科学气质与人文情怀。根据这17大类别，我们制定的评选标准，虽然不能做到完全客观——这世界上根本就没有完全客观的事，但尽可能的缜密细致。评选中，我们汇总的入选地方和专家意见材料达到一米多厚。可想而知，编辑部的工作量有多大！

内容就是杂志的生命，只有做好内容，我们才会有真正的影响力，才会在商业上取得成功。在保密和公正这一点上，编辑部做得非常好。

值得注意的是，我们的初选方式是盲选，根据编辑部制定的标准，受邀专家独立选出自己心中最美的地方，还要写明理由“美在哪里”。彼此互不知情的专家，直到最后杂志印出来，才知道同组的有哪些人。同时，编辑部对专家组的评审意见，也是高度保密的。

为什么要保密？做这个“选美”活动时，杂志社接到太多景区和地方政府的电话，要求付费上榜，有的甚至愿意出到七位数。对此，我们都予以拒绝了，我们的初心就是想做一期权威的、经得起时间考验的中国最美地方排行榜。内容就是杂志的生命，只有做好内容，我们才会有真正的影响力，才会在商业上取得成功。在保密和公正这一点上，编辑部做得非常好。为了强调公正感，执行总编单之蔷都没在自己的办公室工作，而是在大堂里办公。

为了让特辑更有影响力，这一期的特约撰稿人里有不少名家，像诗人于坚、孤岛，作家舒婷、铁穆尔、刘亮程等，资深媒体人如《中国西藏》杂志副总编辑金志国等，还有法国洞穴学家让·波塔西（Jean Bottazzi）。一切都在向好的方向发展。

8月过完，我们已经知道“选美中国”特辑绝不会失败了，虽然我们还不清楚它能有多成功。财务上更加吃紧了，我们仔细花着每一分钱。编辑部的大量投入、专家们的咨询费和差旅费、市场部的运作经费，还有每月如期刊印的杂志都要花钱。想着再有两个月就能缓过来了，我们充满了斗志。然而，就在这节骨眼上，纸商给我们涨价了。他知道我们要大量用纸，不顾多年的合作情谊，要求先付款后交纸，不然就断供。后来更甚，让我们提前一个月支付纸款，而且每星期提一次价，这简直是勒索！

我们砸的钱已经够多，在这个项目上只能成功不能失败，只好咬牙把800多万的纸款付了，杂志社的现金流一度紧张到了极点，给大家的加班费都发不出来了。《选美中国》这期有550页，印刷55万份，是平时用纸量的10倍，一时间也找不到新的供应商，纸商要多少钱我们都得给，不然所有的努力就白费了。一般情况下，杂志都是先用纸，出刊后再来付款，这次要求我们提前交款的原因可能是纸商担心我们万一翻车了收不回来钱，这点我们也能理解，但每周提价一次就过分了，这分明是趁火打劫。

在这之后，我们再也没用过这家公司的纸，包括后来成立的图书公司，也没用他家的。我当时就想得很明白：好啊，你尽管勒索，只要你不把我们逼死，我们的未来就一定要比你强！后来，这家公司又找了回来，要送纸给我们，我们拒绝了。没有远见的不良商家，不足以成为商业伙伴。

再后来的事情，大家都知道。“选美中国”特辑在2005年作为10月刊隆重出版，55万份杂志不到一周就卖完了，当月紧急推出了精装版，随后许多集团客户、广告合作伙伴定制了自己的专属版。至今还在年年加印，累计销售超过500万册。这期杂志还被译成10种语言版本的图书，销往世界主要国家和城市，累计销售量超过300万册，将中国名片式的美景推向全世界。《中国国家地理》声名大振，成为中国期刊界的行业翘楚。■

暨

2005年10月23日晚，“中国最美的地方”排行榜发布仪式暨《中国国家地理》创刊55周年庆典酒会结束后，大家留下了这张珍贵的全家福。大家都说，《选美中国》选出的17大类117个“中国最美的地方”还是有所欠缺：缺的正是这个贵宾云集、欢声雷动的会场——这里盛产中国最美的笑颜。

第5章

地理是美：
“自由的自然美”

“选美中国”特辑的社会反响超过了我们的预期，引发了一场关于“美”的争论。一些传统名山名湖纷纷落马，跌出了“中国最美的地方排行榜”。取而代之的是西部地区的雪山、大河、冰川、峡谷、沙漠、丹霞…… 这些新元素进入国人的审美视野，传统观念里的“山水审美”受到了颠覆，这无疑是一场美学震动。

以前说到山，一定是三山五岳，但在特辑发布后，人们开始向往南迦巴瓦峰、珠穆朗玛和稻城三神山这些人迹罕至的新坐标。以前说“欲把西湖比西子，淡妆浓抹总相宜”，后来说青海湖、喀纳斯湖和纳木错之类。这场美学的“西部大发现”或者“西部再发现”，最根本的是提出了具有时代感的自然审美标准，它令公众信服，并且经得起时间的考验。“中国天地之大美”，走出了传统中原地区文人墨客的审美观，把自然美的差异性和多样性呈现出来了。

我仍然清晰记得20世纪80年代跟着老师第一次去青藏高原做地质考察时，眼睛和心灵所受到的震撼。那里的雪山、峡谷、草原和江河，真是壮美之极，难以用语言表述。在那样的景观面前，人对天地的敬畏之心油然而生。自然的语言是那样的自由而磅礴，那样的千变万化，人类要有发现的眼睛，更要用心感受，真诚地去探索。

这种极致美和震撼，也融入到我们的办刊理念中。地理不仅需要科学理性的研究方法，更要在感性层面唤起公众对美的认识和感受。我们国家有着世界级的高山群和地球上最完整的自然地带，拥有着不可思议的生物多样性，还有着灿烂的多元文化，这些都是《中国国家地理》的报道和传播对象。“推开自然之门，昭示人文精华”，这种办刊宗旨背后其实就是对地理之美的追求。推开自然之门后，我们看到了什么？探访人文精华的过程里，我们又发现了什么？是美，用康德的美学思想来说，是自由的自然美。

报道美

早在1998年改版《地理知识》的时候，我们就开始报道地理的差异美和变化美。虽然不那么精致，但改版号里的每篇文章都有报道美的特点，诸如《熊猫社会》《大自然的乐章：法属圭亚那雨林》《到西藏看跳神》等。和国内其他同类杂志相比，我们着眼于地理学的本质，强调区域差异性的选题原则，确保杂志内容的独家性。

1997年，我们在筹备杂志改版工作时，面临的是一个全新世界的展开。那时候，中国经济发展得非常快，比起80年代的相对静止状态，一些探险家、诗人和作家开始成群结队地往西部地区去，西部的人口和物产也在向东流。海子写在80年代的诗歌诸如《西藏》《今夜，我在德令哈》，对大多数人来说只是诗中的远方，西部地区仍是等待探索的未尽之地。然而，能够满足人们出行向往和探索欲的地理期刊却很少。美国人类学家约瑟夫·洛克在20个世纪30年代在丽江－贡嘎雪山那一带做田野考察时，拍的很多照片都已是彩色的，而我们的《地理知识》在90年代初期却仍以黑白印刷为主。改版后，我们报道西藏、新疆、青海、甘肃、四川和云南等西部地区时，就像在一张空白的纸上写故事。

甚至，在千禧年后的头几年，我和单之蔷去高校做讲座时，雪山、冰川这样的西部景观仍会引起学生的惊叹。很多人只知道黄山、庐山和泰山这类的名山，对西部大地的山川、河流几乎一无所知。人们对西部地区并非没有兴趣，只是缺乏话题和谈资的来源。一路走来，我们能强烈感受到社会上的这种需求。毕竟，过去只有《民族画报》《人民画报》会介绍西部地区和民族地区，不过，他们很少从自然景观、生态环境或旅游的角度入手。所以，我们第一紧要的任务就是介绍中国，向国人展示，中国很大，你只要上路，美就无处不在。

在2007年《地理知识》改版十周年时，资深编辑李志华编审做过一个统计：在1998年至2007年的十年里，杂志图片在地区上出现惊人的集中，仅四川、西藏、新疆、云南四省区的图片就占了所有图片的30%，更不用说广大的西部地区了。做着这种打开西部、"填补空白"的大工程，《中国国家地理》不自觉地开始打破传统的审美。2000年6月，我们在"国家地理推介之旅"的专栏中募集那些深藏不露、默默无闻的地方，希望我们的报道能像探照灯一样，使其成为亮点。

"推开自然之门，昭示人文精华"，这种办刊宗旨背后其实就是对地理之美的追求。推开自然之门后，我们看到了什么？探访人文精华的过程里，我们又发现了什么？是美，用康德的美学思想来说，是自由的自然美。

2003年9月推出省专辑"上帝为什么造四川"，已明显有了颠覆传统景观认识和审美的意思，在问"为什么造四川"之时，编辑部提出"看山要看极高山"，这就和"山不在高，有仙则名"非常不同了。

老单觉得东部地区之所以总讲黄山、庐山之美，一个很重要的原因在于人们没有走出去，没有真正见识过西部壮观的美景。一旦人们打开西部世界的大门，就会发现，东部地区的景观也不过如此。在中西部景观的差异报道方面，有了可观的积累后，我们就有了一个迫切的感受，中国人的审美和对国家的认识需要一场重建。从这个角度来看，"选美中国"特辑并不是一个横空出世的爆品，而是一次长期积累后的喷发。

不破不立，在颠覆传统的审美后，我们需要新建一个审美标准，而这个标准就是"选美中国"。回头看看，我们在2005年做的"中国最美的地方排行榜"，在今天仍然没有过时。许多读者把这期杂志视为出行宝典，每去一处，都像朝圣一样。

《中国国家地理》在杂志改版的早期，主要关注报道西部地区呈现的差异美，现在开始重新认识东部地区的美。像近几年的"大东北""福建专辑""湖北专辑"就标志着这种新的审美转向。变化，时刻发生在自然界和人类社会里，因而"变化美"也是我们关注的重点，它其实是地理学中"差异美"的延伸，让我

直刺蓝天的雪山是海拔7782米的南迦巴瓦峰。与南迦巴瓦峰互为犄角的是海拔7294米的加拉白垒峰。两座山峰隔着河谷深切的雅鲁藏布江遥相呼应，相距仅20公里的距离。即便在雪峰林立的西藏，南迦巴瓦峰仍是声名显赫的一座山峰。它巨大的三角形峰体终年积雪，云雾缭绕，犹如害羞的少女，不轻易露出真面容。或许是因为南迦巴瓦峰太过出名，为了见其真容的游客络绎不绝，却鲜少有人问津它对面的加拉白垒峰。它至今仍保持着一份神秘和陌生。摄影 / 李国平

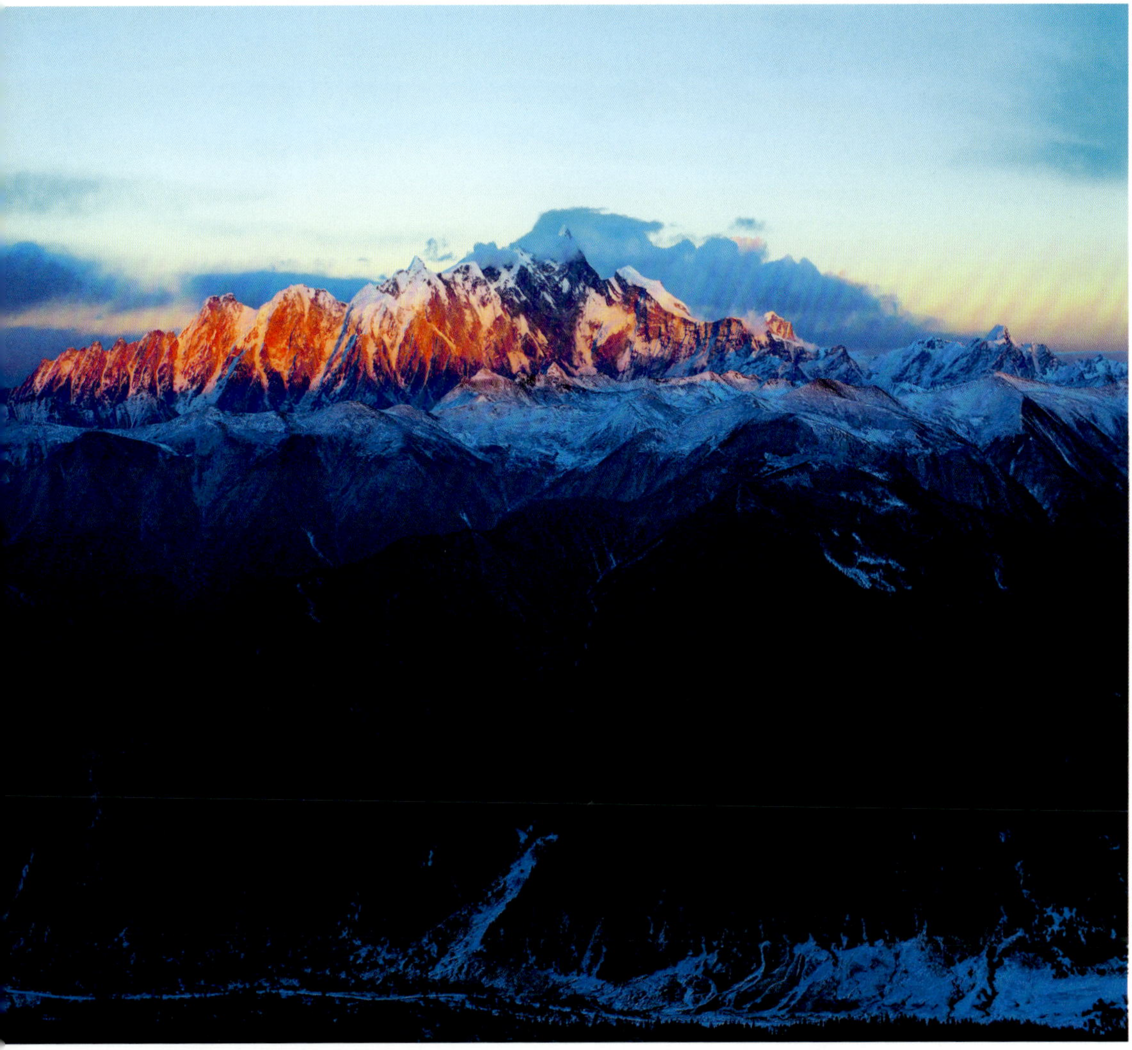

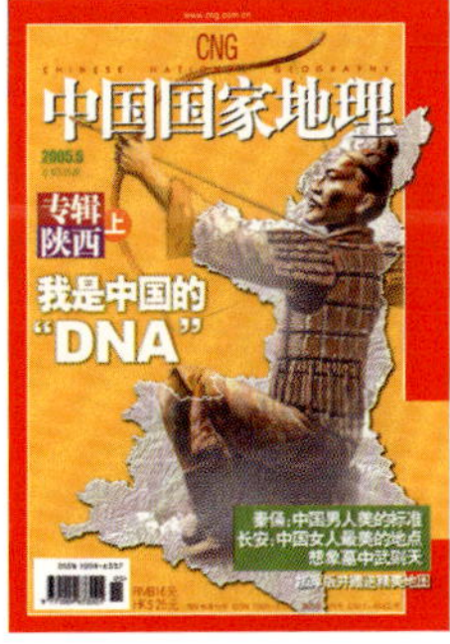

CNG
中国国家地理
2005.5
专辑
陕西
上
我是中国的
“DNA”
秦俑：中国男人美的标准
长安：中国女人最美的地点
想象墓中武则天

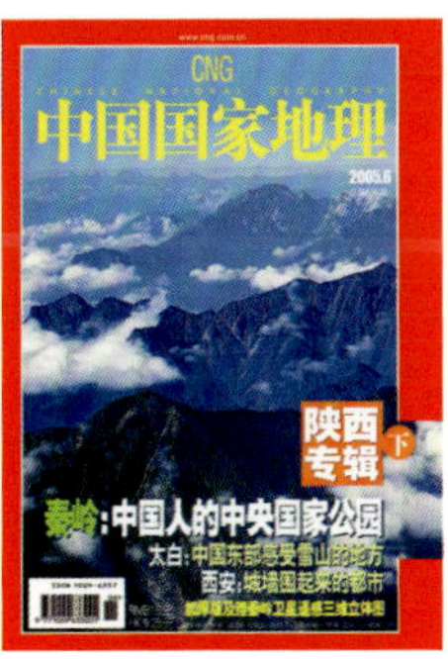

CNG
中国国家地理
2005.6
陕西
专辑
下
秦岭：中国人的中央国家公园
太白：中国东部感受雪山的地方
西安：城墙围起来的都市

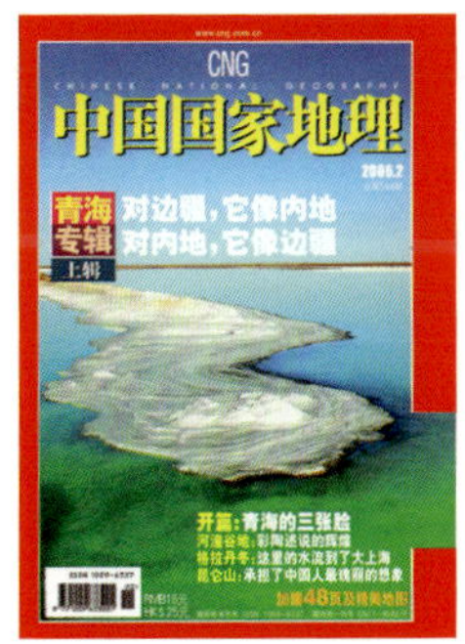

CNG
中国国家地理
2006.2
青海
专辑
上辑
对边疆，它像内地
对内地，它像边疆
开篇：青海的三张脸
加赠48页及精美地图

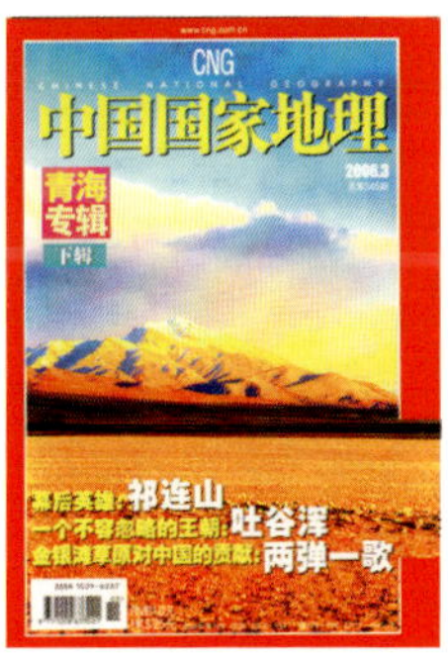

CNG
中国国家地理
2006.3
青海
专辑
下辑
幕后英雄：祁连山
一个不容忽略的王朝：吐谷浑
金银滩草原对中国的贡献：两弹一歌

祁连山是我国西部的重要生态安全屏障，我国生物多样性保护优先区域、世界高寒种质资源库和野生动物迁徙的重要廊道，还是雪豹、白唇鹿等珍稀野生动植物的重要栖息地和分布区。摄影 / 王金

们在动态的变化中捕捉差异美。考虑到“地理”的内涵在当下这个时代也变得更加丰富了，我们在审美上的新发现、新认识和再发现、再认识，也是变化和动态的。我们对美的报道，也是变化的。

体验美

为了延续“选美中国”特辑的成功，杂志社决定每年10月份都推出一本特辑回馈读者，后来就形成了《中国国家地理》的招牌月刊“10月特辑”。2006年10月，我们决定在颠覆中国人的景观审美后，提供一个出行由头，引领读者去体验美，这样有了当月单次印刷突破100万册的“中国人的景观大道”特辑。这本专辑将从上海人民广场到西藏樟木口岸长达5000多公里的318国道，打造成了中国人的景观大道，东西部的差异由这条路连起，从此“318”成了无数国人“在路上”的代名词。

318国道，从横断山区穿过，跨越了六条大江，是中国乃至世界上美景高度集中的一条景观长廊，自然景观的类型齐全多样。不仅如此，这条国道上还汇聚着精彩纷呈的人文景观。为了考证318国道是否有资格成为“中国人的景观大道”，编辑部组织了一个由专家学者组成的考察队，老单担任领队，同行的有地貌学家、冰川学家、植物学家、人类学家、作家、旅游景观专家等。地理学家把318国道经过的地区划分出24个自然区域，目的是让普通读者能够概略而准确地把握这条路所经过的，有着明显自然差异的地区，真切感受这条路集众美于一身的特点。从苏北平原一直向西，经过川藏线上的贡嘎山、巴塘、稻城、康定等四川地区的景观中心，在路过林芝地区的南迦巴瓦峰后，318国道从拉萨延展至日喀则，经过珠穆朗玛，最后在樟木口岸结束。这种差异美令植物学家李渤生教授在特辑中写道：“提起这条公路，过去人们惊呼其险，而今人们又惊叹其美。”

《中国人的景观大道》推出时的10月，我正好带着会员部的考察队伍走川藏线进藏，看到我们车队的“中国国家地理”字样，318国道上很多驴友都特意过来跟我们问好，很多人车里和背包里都是这本杂志。一期杂志就能开启318国道的自驾游热，我们真是非常自豪！

出行和探索未知的欲望，根植于彼岸有别于此岸，人类天生具有探知世界的好奇心。就像荒野的考察总在召唤着我，人们其实都非常愿意走进自然，去体验

青藏高原上，远处的山呈现出一道漂亮的雪线。天空乌云密布，执行总编单之蔷和图片编辑宋文走向远处，那里，有牧人正在放牧。摄影 / 王宁

人在天地间的况味。毕竟，中国人的地理课通常都是在教室里上的，不是在现场得到的，所以再怎么想象，也难以真切体会杂志里所描述的那种美，只有上路，去到现场，你才能真正体验到美。

众所周知，达尔文的成名作是《物种起源》。如果达尔文没有去加拉帕戈斯群岛做地质考察，就不可能提出进化论。光靠看杂志来认识世界是不够的。读万卷书，不如行万里路，说的就是这么一个道理。如果我没有去过南极、北极和青藏高原，没有体验过极致美，就不可能为《中国国家地理》出谋划策。

充分领略过“体验美”，1997 年，从科学研究转行到媒体业时，我就想着一定要重返荒野。2000 年，杂志内容初步稳定后，我们就成立了会员部，组织了一些摄影爱好者去内蒙古进行实地拍摄。随后，我们带领会员穿越青藏高原，进行“龙脊行”的实地考察活动。2001 年，我们首次举办了“与科学家同行，探索地球的奥秘——西藏雅鲁藏布大峡谷腹地探险考察”活动。此次活动，我们确定了领队负责制的实地考察模式，根据主题和考察地区，邀请国内相关领域的顶级自然科学家和社会科学家担任嘉宾讲解员，让会员在实地考察中对地理有更直观和深刻的体验。后来，为了把杂志社的员工、发行商、广告商培养成地理爱好者，我

湛蓝的海面上，一座简朴而凝重的建筑物巍然屹立，这里是中华人民共和国海军驻赤瓜礁防卫哨。赤瓜礁是南沙群岛九章群礁西南端的一个珊瑚礁，著名的“中越3·14海战”即发生于此。从1988年我国海军首次在赤瓜礁驻军，30多年来赤瓜礁防卫哨历经变迁，从最初的“茅棚”到后来的“钢凉亭”，再到今天的钢筋混凝土建筑。摄影／吴立新们邀请员工和客户一起参与实地活动，在“行万里路”的考察中认识地理、体验美。这种考察活动的模式，后来和出行广告完美结合了，成为《中国国家地理》在垂直领域的王牌产品。

可以说，这些年来，我们一直在路上。

沉思美

就像老故事里说的，“看山是山，看山不是山，看山还是山”。穿梭在美的体验中，我们最后还是会从感性地体会美，变成思考美及其背后的东西。如果美是对自然的反映——我们眼里的山河，如何感受到美的“自由”——我们和山河的关系，则是需要思辨的。

老单为“选美中国”特辑写的卷首语题为《中国的美景分布》，分明在讲美景的空间分布，却又有沉思在其中，这就是自然美和自由美之间的张力。在此我特别摘录他的几段话：

总之，哪里人口多，哪里的铁路、公路多，哪里的产值高、经济发达，哪里国家级风景名胜区就多，也就是说哪里的风光就最美。这与我们的常识不符，但却是现实。

为什么会有这样的冲突？我在想。

一件事启发了我。当讨论“中国最美的山”“最美的峡谷”等颁奖时，我们发现：对于许多入选的景观，不知奖杯颁给谁。譬如：中国最美的山第一名：南迦巴瓦；中国最美的峡谷第一名：雅鲁藏布大峡谷；中国最美的草原第一名：呼伦贝尔大草原；等等，谁来领奖呢？山、峡谷、草原……是不会来领奖的，我们竟找不到最能代表它们的人。这难道不是它们过去一直默默无名的原因吗？

“山花寂无主，自开且自落”。仔细想来，中国最美的景观也好，国家级风景名胜区也好，都是人加给那些景观的符号。

我们过去一直认为：那些称号、评语，那些描写自然景观的诗文和公文等是对那些景观的摹写、刻画、照相、反映……时间久了，竟以为那些符号就是景观本身，一句话，我们相信“反映论”；其实未必，那些符号更多的是“表现”，表现人的文化和世态的炎凉。

更深层的原因是：评价、符号、意义是人生产出来的。生产什么、怎样生产、怎样消费这个过程不是自发的，而是有一种力量在引导、左右着，可以把这种力量理解为一种宽泛的“人力”。它决定评价、符号、意义的发生、发展和方向。在我们认为最客观公正、权力了无痕迹的地方，其实已经被“人力”蹂躏得遍体鳞伤。譬如对自然景观的评价。

在地理世界中，为何要反复思辨？这与地理学本身的特点有关，它不是按照数理逻辑而是按照哲学思辨建立起来的，它属于自然科学领域古老又非常有生命力的科学。一般来说，认识地理有三个层次：一是最朴素的地理概念，二是上升到地理的实践方面，三是地理理念或说地理哲学。在这三个层面之中，对我们《中国国家地理》来说，有一个很重要的问题：出行者选择出行的理由是什么？你为什么要出行？一定是你要去的那个地方独特的自然魅力或人文精华吸引了你，这样你才去。因此，以地理哲学为立身命脉，《中国国家地理》“推开自然之门，昭示人文精华”所呈现的不仅是美，更是思辨的精神与升华。

做一本科学传媒杂志，特别是一本内容严谨、格调活泼的杂志，我们对大众关注的自然现象和人文景观，要做出理性的判断，不能断章取义或者偏信个别专家学者的观点。哪怕是关于美，我们也要从多个维度来解读，因为传播理性和科学的思辨精神是我们的责任所在，这也是《中国国家地理》风行多年的原因。这种固化在基因里的信念和追求，烙刻在我们每一次的商业扩张和自我裂变中，从孕育第一本子刊《博物》到《中华遗产》、影视公司、图书公司、新媒体公司、地道风物和华物景程，我们始终如一。

在阿里飞拉萨的航线上，高原湖群色彩斑斓，展现出不一样的蓝色和绿色。摄影／王宁

第二部分

自我裂变：垂直领域的深耕细作

时至今日，我们早已不是小小的《地理知识》编辑部，而是一支强大的集团军。从《地理知识》出发，以自我裂变的方式，我们打造了中国国家地理的六大内容输出中心（《中国国家地理》《中华遗产》《博物》、影视公司、图书公司和新媒体公司）以及一个想跨界做物产电商的“地道风物”，在科学传媒这个垂直领域深耕细作。我们不仅实现了1998年改版时成为《中国国家地理》的理想，也将这种追求科学思辨精神的理念融入了整个媒介群组的成长中。一路走来，我们的信念从未改变：媒体的本质在于传播掷地有声的思想和价值观，而非人云亦云。社会永远需要优质的内容，真正的媒体永远有社会价值和商业价值。

当人们热衷于探讨这个世界恒常的变化之时，在商业领域里，也许我们更需要思考“不变的”是什么。我们并非新事物的盲目追随者，而是要沉潜下来，学会利用新技术和新观念来认识并且服务大众的真实需求，这样才有可能成为时代的领跑者。

第6章

《博物》：天地万物返本真

每个人的小时候都很宝贵。

我出生在20世纪60年代的黄土高原，童年和少年时光都在开阔平坦的什字塬上度过。在那个时代，各种“运动”一浪高过一浪，但对小孩们来说，日子还是简单快活的，毕竟我们拥有辽阔天地，还有各种有趣的鸟兽鱼虫。玩的地方也不少，比如藏在“阳沟壕”（无水的沟壑）和小伙伴们玩上半天，就挺有滋味的。我们对大自然是好奇的，对外界也充满向往，对于未知的世界，只能偶尔从书中见识一番。那个时代，书是稀缺物，有时候一本书就能改变人的一生。我在高中时看过一本讲述南极探险家的故事书，叫《斯科特和阿蒙森》，让我至今仍受到鼓舞：面对南极大陆的极端环境，为何阿蒙森团队胜利归来而斯科特和队友却全军覆没？和斯科特不同，阿蒙森有着更为坚强的意志，为了对抗不确定性，做了更为充足的训练和准备，还曾向长期生活在冰原世界的因纽特人学习如何与冰雪相处。当年的我只是沉浸在故事里，并没幻想去南极，对于一个黄土沟壑里的少年来说，南极真是一个太遥远太不可思议的世界了。人生如梦，没想到我竟然学了地理，后来还踏上了南极、北极和青藏高原的冰雪世界，也像阿蒙森和斯科特一样成了领队。

不管是阿蒙森还是斯科特，他们都为了实现理想而倾其所有。所以，这不仅是一个猎奇极地的探险故事，更是关于人如何探索未知世界的故事。这个探索的对象，可以宏大遥远如南极和北极，也可以细微如日常可见的鸟兽鱼虫、风雨四季。我们这一代人除了靠自己实际所见和教科书上的介绍，少有途径来激发我们对大自然和世界的探索，包括我对地理的兴趣，实际上是在大学阶段才开始的。当我成为父亲看着孩子一天天长大，最想激发的就是他对世界的好奇心和探索欲望。然而，市面上能满足孩童好奇心的书报杂志实在太少，出版物数量虽多，质量却良莠不齐。不得不承认，在为儿童做绘本和书刊这件事上，发达国家比我们先行了几十年。拿“国家地理”系列来说，美国有《国家地理Kids》，德国有《GEO少年》，而我们却连正儿八经地向青少年朋友介绍地球科学的科普图书都不多，更不用说适合青少年的科学传媒期刊了。当然，这里说的是20世纪90年代和21世纪初的情况。

《博物》试刊时，北京大学科学传播中心教授、人称“博物教教主”的刘华杰跟我讲：“你们抢到‘博物’这个名字，真是抢到了一块宝地！”

1998年《地理知识》改版时，我们就想做一本面向中国少年的Kids，不过由于我们处于再创业的起步期，无力办新刊。直到2002年《中国国家地理》发行量过了10万，杂志社有了盈余，这才提出要办一本面向青少年的新杂志。考虑到网络的普及，我们先是在2003年1月开通了中国国家地理青少年网，随后开始筹划纸刊。杂志社每周一次的管理层例会，是我们做计划、讨论工作的正式场合，也有一些非正式的头脑风暴。《博物》杂志就诞生于一场头脑风暴。有天晚上，我们讨论新杂志刊名的时候，老单灵机一动，提名“博物”，大家都觉得好，《中国国家地理》编辑部里有3个年轻编辑自告奋勇要去编《博物》。2003年10月《博物》试刊；2004年1月《博物》创刊。这是我们内部的第一次“自我裂变”。

《博物》试刊时，北京大学科学传播中心教授、人称“博物教教主”的刘华杰跟我讲：“你们抢到‘博物’这个名字，真是抢到了一块宝地！”

博物学是西方早期的科学传统，大家熟知的达尔文，在18世纪时的称谓不是科学家而是博物学家。世界第一个大学地理系——柏林大学地理系的首任系主任亚历山大·洪堡，不仅是现代自然地理学的奠基人，更是那个时代最负盛名的博物学家。他重新定义了“自然”，把自然作为一个多种多样且互相联系的生命整体来看待。连达尔文都说自己受了洪堡的影响，才能写出《物种起源》。早年的科学，不像现在学科划分得这么细，博物学家往往受到多种学科的训练。比如，洪堡就先后完成了地质学、数学和科学方法的训练。在进入大学任职之前，他曾在矿产部门工作，继而又游历世界各地。受聘任教后，洪堡将地质学、植物学、动物学和天文学杂糅，以跨学科的思维建立了认识世界的整体观。提倡通识教育的他，认为专业化趋势会让人的视野变得狭窄，容易重视细节而忽略世界是彼此相连的。因此，他提倡科学的博物传统而非数理传统，鼓励学生走进自然。《博物》杂志，想要复兴的便是这种到大自然中去探索、观察的博物学传统。

这种博物精神，在中国应对的是“格物致知”，更生动一点，用《博物》创刊主编王蓓蓓的话来说，就是“从后园开始的人生”。不管是鲁迅的百草园、李可染的“快哉亭”、王世襄的“王家花园”，还是杨振宁的清华园，都是他们童年生活中奇妙无比的后园，一个由花鸟鱼虫组成的小小自然界。“后园”，看起来是孩子们上房揭瓦、玩物丧志的淘气乐园，实际上代表着人之初最早的游玩和求知，它是人之初的智慧启蒙，也是博物学的诞生理由。人之初，性本好奇，能为青少年朋友开辟一条通往“后园”世界的小径，年轻的编辑团队动力十足。

有了令人兴奋的前景预测，《博物》编辑部开始运作。2004年《博物》正式出刊时就已有3万多份的发行量，团队信心满满。然而，让人出乎意料的是，这份杂志最后花了6年时间，才突破事关生死存亡的“5万”月发行量。要知道《中国国家地理》在改版的第三年就突破了这个“5万”，第五年就实现了月发行量20万册的成绩。在漫长的市场培育期，我们差点解散了《博物》团队。现在回想这件事，无论在内容打造还是市场预估上，其实我们每一步都走对了。如果不是运气和多出的那么一点点耐心，恐怕就没有今日势头强劲的《博物》杂志，更不会有超过千万微博粉丝的“博物君”了。

打开孩子们的“后园世界”

《博物》试图打开孩子们的“后园”世界，但发展初期受美国《国家地理》Kids和我们的主刊《中国国家地理》影响极大，杂志的风格不太稳定，定位也曾

找找看

“巨蜥”上树 异类同框

哥斯达黎加“博物旅行”III

这还是上回找到树懒的那种长着“红辣椒”的号角树，树上藏着两只不同种类的鬣蜥，你能找到吗？

87

哥斯达黎加的号角树上，藏着两只不同种类的鬣蜥，体长都在1.5米以上，你能找到吗？

2003年底出版的《博物》试刊号。

几度改变。从2003年的试刊号到2006年第3期，《博物》作为“中国国家地理青少版”存在，其后更改为“中国国家地理青春版”。到2009年11月后，《博物》终于做回了自己，仅是“中国国家地理出品”。虽然杂志在波动期的变化很大，但其初心从未改变，它要激发青少年对世界的好奇心，成为一本问心无愧的科学传媒期刊，这是最为了不起的。

“我们这本《博物》就是要把博物精神分享给读者，向他们展示大自然和世界的美好，让他们有一个丰沛的心灵。我们希望年轻的学生不仅从课本上得到知识，也能从我们的杂志得到启发，能喜欢和追求博物知识，这是我们的宗旨。”2003年夏天筹备试刊号时，年轻的编辑部就有了这样的目标。

试刊号上的每一篇文章我都读过，也会拿给上中学的儿子做实验，看他是否觉得好看。总的说来，这一期杂志生动活泼，看到过杂志的青少年读者都非常喜欢。除了内文里的图文，试刊号的封面也是精心设计的，“博物”二字落在C形黄框里，和《中国国家地理》的“红框”相呼应，一只可爱的河谷雨蛙落在封面最中央。

我想特意说一说试刊号的主打文章：《深入地穴600米：考察天坑地缝博物学笔记》。但凡一个对大自然有好奇心的人，都会喜欢这样的文章。且不说它有儒勒·凡尔纳《地心游记》的风采，开启这场博物学旅行的7个年轻人不仅勇气可嘉，还非常有趣。考察队深入重庆奉节小寨天坑的地下600米，将“龙洞”里深藏的地貌景观和动植物以图文并茂的方式展示出来了。使用的正是《中国国家地理》的法宝，带来浓郁现场感的第一人称写法——“在现场，沿着坑壁的小路逐渐深入地下，偶尔地回头向上望去，看到的是洞口越来越远的天空，在这个深达660米的天坑里，人渺小得如同‘井底之蛙’。我们在考察动植物的同时，还有一场有惊无险的遭遇——狭路相逢一条大毒蛇烙铁头（后来被队员们做成了标本），也有卧在坑底仰看北斗七星的美好体验。”更令我这个老地理人感动的，是这群年轻人在实地考察中和字里行间对大自然的敬畏：“在经历了这场惊险充实的博物之旅后，所有人都甘愿遵循大自然原有的法则，希望所有的生物——无论是高等还是低等，能自由地留存在属于它们的家园之中。”

《博物》编辑部工作照：溪水中摸了只螃蟹，这么抓才不会被夹到。

为了吸引年轻读者，在筹备《博物》试刊号时编辑部做了两个好的策划。一个是开设了“博物少年”这个栏目，报道那些对动物、植物、天文、考古有浓厚兴趣的青少年，以此激发更多小伙伴加入博物学的奇妙世界中来。这个栏目不仅让《博物》收获了许多铁杆粉丝和青少年撰稿人，还成功地培养出编辑部的后备力量。在微博上爆红的“博物君”张辰亮，就是2004年第11期的“博物少年”。另一个策划是为“博物研究性学习基金”打广告，鼓励小读者、家长和学校与我们一起探索好玩有趣的研究性学习课程，为如今的“博物课堂”撒下了种子。

《博物》的诞生和以它打开孩子们“后园”世界的理想，并不是我们从科普角度出发的一厢情愿，而是捕捉到了孩子们的需求。

在做《博物》的过程中，我们发现如今的学生对分科分类的知识有着非常清晰的认知，比如很多中小学生可以在实验室里做显微镜观察和细胞实验，却连基本的韭菜和麦苗都分不清楚，“世界”局限在教科书和实验室的细节里。而与这种认知局限相对的，是当下学生们极其旺盛的求知欲和他们在研究性学习方面的突出表现。一些中学生读者在研究学校周围的水污染、研究城市出租车、研究动植物、拍摄老北京胡同等方面不比本科生、研究生差。这两种并存的现象，说明我们的学生太需要有人和他们一道探索外面的世界了。

《博物》的诞生和以它打开孩子们“后园”世界的理想，并不是我们从科普角度出发的一厢情愿，而是捕捉到了孩子们的需求。放眼社会，国内面向青少年的自然科普类读物，要么错误百出，要么灰头土脸、枯燥无味，能让中国的孩子们看到一本既科学严谨又轻松有趣的高品质杂志，这是件有功德的事。一方面，基于现有教学体制的缺憾，青少年需要更多地在大自然中、在实地实践中开拓眼界、获取经验，才能更好地与书本课堂互动，有效地获取知识、促进成长。另一方面，不少《中国国家地理》杂志的读者已为人父母，在对孩子的科学教育、兴趣培养中，也需要有载体去扮演这样一个角色。况且，一个品牌要想持续发展，如果仅靠开发新读者，代价和成本会非常高。不如从青少年开始就培养读者，年龄

2011年春，《博物》主编许秋汉在秦岭辋川带领小学生开展“博物之旅”

上形成一个稳定的梯队——孩子们从小读《博物》，随着成长，自然而然地就会喜欢《中国国家地理》。这样会不断扩大我们的后备力量，保证《中国国家地理》受众群的稳定与发展。

有鉴于此，在2004年1月《博物》正式创刊时，我们提出了自己的希望：《博物》要带领孩子们“行万里路、赏千秋景、读万卷书、立匡世志”。以博物学探索世界的方法，这本杂志将平等地向青少年读者讲述天文、地理、生物、历史等诸多领域的奇妙精彩，拉近课堂与课外的距离，让孩子们充分享受知识带来的乐趣，成为青少年和科学、大自然之间的桥梁。我们深知，不可能人人都能成为一般意义上的科学家，但是，人人都可以成为博物学爱好者。

新老主编交接：从青少版变成老少皆宜

天有不测风云，创刊两年后，《博物》首任主编王蓓蓓因病需要离岗治疗，我们不得不物色新的主编。这一时期，杂志的月发行量从创刊时的3万多册落到了2万多册。病中的蓓蓓记挂着杂志，经过多方打听，向我推荐了当时在《中华遗产》的许秋汉来继任。2006年元旦的午后，北京大雪初霁，三十出头的许秋汉第一次踏入《中国国家地理》杂志社的大门。

这是一位曾闪耀燕园的才子，有着“北大曾经最酷的文艺青年”的称号，有老北大的骄傲和自信，还有点桀骜不驯。小聊几句后，觉得他的情怀和志趣和我们一样，追求社会影响力而非世俗功名，考虑问题也细致周到，是一个理想的人选。经营杂志社的八年时间里，我们有了自己选人、用人的门道，最看重一个人的教养，其次才是岗位能力和沟通能力。许秋汉毕业于北京大学社会学系，之前曾在《中国科学探险》和《中华遗产》杂志担任编辑，20世纪90年代就去过西藏和其他边疆地区，见识广博，文字功底扎实。他对《博物》的设想是，立足青少年读者，但稿件标准和情趣设定一定要向更高年龄段靠拢，因为小孩子会追求大孩子的品位，并不仅仅满足于“低幼”读物。他举了个例子，《哈利·波特》和《指环王》本来都是做给青少年看的作品，但问世后小孩子、大孩子和成年人都爱看，成年人粉丝甚至不比孩子少。这个说法颇有见地，那就在《博物》杂志中体现吧！

秋汉接手了《博物》，开始革新。但《博物》编辑部内外，包括杂志社的发行部门以及合作伙伴，对新主编模糊读者年龄段的做法多少都有些质疑：做传媒出版都讲究细分读者，青少年刊更要细分年龄段，而这位血气方刚的新主编却要打通各个年龄段、通吃读者群。推广销售上也遇到了难题：是主攻小学生群体呢，还是主攻中学生呢？

我们支持秋汉的尝试，2006年4月《博物》封面上的“青少版”变成了“青春版”。那时候白先勇先生的昆曲“青春版牡丹亭”已经满世界巡演了两年，“青春版”已经是个大众化的字眼了。《博物》编辑部轰轰烈烈地忙着改版，然而，几个月下来，市场却没什么动静。我们一起坐下来反思，把各方面问题分析了一大堆：天时、地利、人和、市场环境、教育制度……后来，大家达成了一个共识。其实叫青少版还是青春版，年龄段细分也好、打通也好，这些都不重要。要想有人买这本杂志，最重要的首先得做到“好玩好看”！怎样才算好玩好看？这是实实在在的感受，也是编辑行业的难题，我们不要去争辩、论证，而是先在每一期杂志、每一篇稿件里做到好看好玩再说。这就像武侠小说里的最上乘武功，招式是建立在内力基础上的，内力不够，所有招数都是“花招”，比武实战都没啥用。

虽然市场上没有太大起色，但是《博物》团队总结出了两个办刊要点。第一个，模仿美国《国家地理Kids》这条路在中国行不通。如果做Kids这样面向低幼儿童的刊物，我们知识上的优势资源用不上，而且根本无力和那些老牌的专业少儿刊竞争，这无疑是一个要血拼的红海。所以团队把读者年龄下限定在八九岁——按秋汉的话说，“不再满足于大老虎和小白兔的童话故事，而开始想要知道真实的大老虎和小白兔是怎么回事”。但稿件标准要向更高年龄段取齐，面向“青少年”的同时，也能吸引家长、老师和童心未泯的“大孩子”。第二个，《博物》也没法走《中国国家地理》的老路子，读者年龄定位不同，生活和消费习惯差异巨大，主刊的成功模式也难以复制。这样一来，《博物》的未来，只能靠摸着石头过河了。

“博学成就梦想，知识改变人生”，遵循着《博物》的办刊宗旨，秋汉带领《博物》团队开始苦练内功，潜下心来琢磨完善每期杂志的每一页内容。修炼内功是条正道，需要极大的耐心和毅力，不能指望“一夜暴富”和惊喜，一切都必须厚积薄发、瓜熟蒂落。月复一月，年复一年，杂志销量有起有落，但一直没突破5万册的关键节点。团队开始焦躁了，却又不能轻易改变编辑部的方向，必须从发行这里打开突破口。

杂志的发行其实是比较复杂的工作。我们做《中国国家地理》时建立了一套自己的社会发行体系，可以面向市场，在报刊亭等零售网点铺货分销。而面向青少年的刊物一般会走校园发行网络（简称“校网”），这样才能集中接触到青少年读者群。因为孩子们多数时间在学校，推荐权在老师，购买权掌握在家长手中。然而，想进入全国中小学校园的杂志成百上千，担当“把关人”的校网早就有一套自己的运营规则。而《博物》呢，不论编辑系统还是运营系统，都与这套规则格格不入。比如都是一百页左右的杂志，售价相差不多，若是转载文摘类的内容，两三个编辑甚至一个人就能做一本。而《博物》呢，铜版纸彩印，坚持每一页都是原创，一半以上篇幅都是精美图片，必须十几个人兢兢业业，才能做出一本杂志。成本差距不言而喻，仅售价折扣这一条就过不了校网的门槛。我们要向校网的标准看齐吗？不行——我们创刊的初衷，就是要为孩子们做最好的自然科学杂志。它的销售一定是在开放市场里完成的，也只有这样，才能真正地检验办刊人的真实能力。

在内蒙古达里诺尔举办的“博物”夏令营中，《博物》编辑指导小队员辨识草原上的植物。

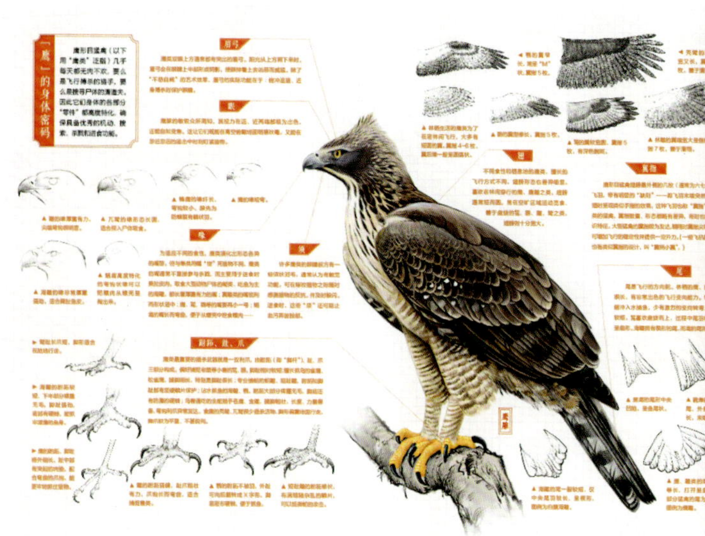

精致详尽的科学手绘插图是《博物》的强项。图为杂志内容页，以鹰雕为例，淋漓尽致地展示了鹰形目猛禽的“身体密码”。

花茶的宜与忌

到了今天，花草茶已是一种全民性的饮料：有人喝它为“养生”，有人就是喜欢它的味道，也有很多人是图个好玩好看，或者爱它的浪漫意境。

然而今天市面上的花茶，除了那些经过时间考验、对人体无害的经典款，还有不少商家“创造”的猎奇种类。

诸如人参花、龙胆花之类，虽然根茎入药，但把花朵吹得天花乱坠，却是信口开河。把两色金鸡菊包装成高山珍宝“昆仑雪菊”，则属强行戴高帽。更麻烦的是，并非什么花喝下去都没问题，比如，蜡梅花就含有有毒物质，虽然少量入口毒不死人，但也绝不建议泡茶。同样，杜鹃花是个很大的类群，有些种类可食，但也要彻底加热，有些种类则有较大的毒性。号称“杜鹃花”而不区分详细种类的花茶，令人难以放心。最吓人的是“合欢花”——商家拿出古代医书，声称合欢花入药有种种功效，但作为花茶贩卖的“合欢花”，大多是南蛇藤的果实，跟真正的合欢花一点儿也不相像。南蛇藤全株有毒，农人会用它的浸泡液来制作土农药杀虫，用它的果实泡茶，你还敢喝吗？

说来说去，喝花茶，笔者只有两句诚恳的建议：第一，喝经典的种类，从正规渠道购买；第二，愿你喝它只为味觉与视觉的享受，不要过于追求所谓功效。而那些告诉你“喝不死就没事”或者宣称“喝完腹泻是排毒”的，都是胡说八道。

（责任编辑 林语尘）

“花茶”专题内容页：编辑买来市面上常见的29种“花”茶，摄影师（视觉主管唐志远）一颗一粒地精心摆放了6个小时，才拍下这张照片。《博物》编辑部患有这种“审美强迫症”的大有人在。

《博物》编辑部在福建宁德市古田县的银耳种植工厂内采访拍照。

三沙市永兴岛机场旁边的海滨是军事禁区，“博物小分队”在此意外发现了中国顶级的“海草床”。浮潜拍摄到许多珍贵照片后，小分队颇为“自鸣得意”。摄影 / 杨丽虎

杂志内容页：“中国常见的灯下蛾类”。数十种漂亮蛾子，很难如此齐全、密集地汇聚在一处任人拍摄——只有插图才能实现这种效果。

插图主管张瑜手绘的《山地雨林生态系统》，一张图包括了27个典型动植物物种。从搜集、核实资料，到构图上色，绘制这样一张图，耗时漫长，工作量巨大。

“5年了，发行再不破5万就关了吧”

2009年新年过后，在一次例行的管理层会议上，我说：“《博物》从创刊到现在有五年了，今年的发行要是再不破5万就关了吧。”听了我这话，年轻气盛的许秋汉拍案而起，“过不了5万，我就离职！”一时间，众人震惊。“士可杀不可辱”，这位玩摇滚的北大才子还是和十多年前一样有气节，和他写《长铗》这首歌时一个样。

不少同事都觉得我这话够狠，竟然扬言要叫停《博物》团队努力了这么久的成果。其实，我并不是要狠或故意用激将法，从理性角度分析，我觉得时间差不多了。运用科学五步曲来推论这件事在商业上的成败，即证实证伪的过程，是有时间期限的。既然从商，就得讲究投入产出比。连续5年的投入，如果得到的结果仍然是亏损，无非两个原因：一个是我们哪里做错了，另一个是市场不需要我们。我们问心无愧，没有做错什么。所以2009年，是《博物》的第6个年头，也是最后的背水一战，要么市场接纳我们，要么我们退出市场。

秋汉可能至今都以为我只是说说而已，实际上还真不是，我确实在做关张的准备。2009年，我们早已不是当初改版《地理知识》时的单一团队了。除了全资拥有的《中国国家地理》《博物》，还有2005年成立的全景影视公司、2007年开始运营的历史人文类期刊《中华遗产》以及2008年5月开始筹办的图书公司等合股合资项目。刚创办《博物》和影视公司时，满脑子里想的是和团队一起成功、一起享受辉煌，但在商海摸爬滚打之后，终于明白了责任的完整含义：不能再简单地追求成功，还要考虑是否输得起、失败了该如何收场？更重要的是：失败对团队士气的打击，很可能会引起连锁崩溃，而我对这一切都负有责任。

关门，在很多时候，比创业更难。人们总会津津乐道商业上那些破釜沉舟的成功案例，然而现实生活中更多的是企业家在豪赌之后留给社会的烂摊子。因此，我们不能等亏损到杂志社不能承受的时候，再叫停《博物》。那时考虑了三个问题：第一，如果出现不可挽回的亏损，如何向股东交代？第二，能不能妥善安排员工的新去处？第三，会不会因为停刊留下社会问题？面对做了五年的《博物》，谁都舍不得，但我也认识到，一个企业家在商业上的成熟不是如何追求成功，而是如何面对失败。现在，有太多企业关门时欠了员工薪水和供应商的货款，这都是非常不道德的商业行为。文明的商业社会里，关停公司时股东、税务、社保和其他社会问题都得弄清楚，员工的遣散也要安排妥当。

当然这些打算，只存在自己心里。此时的《博物》团队，也并没有因为关停的“恐吓”而更努力，因为他们早已经全力以赴。许秋汉是个不向下属传递压力的人，又或者他根本没把关停的话当真。最后，管理层会议上的说法好像根本没有传到《博物》编辑部里去，同事们还是跟往常一样，该做什么就做什么。

就在《博物》令人担忧的这年，2009年5月份新闻出版总署向全国青少年推荐了一批优秀报刊，《博物》在名单上位列第一。这给《博物》团队带来了极大的信心，我们把这份荣耀印在了杂志的封面上。然而，杂志的月发行量还是在2万~3万间徘徊。我们还是坚持在开放市场销售的原则，穷不移其志。我们的杂志做得足够硬气，期待着读者去自愿购买。在这两点上，许秋汉和我是相通的。不只《博物》，我们的三刊编辑部都有这样的共识。我们就是这么的执拗，因为理想最是宝贵。

就在《博物》令人担忧的这年，2009年5月份新闻出版总署向全国青少年推荐了一批优秀报刊，《博物》在名单上位列第一。这给《博物》团队带来了极大的信心，我们把这份荣耀印在了杂志的封面上。

实在是着急了，许秋汉去找发行公司的时任总经理连建华。老连想了一个“外部包抄”的办法。一方面，给发行代理商施加压力要求他们把杂志发下去。过去我们组织发行合作伙伴去野外实地考察，让他们感受地理之美，把他们培养成了地理迷，加之《中国国家地理》杂志一路高歌的发行让他们赚到了钱，因此联盟关系稳固。发行商愿意为《博物》倾注多一些的心力，比如铺货多一点、方式创新一点。另一方面，发行公司开始做有针对性的销售策划。其中最令人称奇的一种方式，是请全国各省会城市校园周边的发行商，给校门口接孩子放学的家长免费发杂志，通过家长影响孩子。一般家长都会提前20分钟到半小时去接孩子，那时手机还不像现在这么智能，因此家长在等孩子放学的这半小时会很无聊，看我们的《博物》正好。我们坚信杂志的品质，在做市场推广时也不放低身段，

《博物》杂志不同时期的封面及2020年的增刊封面。

“博物之趣在于学会欣赏美好而无用的东西”，这句话是“博物教主”刘华杰教授说的。《博物》编辑部还真实践出了这种“美好而无用”的品格，担起了最可爱编辑部的名声。

给家长发放的都是过刊。发行公司提前三个月做了统筹，让发行商把最近三个月滞销的刊物留在手中，而不是退回我们的仓库，有了一定数量后就开始向家长发放。这样既能省下来回寄送的运费，不用再聘请专门人员来执行，还能充分利用过刊来推销杂志。这个计划的效果非常好，不少家长看了杂志觉得好，就带回家给孩子看，孩子一看喜欢上了，家长就订阅《博物》。家长们之间口碑相传，杂志的订阅量快速放大。孩子们把《博物》带到学校，借给其他同学，这些同学之间的传阅更直接地扩大了受众群体。发行公司的理念很好，充分借助合作伙伴的联盟力量，而不是把所有的事情都堆在自己手上亲力亲为。

经过全国拉网一样的“外部包抄”行动，位列“中国新闻出版总署向全国青少年推荐期刊第一名”的《博物》，2009年年底发行量过了5万。《博物》团队士气大涨，整个杂志社也为之欢欣鼓舞，《博物》杂志终于脱困了！

接下来的三年时间，《博物》渐入佳境，走向发行增长最为迅猛的黄金期，内容也越来越好看了。在杂志的转型期，许秋汉也完成了30岁到40岁的中年转型，人变得更为稳重，但不变的是对理想和信念的坚持，这一点最为可爱。在中国国家地理大家庭里，我们的团队里有着各路神仙，但理想主义的气息浓厚。一些年轻的新同事初来杂志社时，会觉得这里的人仍像活在20世纪八九十年代般，保有着属于那个时代的热情、理想和纯粹。我对这种评价是满意的，虽然我早就年过半百，但我还觉得自己激情澎湃，年少时的英雄主义情结未减半分。

杂志的月发行量一旦突破5万册，往后就会像滚雪球一样，自发地呈几何级数迅速增长，《博物》又一次印证了这个规律。从2010年开始，每年发行量的涨幅都不低于15%，甚至超过30%。从2017年开始，《博物》单价从10元涨到15元，销量却不降反升！这个结果出乎意料，在期刊市场堪称是个奇迹！

当初秋汉的“哈利·波特计划”，竟然悄无声息、水到渠成地实现了。要知道，这十几年来，杂志社从没有为此专门做过任何推广宣传，尤其在读者群的年龄定位描述中，我们尽量模糊处理。凭着读者的口口相传，如今《博物》的读者中，除了作为核心群体的各年级的中小学生，还有他们的老师和家长，也不乏大学师生、退休老人，甚至不少学龄前小朋友都喜欢把《博物》当成与父母一起共享的亲子读本。终于，《博物》成为了一本老幼咸宜、各年龄段通吃的“超级青少年”科学传媒杂志了。

网红诞生：吸粉千万的“博物君”

2008年伊始，移动互联网在中国大行其道。为了适应这个变化，《博物》在2009年年底开通了新浪微博，账户名为“博物杂志”。杂志官方微博的虚拟角色“博物君”，以解答网友们日常生活遇到的博物学问题为己任，辨识各路稀奇古怪的动植物，态度科学严谨，语言轻松幽默，被粉丝们誉为“高冷萌”，在网络上成为众多年轻人热捧的当红偶像。如今，博物君拥有的粉丝已经超过1000万，日均访问超400万次，多次登上微博当日热门话题前10名榜单。2017年，“博物杂志”发出微博1139条，总阅读量超过43亿。多年以来，在科普界新媒体平台中，“博物君”始终保持着翘楚地位，领奖无数，是科学传播的明星，也是新媒体行业的传奇，经常被商界、学界当作经典成功案例来研究。

《博物》微博的崛起，主要归功于杂志的策划总监张辰亮。张辰亮的历程也可以说是《博物》的传奇。2004年杂志刚创刊第一年，辰亮上高中二年级，因为喜欢昆虫被杂志评选为“博物少年”，从此就与《博物》结下了不解之缘。根据自己的兴趣，辰亮后来本科考取了南京农业大学植物保护学院，硕士就读于

2010年，还在读研究生的张辰亮在“博物”夏令营做带队老师，被孩子们埋进沙子——这是夏令营考察内蒙古浑善达克沙地时的经典项目。

多年以来，在科普界新媒体平台中，“博物君”始终保持着翘楚地位，领奖无数，是科学传播的明星，也是新媒体行业的传奇，经常被商界、学界当作经典成功案例来研究。

中国农业大学的农业昆虫与害虫防治专业，其间一直与编辑部保持着亲密联系。2011年，读研究生二年级的张辰亮来《博物》编辑部实习。那时候杂志正处于快速发展的黄金时期，编辑部人手不够，许秋汉就对这位“博物少年”说：“嘿，你来接管杂志的官方微博吧！”在这个舞台上，辰亮形成了自己专家式的高冷幽默风格，把自己的满腔热情、学识才华发挥得淋漓尽致。三年下来，博物君的粉丝就从3万涨至数百万。辰亮自己也成为杂志社年轻一代里的明星编辑。

“博物杂志”的微博头像也很有意思——它是粉丝自发创作并“赞助”给杂志社的。2011年，电影《让子弹飞》热映，受影片中的麻将面具启发，喜欢画动漫的粉丝就随手画了个青绿皮肤的小人，戴着《博物》的“黄框”面具，作为自己想象中的“博物君”形象，画了个条漫发在微博上，情节就是以往博物君与网友调侃互动的经典桥段：“博物君与大儿子夹竹桃天蛾幼虫”“博物君与二儿子戴胜”……这些都是博物粉丝群的专属“梗”。辰亮受到启发，便发起了一个“给博物君设计头像”的活动（之前博物杂志的微博头像只是“博物”二字，被网友揶揄像僵尸号）。粉丝们纷纷参与，甚至成为微博热议一时的话题。但最后经过编辑部投票，还是最初这个面具小人得票最多。跟原作者一联系，人家因为喜爱《博物》不收设计费，免费送给《博物》使用。后来，《博物》还是支付版权费买下了这个造型，正式注册成为“博物杂志”的微博头像。再往后，这个形象也时常出现在杂志的封面、内页和官方微信中，比如2019年11月刊《我在沈阳修故宫》的封面，就是一群“博物君”在维修架上辛勤工作的画面。

“博物君”在微博上爆红，给《博物》杂志不断引流，成为纸刊发行量上涨的重要因素。另一方面，在2014年拥有百万级粉丝后，“博物君”开始拥有粉丝效应，即内容转化能力，不少广告商也来找博物君洽谈。但是在内容的商业转化方面，我们比较谨慎，要寻找和自己气场相符的广告主。2015年7月“博物君”迎来了自己的第一支广告，和国货百雀羚在微博上互动，连着一个月，以日更的方式讲述“百鸟”和花草的故事。讲述百雀羚的天然草本概念时，“博物君”配以清新文艺的花鸟诗文，鸟类知识与百雀羚品牌中的“百雀”相呼应，植物介绍与百雀羚“草本护肤”理念相印证，一个月下来总阅读量达到了1.2亿。

这个受到追捧的广告案例让我们看到了内容的营销潜力，《博物》杂志在社交媒体上的品牌拓展需要专门的团队来打理。于是我们把这块业务从《博物》编辑部拆分出来，在2016年春天成立了“博物品牌运营中心”，主要负责与“博物”有关的新媒体广告、文创产品开发，以及其他《博物》品牌孵化项目，2008年就来《博物》编辑部工作的郭亦城担任品牌运营中心的总经理。我们《博物》杂志又从内部，自我裂变出了一支坚信“内容为王”的运营团队！

这群以80、90后为主的年轻人，对社交媒体有着比我辈更直接的认知和体验，创新的花招不仅多，还十分有效。2016年4月开通的“博物小馆”淘宝店，不到10款文创产品，一天下来就卖了1万多单。虽然大家都知道“博物君”为杂志积累了庞大的粉丝群，但粉丝看客毕竟不是用户，所以我们根本没有预料到“博物君”粉丝群的购买转化能力会这么强！新成立的博物运营团队只有两三个人，无力面对这么大的订单数量。于是，有那么几天，《博物》编辑部全员出动打包装货、寄送快递。开门红让博物运营团队从成立第一天起，就意识到物流仓储和客服的重要性，这为博物文创的发展壮大打下了很好的基础。

经过两年的努力，博物文创收入翻了好几番，其中“滚滚而来”熊猫系列手办，累计销售超过10万个。“博物君”24小时粉丝头条价格，成为同类微博中最高的。2018年，博物运营团队为杂志社创造的收益，达到《博物》杂志发行收入的60%，成长之快令人惊喜。因新增“博物旅行”等业务板块，2019年博物运营总收入再度提升，较上一年增加了50%之多。这就是杂志、新媒体、文创产品和IP孵化的跨界力量。

《博物》的官方微信开通于2015年，目前用户超过了60万。博物微信的内容风格，虽与杂志、微博不同，根源上实则一脉相承，自此《博物》就拥有了杂志、官方微博、官方微信三个主要传播平台，还有一支不断开拓新媒体广告、周边文创、线下旅行、博物课堂、亲子活动等产品的运营团队。博物这一系列的“自我裂变”并非刻意而为，而是在做好内容的基础上慢慢延展出来的。编辑部就如同团队的灵感源泉一样，秉承着博物学的精神内核，所有的“好看好玩”都从这里生发。

最可爱的编辑部：《博物》，是你！

“博物之趣在于学会欣赏美好而无用的东西”，这句话是“博物教主”刘华杰教授说的。《博物》编辑部还真实践出了这种“美好而无用”的品格，担起了最可爱编辑部的名声。

《博物》编辑部不仅把杂志做得好看好玩，做杂志的过程也羡煞旁人。认识到博物知识不需要用抽象的数理逻辑去证明，而要靠实地采访和亲身体验，编辑们经常“舍身饲虎”，比如学神农尝百草，或者体验行军蚁咬人或螳螂虾“打”人到底有多痛。有一期“吃花”，提到西洋名菜朝鲜蓟，资料里说它能短时间改变人的味觉，我们的编辑就特意找来朝鲜蓟试吃，果然吃花后喝水感觉水变甜了。做皮革专题的时候，会自己剥皮制革，再用自制皮革做手工。为了体验原始人的生活，他们曾经在野外搭窝棚，自己取水、生火、钓鱼，模拟原始人做石器、做弓箭……至于有关吃的内容，编辑们更是乐得亲自试吃：烧烤、海鲜、火锅……

在杂志的题材上，《博物》偏好那些生活中常见、人们好奇却又说不出所以然的事物。比如，北方常见的洋槐花和国槐花到底如何区分？《博物》总结的最简单方法就是看季节：可以吃的洋槐春末夏初开花，有毒但能入药的国槐夏末秋初开花。这种“博物知识”就是优质选题：它类似自然常识，没有难度阶梯，幼儿园小朋友就能看懂，然而非相关专业的大学教授却也不一定知道。因为是身边常见，又告诉你不了解的知识，所以不论男女老幼大都会感兴趣。当然，《博物》的姑娘、小伙们也会把触角伸向远方和不常见的事物，以展示大千世界的精彩神奇。“博物旅行”去的一些地方，常令读者称奇。去到哥斯达黎加旅行时，《博

《博物》编辑部策划操作“荒野求生”专题，在海南鹦哥岭保护区找水、生火、搭棚、钓鱼、逮虫子吃……队员们亲身实践了一个星期。

编辑部操作“西沙”专题，在招待所地板上布置起简易摄影棚，将海滩收集的潮间带动植物样本逐一摆放到白色背景板上，趁还“新鲜”赶紧拍摄。

物》编辑部曾拍到两条两米左右的“巨蜥”藏身在树上的照片，后来他们把这张图做进了“找找看”栏目，我看那期杂志时找了好几分钟，才把绿树掩映的两条鬣蜥找到。连我这个一大把年纪的人都觉得好奇可爱——巨大的蜥蜴竟能“隐身”在树上，何况是青少年朋友呢？

博物学就是这样，并非总是追求所谓“有用”的东西，而是让我们体验一种生命本能的愉悦。仰望天空，我们会觉得星星很小，但若从火星上来看，地球也相当渺小。大自然的博大精深远非我们所能想象。自然界的规律是平衡和多变的，一因多果，一果多因。科学和技术在很多时候并不能延伸人的思维，很多时候，这个世界的进步其实来源于我们人类与生俱来的好奇心和想象力。

所以，每当有人跟我讲《博物》杂志“博学多才”又“好玩”时，我从不意外。有这么“青春不老”的编辑部和运营小伙伴，我们的杂志如何能不好看呢？

树舌灵芝喷孢子，蚂蚁爬上来围观。《博物》也喜欢从微观视角审美自然。摄影 / 唐志远

第7章

《中华遗产》：

古典大气中国味

2007年年底，我们和中华书局开始合办《中华遗产》时，很多同事和领导并不看好：《博物》还没盘活呢，又办了一本刊物，而且还是偏离了地理科学的历史人文类杂志。赞成者们却不这么看，20世纪末没能赢得市场的人文地理类杂志，像云南社科院主办的《山茶》和张承志主编的《人文地理》，现在可以好好做了。

改革开放三十年，国家经济快速发展，国民素质也极大地提高了，人们的需求，也已从解决温饱问题，转向更为高阶的物质文化需求。《中国国家地理》与《中华遗产》就像一只手的正反两面，是手心和手背的关系。历史与自然，本来就相辅相成。与《中国国家地理》"推开自然之门，昭示人文精华"的宗旨不同，《中华遗产》是在"叩击历史星空，梳理华夏文明"。

2008年2月，我们推出了改版后的第一本《中华遗产》（2008年2～3月合刊）。杂志一改原来的黄色方框封面，使用了《中国国家地理》的标志性C框，并将C框颜色定为绿色。

然而，绿框刚刚面世，全球性的金融危机和移动互联网，就以汹涌之势冲滩裂岸而来，许多传统报刊的发行一落千丈，主刊《中国国家地理》凭借过硬的内容，迈过了50万月发行量的辉煌高峰。然而，这种形势对于月发行量只有1万多册的《中华遗产》来说，便是严峻考验，可谓“时运不济”。好在过去的办刊经验告诉我们，想办一本好的杂志，要花时间养。因此，我们把期待放在未来。

老搭档单之蔷是《中华遗产》的最强支持者，他推荐《中国国家地理》编辑部的黄秀芳来担任主编，他说“秀芳是一个好学用功的人”。

黄秀芳是2003年来杂志社工作的，毕业于厦门大学中文系，此前在大学任教，又在《人民中国》杂志当过采编部副主任，编辑功夫过硬，也有管理经验，在“选美中国”特辑中负责湖泊、海岛两部分，内容做得很精彩。2007年12月末的一天，我请她来办公室面谈，开门见山地说：“我们和中华书局合办《中华遗产》，你来做主编，行不行？”黄秀芳很意外，她觉得太突然了，需要考虑。之前，我们没有在杂志社透露过这个消息，也没有为寻找主编吹过风。对于一个有能力的人来说，这是一个机会。

慎重考虑之后，黄秀芳履新，摸索新刊定位，重组编辑团队。我们并没有解散《中华遗产》原有团队，而是直接接盘。原本编辑就不多，加之走了不少，过来的人寥寥无几。黄秀芳的压力无疑是很大的。首先《中华遗产》不像《博物》那样有试刊和筹备期，上手就得先解决月刊的如期出版。其次，《中华遗产》没有办刊参照物，只能独自摸索，成就自我。中华书局办《中华遗产》有些年头了，杂志发行并不理想，说明旧模式行不通，参考意义不大。从我们自己做杂志的路数来看，《中国国家地理》早年借鉴了美国《国家地理》和德国《GEO 视界》，《博物》早期模仿了美国《国家地理 Kids》和德国《GEO 少年》，虽然模仿没有持久的生命力，但是在杂志风格确定之前，至少编辑部不需要从手足无措的空白状态开始。所以，《中华遗产》对我们来说，是个全新的尝试，只能摸着石头过河。

何谓“遗产”？

不止一个人有这样的看法，认为《中华遗产》名字不好，尤其是“遗产”，让人觉得暮气沉沉。“遗产”是个贬义词吗？我们认真考量过。按字面来理解，“遗产”是先人遗留下来的财产。对于它的继承者而言，这个词更偏向于褒义，否则人们也不会争抢先人的遗产。即便在法学概念里，“遗产”也没有明显的褒贬之分。

那么，“遗产”与“中华”两个字结合起来不好吗？这种质疑更没有道理，因为

2010年1月，李栓科与《中国国家地理》杂志主编单之蔷（左一）、《中华遗产》杂志主编黄秀芳（中），一起为《中华遗产》2月刊“美食与美器：盛宴下的中国”挑选封面。摄影 / 余荣培

麻将里，有忠恕克己的中庸之道，有知己知彼的兵家信条，有鲜为人知的东方智慧。《中华遗产》2009年2月推出“我爱麻将”专题，探寻这一古老游戏的DNA。图中，编辑部成员正在看当期彩样，审视每一篇文稿的视觉风格是否统一和谐。摄影 / 余荣培

作为定语的“中华”，历史悠久，文化深厚，是世界文明之林中的翘楚。何况，从未听说人们对“世界遗产”“文化遗产”有负面评价。英国的British Heritage（不列颠遗产）系列就很受国民欢迎，不仅走进了学生课堂，为公众开设的文化遗产体验活动也常常爆满。斟酌再三，我们决定沿用《中华遗产》刊名。我们明白“中华遗产”这四个字的分量，也欣赏中华书局开办《中华遗产》的初心。

那是2004年6月，联合国第28届世界遗产大会在苏州召开，中华书局与联合国教科文组织代表接触时，双方都意识到一个问题：中国在急速推进的现代化进程中，越来越多的自然遗产、文化遗产、口头和非物质文化遗产正面临着被破坏乃至消亡的危机，因此，需要一份不只属于专家圈子的刊物来传播历史人文知识，以此促进公众对遗产的保护。于是乎，中华书局主办、联合国教科文组织支持的《中华遗产》问世了。

可是，经营四年后，《中华遗产》的月发行量一直徘徊在1万多册，处于亏损状态。正好我们也想拥有一本人文地理类期刊，双方便开始谈合作。在中国，刊号是个稀缺资源，一般情况下办刊人很难申请到刊号，《中国国家地理》杂志社也不例外。根据新闻出版总署的相关规定，双方达成协议：中华书局为主办方，我们负责编辑和经营实务，共同办刊。这样，就有了后来带着“地理味”的《中华遗产》。

刊名确定后，接下来就是寻找杂志定位和编辑方针了。“内容为王”是我们一贯秉承的办刊理念，但什么是好的内容？我们又将为谁办刊？做《中国国家地理》和《博物》时，我们曾为“焦点读者”争论不休，对于《中华遗产》，我们又该如何找出精准的读者群呢？经过一番探讨，我们决定放弃寻找“焦点读者”：一来喜欢历史人文的读者比较小众，二来这部分读者可能没有年龄区分，从中学生到老年人也许都会喜欢看，所以我们不能再拆分本来数量就不算多的读者了。一句话，我们为喜欢中国历史文化的读者办刊。

至于“遗产”是什么，我们跳出了联合国设定的“世遗”框架，不囿于“清单上的遗产”，而是将视角放到了整个中华文明的范畴。中华书局时期的《中华遗产》，主要关注联合国教科文组织发布的自然遗产、文化遗产以及中国国家级的遗产。这些当然都是遗产里的精华，不过由于“清单”长度有限，杂志的选题便会受到局限，再能干的编辑，面对按月发行的期刊都得发愁。如果总是“为赋新词强说愁”，杂志就会慢慢失去活力。

有了这样一个基本判断，2008年元旦过后，黄秀芳带着新团队筹备第一期杂志。经过一个月的连轴转，面貌焕然一新的《中华遗产》面世了。主打文章《消失的上巳节》，宣告杂志走出名录上的遗产。封面更以一幅传统工笔画，描述古人在上巳节踏青、嬉水、荡秋千、男女会面的生活场景，生动极了。卷首语《我们都是风俗中的人》，更是指出消失的上巳节和当今“春游”之间的关系：源自周朝的上巳节，在唐朝时可是三大最重要的节日之一，延续了两千多年后，逐渐消失在历史之中，给现代中国人留下了“春游”旧俗。不少朋友都说，改版后的《中华遗产》好看，当然，我们自己也觉得好看。

按照这个思路，我们扩大了“遗产”的外延，加深了内涵。过去的一切，包括现今不复存在的，诸如上巳节，都可以称为“遗产”，都有可能变成杂志上的内容。有了这样的界定，“中华遗产”丰富而且厚实：物质的、精神的、技术的、文化的、政治的、军事的、经济的……它应该立体地展现中国上下五千年历史的方方面面，展现那些在中华文明史上留下印记的宝贵财富。

> 至于“遗产”是什么，我们跳出了联合国设定的“世遗”框架，不囿于“清单上的遗产”，而是将视角放到了整个中华文明的范畴。

《中国国家地理》从空间角度，描绘的大美中国——960万平方公里的土地和300多万平方公里的领海，没有局限在以汉族为主的中原世界，而是关注整个中国，打破了“三山五岳”传统山水审美的“选美中国”特辑，就是其中的典范。作为从时间维度来解读中华文明和中国文化的《中华遗产》，也不应该局限在以汉民族为主的中原文明中，我们的中华文明不仅璀璨夺目，更是多彩多姿，农耕文明与游牧文明交相辉映。

如此，这本杂志的使命就是成为一个“纸上博物馆”，在尘封的历史中寻找华夏大地的文明之光，展示中国之美与好。我们要把热爱中国当作一种使命传递出去，让读者能够受到感染并且产生共鸣，催生中国人骨子里的文化自信。鉴于此，我们确立了《中华遗产》新的办刊宗旨：“叩击历史星空，梳理华夏文

2015年年底，为制作“复活清明上河图”专辑，《中华遗产》编辑部赴河南开封实地采访。图中镜头所摄，是始建于北宋仁宗皇祐元年（1049年）的开封铁塔。摄影 / 朱子浩

妆容与发式，是一个时代的侧影，可从中窥见社会生活的流变。《中华遗产》的“梳妆记”栏目致力于再现并解读古代妆发，展示古典中国对于美的认知。这张照片拍摄于2019年9月，责任编辑黄鑫（中）与服饰顾问陈诗宇，正为模特调整妆发造型。摄影／吴西羽

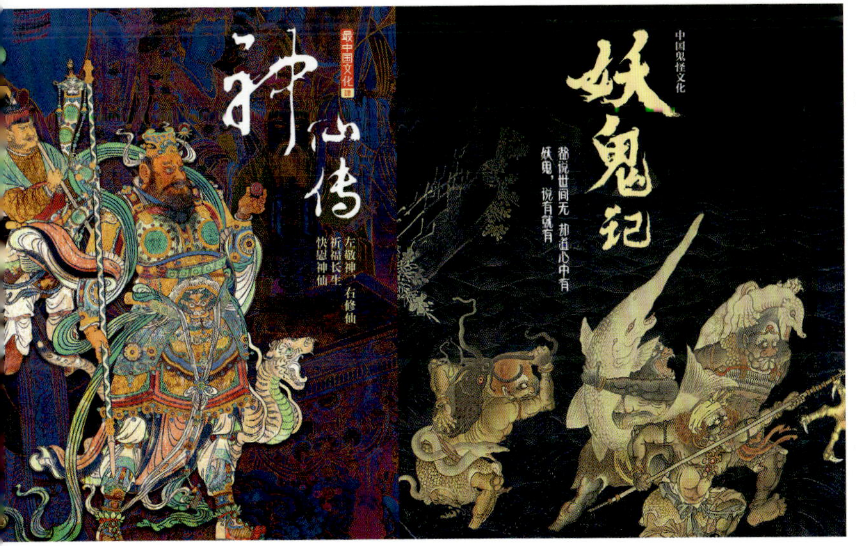

“最中国的服饰”“最中国的颜色”“我的神”“修仙记”“鬼文化”，是《中华遗产》杂志近年来备受欢迎的“绝版”专辑。编辑部将内容重新整合，加入“新血”，以增刊的形式，改版重现。

明。”我们叩击历史，并不是对历史进行照抄、照录，而是以学术界新发现、新认识或再认识、再发现的求索精神，来重新解读。如果只限于梳理，那《中华遗产》就会沦落为一个对古人、古籍的翻印者或再版者。

追求非常宏大，《中华遗产》注定因此要走上一条崎岖之路，因为它要从浩瀚的历史资料、考古发现、学术著论中，找到自己想要的东西。它不能偏听偏信，而要有独立的见解和思考能力，能于万众之中发出自己的声音。这种见解和声音，首先得成为编辑人员的共识，然后才有机会落在细处的每一期杂志和每一篇文章当中。所以，做杂志的难处之一就是，培养一个有共识、能打持久战的编辑部。这对于再创业的《中华遗产》来说，当然是难的。

从2008年到2012年的五个年头里，编辑部人员的流动性非常强，一度出现人手不够需要紧急招募新人的情况。这一时期的杂志，尚处于寻找自我的摸索期，每个编辑都有自己的想法，争论声不绝，很有当年主刊从《地理知识》改版成为《中国国家地理》那种大辩论的色彩。黄秀芳坦言，这五年是她最为紧张的时期，她得防备任何可能出现的问题，要去排雷救火。

虽然我从没介入《中华遗产》编辑部的工作，但我听说过文风之争的故事，最为有趣的是“小资青年”“文学青年”和“学术青年”之间的磨合。本世纪的第一个十年里，小资风气和心灵鸡汤在青年中开始流行，有这种情调的编辑，会特别注重描述内心感受，渲染氛围。走文学风的编辑呢，文笔自如，偏爱散文风格，写的文章放在《读者文摘》里会是很漂亮的文字。“学术青年”那会儿刚刚崭露头角，虽然小众，但是看不起前两者写的文章，觉得空洞无物、华而不实，但无奈行文不够接地气，空有干货而找不到面向大众的语言。在磨合过程中，有的人不适应就走掉了，剩下来的，在时间的打磨中慢慢地达成了共识，杂志的编辑思路、风格也随之确定下来了，那就是：要有新闻的敏锐、历史的扎实、文学的笔法和哲学的思考。

如果说初期的《中华遗产》认为凡是遗产都有价值，此时的编辑部对“价值”的认识升级了，强化寻找、挖掘“价值点”，即文明、文化背后的人和时代特质、社会思潮。更为甚者，以古鉴今，深描历史与当下的联系。这样一来，编辑就得像学者一样阅读大量文献资料，在专家访谈、学术文章和史料中汲取灵感的同时，小心考证涉及的内容，再把历史细节深入浅出，变成有情有景、有故事、有人物、有画面的视觉呈现。春夏秋冬好几载，不知不觉中杂志变得独到、厚实起来。

《中华遗产》杂志以“梳理华夏文明，叩击历史星空”为己任，从何“梳理”，如何“叩击”？编辑部找到了最适合自己的路——以呈现“中国古典美学”立身，探寻中国历史与文化中的真善美。最畅销的专题策划——“最中国”文化系列，正是旨在剖析中国最美的物质文化与非物质文化，给予读者厚重沉稳的古典美学的滋养。图为其中部分封面。

2013年，杂志风格稳固后，市场利好消息不断，《中华遗产》发行量突破2万册。与《中国国家地理》和《博物》相比，这个发行成绩不算理想，但确是意料之中的事儿。《中华遗产》本来就底子弱，加上移动互联网对传统出版行业的冲击，市场培育的过程相对会更长。改版的前五年里，《中华遗产》的发行总量不大，但一直处于增长之中。凡是看过这本杂志的读者都说好，给出的评价也如出一辙：这是一本有价值观、有自己的声音和态度的杂志。所以，我们有底气朝着未来继续努力。

美好中国：《中华遗产》之“最中国”系列

过去做《中国国家地理》和《博物》，我们总结出精品化、系列化、品牌化的编辑思路，以此激发读者的阅读期待。《中华遗产》以同样的逻辑，形成了自己的三大内容体系：一是展现具有中国传统文化符号意义、象征作用的“最中国文化”系列，二是呈现华夏文明发展进程的“文明梳理”系列，三是穿插于前二者间的“古代社会生活史”系列。这种系列化的内容布局，不仅让内容更好看，在叩击历史和梳理文明时，也不会落入轻浅的挖掘和呈现，并为发行和广告方面的整合营销提供了灵感，有助于杂志的品牌延伸。

面对漫长的中国历史，在选择杂志的主打内容时，我们也曾经迷茫过。《中华遗产》应该成为哪一种历史人文类期刊？我们曾经打算“叩击历史星空”，对过往进行批判，但这种反思性的内容，缺乏市场需求，大众阅读偏好不允许这样的期刊活下来。那么，国人想从历史里得到什么？我们如何才能做成一本人们愿意典藏的历史类杂志？

放眼时下的中国社会，浮躁、繁杂、忙乱，中国的传统人文图景日渐淡化，海量网络信息包围着周身的一切，让人无处可逃。我们真需要寻一处静僻之地，舒展下心灵。什么是慰藉的良方？一定是干净、美好又有底蕴的东西。注意到人们

《中华遗产》独辟蹊径，以“中国古典美学”立身，展现古代中国人的“雅致审美”和“精致生活”。

《中华遗产》于2019年推出了《中国衣冠》增刊，集结数千年华夏衣冠雍容之美，展现礼教与时尚并存、含蓄与奔放交织的中国精神。图为该增刊的目录页。
摄影／杨泓瑜

的这种心灵诉求，《中华遗产》独辟蹊径，以“中国古典美学” 立身，展现古代中国人的“雅致审美”和“精致生活”。不再以反思历史为己任，压缩了充满屈辱的近代史，以“反思但不揭黑”为编辑立场，再现中国历史与文化中的真善美。《中华遗产》所描绘的古代中国，不仅给读者带来一种厚重沉稳的古典美以及古人的智慧，更是一剂“清凉散”，让人身心恬淡沉静下来。如此，这本杂志逐渐在市场以及业界中赢得口碑，缓慢但顽强地上升着。

2010年10月，《中华遗产》推出了“最中国的汉字”专辑，启动了“最中国的文化”系列。这是杂志的第一个品牌化专题，以最具中国传统文化含义、最具典型性、代表性的中国符号为对象。“最中国的汉字”专辑，以汉字为切入点，来诠释有着数千年历史的中国，我们邀请了语言文字学界、文学界、考古学界、历史学界和文博界的数十位专家，推选出他们心目中最具中国文化意义的汉字。在多如繁星的汉字中，专家与编辑们选出了100个最具代表意义的汉字。这期杂志出版后影响深远，包括《新闻联播》在内的100多家媒体对此进行了报道，有的地方还以此为题材建造了汉字雕塑景观。

就像《中国国家地理》在“选美中国”特辑后打造年度“十月刊”一样，从2012年开始，《中华遗产》每年都会推出备受读者欢迎的“最中国”专辑，至今已完成：“最中国的颜色”“最中国的家族”“最中国的山水”“最中国的图案”“最中国的服饰”“最中国的地名”“最中国的家具”等专辑，形成了一道亮丽的文化风景。

2015年，发行了82期杂志的《中华遗产》，迎来了自己的第一个文创产品，“中国美色”明信片，推出后在市场上销售一空。这是中国国家地理发行团队第一次尝试以文创产品来推动杂志的销售。虽然《中华遗产》是一本有内涵的高品质杂志，但这本杂志并不太为年轻人所知，我们需要一个中间桥梁，一个好的转化方式，将杂志递送到年轻人目所能及之处，而文创就是一个好桥梁。“中国美色”明信片发布后，不少网友发现，这令人惊艳的“中国美色”，原来来自《中华遗产》在2012年推出的一本专辑“最中国的颜色”，于是不少人开始购买《中华遗产》。不出一年，杂志的发行量就破了5万册。如此说来，文创以一种更亲民的方式，为杂志带来了流量和关注，使得原本古典深沉的《中华遗产》接上了地气，让人在感觉到美的同时又觉得轻松亲切。

为什么“最中国的颜色”能吸引人？

以《中华遗产》“最中国的颜色”专辑为灵感，推出的文创产品“中国美色”明信片，从千余张中国山水、绘画、器物、建筑等图片中，甄选代表中国式配色的经典范例，诉说中国传统的用色规矩，是一种新颖又形象的“色卡”。
摄影／朱子浩

文化是有魅力的。在日常生活中，我们每天都和颜色打交道，然而这个“颜色”有时却令人困惑，比如时下流行西方人说的“高级灰”，然而高级灰到底是什么颜色，是深灰、中灰、浅灰还是啥，很难描述，用色谱数据才能体现。但中国人是怎么表达颜色的呢？同样说灰色，有铁灰、炉灰、鸽子灰。看文字即知颜色，小学生都能明白。它很形象，这就是中国人的思维方式。

用“鸽子灰”和“高级灰”的区别来解读中西文化之差异，看似简单，其实需要硬功夫。对这种细微差别的体悟，一定是洞悉了中国传统文化和西方文化不同的思维方式。同样一件事，你能够看到而别人看不到，那就是差别。做杂志也一样，《中华遗产》能做出“最中国的颜色”专辑，就在于编辑部能看到当今中国人对颜色的理解，其实源自深层的文化逻辑。

2016年《中华遗产》推出的上下两辑“最中国的图案”，从日常生活里看似平常的图案说起，比如家喻户晓的中国结、鱼纹、龙纹，一步一步，由浅入深，展示了图案串起的历史与文化。这两本特辑以图案为载体，让绵延至今的“遗产”开口说话。读者不仅看到他们所熟知的图案与纹样在历史中发生了怎样的变化，

中国人特有的“颜色观”，影响了华夏数千年的审美史、社会史、政治史。2012年11、12月，《中华遗产》推出特别策划“最中国的颜色”专辑，阐释最具中国文化意蕴的色彩，剖析中华文明的精神胎记。图为其中《中国美色词典》一稿中的4张图片。摄影／杨惠光 邵华

还看到了中国文明与文化的演进。毫不夸张地讲，《中华遗产》推出的每本专辑都匠心独运，既让人学到不少历史知识，还能以古鉴今，感受古今关系。

我们打造“最中国”系列，并不是彰显中国在历史上如何辉煌，而是沉到历史的深处细处，再现最美的古典中国，看历史如何影响今天的中国人及他们的生活方式。

衣食住行：《中华遗产》之“古代社会生活史”系列

《中华遗产》中国古代社会生活史系列专题，是杂志的另一主要内容支撑。这个系列，涵盖了古人的衣食住行、柴米油盐，比较活泼，具有“典雅、智慧、趣味化”的混搭风格。这个讨论“吃喝玩乐”为主的古代社会生活史系列，用《中华遗产》的语言来说便是：“以食为养的中国”“传统技艺的中国”“信仰独特的

中国”及“统一又多元的中国”四大领域，向读者展示中华文化独特的审美与趣味。

鉴于我是地理科学出身，对《中国国家地理》和《博物》覆盖的主题，尚能说上几句话，但对古人生活的探知，通过阅读《中华遗产》，受益良多。十几年如一日地读下来，我竟然也成了古代社会生活的爱好者。

吃，是中国人永恒的爱好，中国关于吃的文化，更是博大精深。每年年初、新春之际，最应景的事情就是饮食。《中华遗产》的新年特辑，便常常是“饮食”系列，讲述千百年来中国人吃什么、用什么吃、怎么吃、何时吃，让读者领

《中华遗产》中国古代社会生活史系列专题，是杂志另一主要内容支撑。这个系列涵盖了古人的衣食住行、柴米油盐，比较活泼，具有“典雅、智慧、趣味化”的混搭风格。

悟到“吃”也是一门学问。比如，对于“豆腐”这个从古至今、东西南北各地人都吃的食物，编辑部出了个专门的策划，还根据历史文献和专家解读，做了一个“豆腐传播之路”：豆腐虽软，但在征服异域的路上，总能成功植入当地人民的生活。如今，不仅在亚洲地区，在全世界任何一个国家都能买到豆腐，豆腐的环球之旅，从古到今，一直没停！

至于古人的穿着与装饰，题材就更为丰富了。考虑到中国历朝历代、各个民族的服饰风格多样，《中华遗产》在2017年先后推出两个“服饰”系列。以时间为序的“天朝衣冠”，让读者看到中国传统服饰的演变之路；按照分类架构的“中国衣冠”，向读者细说服饰与配饰的美与价值。这两期杂志因为销售火爆，当月紧急加印。不少服装设计师表示曾在《中华遗产》杂志中寻找设计灵感。可见，《中华遗产》不仅饮食有道，在古代服装史的呈现上，也有专业见地。

中国人的居宅，那就南北东西各有特色了，题材丰富到取之不尽。《中华遗产》不仅报道中国古代建筑的技术和艺术，还会挖掘建筑背后的社会伦理、文化和观念形态，给历史增添点生活气息。《中华遗产》在2013年推出的“中国人怎样居住”，图文并茂地再现了古人家居生活，给当今喜好中式宅院、中式装修风

中国美绣

贰 绣艺

顾绣
闺秀之手 文人之魂

撰文／骆文

明嘉靖年间，进士顾名世家的露香园内，一种名动天下的刺绣开始兴起。它以国画为绣稿，以丰富的针法代替画笔，紧跟明末画坛之风向，以画补绣，画绣结合，张扬着清新委婉的中国文人品位。

《顾绣花鸟人物册》局部
摄影／动脉影

写意之绣

右图是明代《顾绣花鸟人物册》中的一幅绣作，设色雅致，风格简淡，再加上题词、印章，犹如高雅写意的文人画。
摄影／动脉影

74

中国刺绣的历史，至少有三千多年。女子们以针引线，绣出五彩，铺陈的是最中国的审美意境。《中华遗产》2020年6月推出“中国美绣”专辑，展现风情万种的锦绣中华。图为其中《顾绣》一文的开篇设计。摄影／动脉影

特别策划 吃豆腐有理

TOFU

豆腐的清白史

撰文／康品

18

从中国古代的物质与精神、技术与文化中，撷取古人“吃喝玩乐”的智慧，图文并茂地再现有滋有味的古典生活，是《中华遗产》杂志“古代社会生活史”系列的宗旨。为此，2012年2月推出了“吃豆腐有理”专题。豆腐也是中华遗产，也能讲出中国意味。摄影／杨少白

格的读者提供了灵感。

在器物之用上，不用我说，大家都知道，古人是真讲究。为了唤起当下中国社会的匠人精神，2011年《中华遗产》推出了“中国‘慢’制造”专辑，回看传统的“慢”制造，内容包括绍兴的黄酒、南京的古城墙、油纸伞等一系列中国传统制造的相关话题。“慢工出细活”，古代匠人用道德、专业和责任心，为人们带来优质的产品以及生活，这些特点与当下制造业质量问题层出不穷的情况，形成鲜明对比，引起了读者的反思。《中华遗产》虽然讲传统中国故事，但其目的仍然在于以史为鉴，因而关注历史与现实的关联，以及历史对当今的影响。

《中华遗产》所描绘的古代社会生活史，不仅关注物质层面的遗产，也致力于再现古人的精神生活：在物质文化和非物质文化之间，是中国人丰富有趣的社会生活进化史。

在“玩乐”方面，古人更是在行，除了琴棋书画、骑马、射箭、蹴鞠、投壶这一类高雅贵族范儿的，还有斗鸡、斗蛐蛐、摔跤、杂耍、博戏和马吊牌这种娱乐大众的。我在读“我爱麻将”这个主打策划时，甚觉有趣，了解到前人也有类似“三缺一”的遗憾。民国初年，孙中山曾写给蒋介石一封手书，题目就是《严禁打麻将》，痛陈麻将的种种坏处。对于这种痛恨麻将的言论，世界麻将组织主席于光远先生说：“麻将本身的文化魅力无穷，把麻将用于赌博，乃人的问题，而非麻将之过。”所以，麻将作为“遗产”，精彩看点还是制定游戏规则的人。

总结古人玩乐方面颇有心得的《中华遗产》编辑部，还效仿古人游戏，在2019年年底推出了一套“古代饮酒版桌游”。对这个项目，本就好酒的我当然支持。清朝文人吴陈琰绘制过一张特殊的棋谱，名为《揽胜图》，是一份古人用来饮酒作乐的游戏指南，编辑部花了两个月的时间，效仿这套“古人桌游”的玩法，手绘了一张有111个景点的地图，借“揽尽大地名胜”之意，还给起了个新名字叫“醉游中国”。地图起点是“劳劳亭”，位于今天南京市的古新亭南，终点是西安。玩法是，一边将骰子投掷在揽胜图中，一边把酒言欢行酒令。为了让整个体验更为流畅，编辑部还特意复刻了西汉十八面铜骰和六枚铜棋子（背面为西汉漆棺角虡骑兽图）。这个文创作品，从起心动念到设计完工，耗时半年。面世不到一个月，这个定价128元的复古桌游就销售一空了。对于《中华遗产》这本深入古代社会生活的杂志来说，“醉游中国”拉开了编辑部文创研发的序幕。

除了以上几个主题，为了更好地展示中国人独有的宗教信仰和精神世界，《中华遗产》推出了“鬼、怪、神、仙”系列。从2015年起，每年的4月刊，清明节所在的月份，杂志便会说妖解怪、为神仙列传。起初，一些编辑担心，刊登此类被人们认为“有迷信色彩”的文章，会让人怀疑杂志的价值观不正。但主编黄秀芳说，这个系列的主旨，是为了探寻并解读“神仙鬼怪”为何会存在于中国人的心灵和精神世界，从而让公众能更加客观、全面地看待传统文化，了解历史演绎的缘由。

为了让读者更真切地感受到“鬼怪神仙”，生动形象的插图必不可少。现实中的事物好临摹，这些虚无缥缈的形象要如何下笔？编辑们通过各种途径搜寻，最终选定了数十位知名插画师的作品，插画风格并未完全依照文学典籍里那些凶神恶煞的描述，而是结合现代读者的审美特点，将鬼怪神仙形象刻画得相当飘逸和精致，收获了不少“二次元”粉丝。受“中国美色明信片”启发，2016年《中华遗产》编辑部再度和发行公司合作，将当年4月份“妖怪”专辑中的妖怪形象，制成了装裱画，再次大卖。《中华遗产》的发行曲线也不断向上。

《中华遗产》所描绘的古代社会生活史，不仅关注物质层面的遗产，也致力于再现古人的精神生活：在物质文化和非物质文化之间，是中国人丰富有趣的社会生活进化史。

文化大观：《中华遗产》之“文明梳理”系列

《中华遗产》的第三个品牌系列——梳理华夏文明系列，最有难度，也是杂志未来努力的方向。梳理中华文明系列，旨在梳理中国历史上不同时期、不同地域的古文明，包括流传或流失到海外的中华文明，经过若干年的积累之后，将集成一部中华文明史，一个真正意义上的文化大观。

可见，我们这本杂志的口号“叩击历史星空，梳理华夏文明”并不是说说而已。早在2009年，《中华遗产》就推出了“谁识红山玉”的特别策划，初探红山文化。为什么选择这一个切入点？因为涉及古文明的选题难度太大，专业性也很

作为实证中华五千年文明史的圣地，浙江杭州良渚遗址的发掘和研究进展，是《中华遗产》近年来一直关注的事情。这是2019年6月刊“良渚古国”专辑中的配图，展示的良渚文化最高等级墓地反山王陵出土的玉钺。
摄影／动脉影

强，不仅需要庞大的专家学者、作者和摄影师资源，还需要年轻的编辑部不断地学习和积累，这样我们才有可能理解并且把古文明深入浅出地解读出来。

操作高难度的选题时，我们杂志社内部有一个默契：情愿再多等几年，也不愿意草率推出一期凑合的杂志来。且不说有关古文明的专题，就是“敦煌”这个家喻户晓的选题，《中华遗产》也是酝酿了好几年，先后修改了4次策划稿，才在2019年12月推出“敦煌”专辑。敦煌石窟虽然任何一个人都可以去看，但是你花了几百元买了门票进去后，每个洞窟只能看两三分钟就得出来，这样就使很多参观者“身临其境而不见物美”。发现这个问题后，编辑部费尽心思策划了这期“敦煌”专辑，独特精美的视觉呈现，让读者打开杂志就像走进敦煌石窟一样，得以细赏这座艺术宝藏震撼人心的美。

不仅《中华遗产》是这样的，《博物》也一样。我们在十多年前就建议《博物》择机做一期关于中国海军基地的专辑。编辑部也想做，但觉得难度很大，勉强做出来不会好看。最终，酝酿多年后，《博物》“海军基地”专辑在2019年5月得以推出。经过时间的积累和发酵，这期专辑内容扎实，非常好看。巧合的是，这期专辑的发布时间恰好赶上了中国海军成立70周年的节点，中国海军为了表示感谢，还邀请《博物》团队参观了西沙群岛的海军基地。

正因为这种不急不躁、追求品质的编辑风格，《中华遗产》在等待了10年后，才推出了“文明梳理”系列的第一本专辑“良渚古国”（2019年第6期）。专辑总结了“大都城、超级坝、神王玉、良渚文”等核心发现，详细解读了良渚遗址，揭示了它作为中华五千年文明史重要注脚的价值。阅读这本专辑时，读者可以深入了解古文明的伟力：使用石器的史前良渚先民，已经拥有文字、能建造颇具规模的大都城、制造精良的玉器，还在良渚古城西营建了11座水坝。水坝群能泄洪、蓄水，其蓄水总量加起来竟超过了4个西湖！

良渚遗址是2019年7月6日才正式被列为世界文化遗产的，所以在策划和制作“良渚古国”专辑时，尚未拥有“世界遗产”的光环。但编辑部在那时已提前判断出良渚遗址所具有的巨大文化价值和社会话题性，并联合杭州良渚遗址管理区管理委员会、浙江省文物考古研究所和良渚博物院，以数月之力，推出了一本考证翔实、解读细致、图片精美、有分量的“良渚古国”专辑。

这本文明梳理系列的专辑，在发行市场销售得很好，也得到了专家学者的好评。后来，我还特意去京东和淘宝网站上看了读者对这期杂志的评价，全是五星好评。有位网友的评论令我印象深刻：良渚文化和其他的古文明，比如三星堆文化之间有什么关联？未来能否更加详尽地解读？读者的这份期待，恰巧是《中华遗产》“文明梳理”系列的未来构想。

我们不仅会按时间梳理那些潜藏在历史深处的古文明聚落，比如长江文明（诸如大溪文化、屈家岭文化、三星堆文化、良渚文化等）、黄河文明（仰韶文化、龙山文化等）、辽河流域的红山文化、青藏高原西部的象雄文明等，展现古文明的传承与演化，还会试图厘清这些古文明之间的关联和相互影响，力争为读者提供一个源远流长的华夏文明大景观。

在中华文明大梳理系列之后，我们还会继续梳理散落在海外的中华文化。比如，编辑部在做“良渚古国”专辑，追寻良渚先民时，注意到印尼加里曼丹岛上的达雅克人头上的羽毛装饰和盾牌上圆目獠牙的兽面形象，与良渚玉器上常见的神人兽面纹样极为相似。这之间究竟有何关联，是我们未来想联合专家学者一起来做的工作。当然，这个系列做起来的难度会更大，耗时将会以数十年计，因为遗散在海外的中华文化，需要跨国界的考古发现和资料的搜集整理。只有严谨细致的考证和坚持不懈的关注，我们才有机会走进历史，看到文化和族群在全球的散播和迁徙轨迹。

不过，这些都是未来的事了。只要读者喜欢，《中华遗产》就会不疾不徐地做下去。这样说来，我们要做的东西还真是挺多的。

十年磨一剑

不用赘述，《中华遗产》整个走向是非常大气的。这归功于编辑部坚持做好刊的信念，十数年如一日，他们用自己的青春、人生和时间找到了一方天地。从2008年到2018年，《中华遗产》可谓“十年磨一剑”，成为三刊里发行量增速最快的杂志。2018年，我们将《中华遗产》零售价从20元上调至30元，杂志的发行不降反升，营业收入连续两年保持80%以上的涨幅。虽是后进生，但势不可挡。

2018年，对于《中华遗产》来说是也一个转折年。一方面是杂志的销量节节上升，《中华遗产》生存下来并成为一本有市场价值的精品杂志。另一方面，编辑部和发行公司合作推出的“高颜值”增刊《中国衣冠》和《中国美色》，上市即售罄，此举亦令《中华遗产》的品牌迈上了新台阶。

考虑到“鬼、怪、神、仙”系列在读者中极受欢迎，2019年和2020年初，编辑部和发行公司再度联手，推出了《中华遗产》之《妖鬼记》和《神仙传》两个增刊，将过去分散在各期杂志上的相关内容整理成合辑，定价68元，销量火爆，杂志的影响力再度提升。

有人说，《中华遗产》的四本增刊就是对正刊进行了重新整合、包装，任谁都会做。实际上，这几本增刊的大卖并不简单。首先，要归功于《中华遗产》内容过硬，从改版初期的默默无闻到现在成为知名刊物，编辑部一直把好好做内容当成最重要的事来做。没有持之以恒的优质内容和不过时的典藏性，再好的包装也难以得到市场认可。用主编黄秀芳的话来说：“我们做了十多年，出了将近130期杂志，有了这样的积累，这才觉着可以出增刊了。”其次，从操作手法上来看，《中华遗产》自成一体的精品化和系列化内容，为我们打造品牌化的增刊提供了空间和更多可能性。最后一点，我们三刊编辑部和发行团队互相欣赏、紧密合作，都把“内容为王”当成信仰在实践，如此才能推出形式不断创新的增刊。

随着国人对自然遗产、文化遗产和非物质文化遗产保护与传承的关注，《中华遗产》更受市场青睐了，这为杂志带来了新的发展活力。为了扩大影响力，我们开始在港澳地区发行《中华遗产》，和港澳同胞分享老祖宗留下来的文化和遗产，增强中华民族的文化认同和凝聚力。与此同时，面对新时代的年轻人，我们也学会了以更新潮的方式传递人文历史知识，讲述何以是中国。

国学大师冯其庸曾言：“社会的前进总要靠总结过去，我们要从中华悠久的历史文化中汲取教训，从我们的传统文化中吸收营养，我们的力量应该是非常雄厚的。”从传统中国中发现智慧与大美的《中华遗产》，展现中国之美与中国之好，以一纸之力和国人一起重拾文化自信，再造从容、典雅、大气的中国，让人们由此更加热爱中国，这便是《中华遗产》的存世之志。

长城，世人皆知的文化遗产地。2016年10月，《中华遗产》推出“长城：北京的边关”专题，从这最熟悉的题材中，挖掘不为人知的历史意涵。编辑部在专题策划阶段，专程赴京郊箭扣长城实地探查，在明代万里长城最著名的险段上，体验了一回险立危崖的感觉。摄影/吴西羽

鶴珠銜歌佛法

星散的古村古镇，如同定格的时间胶囊，那里有被现代社会遗忘的传统生活秩序。这是《中华遗产》2015年12月“千年古县金溪：尘封的儒家田园”专题的配图。江西抚州市金溪县浒湾镇曾因木刻印书技艺，位居清代全国四大刻书中心之列。一脉书香，一息尚存。摄影／王爱民

本色中国

第8章

全景影视公司：走出红海，重回地理视界

2003年，我刚认识孙钢的时候，《中国国家地理》正处于上升期，形势大好。经过好几次商谈，我觉得这位转业军人有责任心和决心，是个靠谱的合作伙伴，于是决定筹备中国国家地理影视中心。那时我们野心勃勃，想成为中国的Discovery！

这一年，是中国影视业产业化改革的元年。此前，2002年国家明确提出将文化产业纳入国家发展的战略布局。2003年，政府出台了16项政策，从内容审查、中外合拍、影院投资和市场准入等方面进行了大幅度调整，民营影视公司获得了与国营制片厂同等的身份，能以完全的主体资格进入电影电视剧产业。

政策的东风吹来，令人意气风发。纸刊方面我们有《中国国家地理》，影视上也应该有个类似的。畅想中，中国国家地理电视台应该成为类似美国的探索频道（Discovery Channel）、专门做纪录片和杂志节目的法国5台（France 5）或英国BBC纪录片频道那样的机构，我们将对大自然、动植物进行场景宏大又细

节生动的描述，做成真正的电视，那种能称为艺术的电视。

带着万丈豪情和准备干大事的兴奋，我们在2005年成立了中国国家地理旗下的影视公司，浩浩荡荡50多号人，立了两块牌子，对内叫“中国国家地理影视中心”，对外的经营主体为“全景国家地理影视公司”。作为商号的“全景中国”，寓意为以360度全角对中国960万平方公里领土、300多万平方公里领海和56个民族进行全方位立体解读。

有了影视部门的加盟，我们的企业战略布局也逐渐明确，未来会坚持以科学传媒为核心，谨慎地实行多元化发展战略，逐步融合纸刊、影视、图书、网络等多种形式，来丰富“全景”的内涵和深度。后来的全景广告、全景发行和全景书业都是这样逐渐“孵化”出来的。

和平面杂志不一样，影视要用镜头语言诠释《中国国家地理》，“跳出文字讲文化，跃出平面演画面”。为了做好内容，在拍摄技术上也要站在最前沿，影视公司的摄影摄像器材全是最顶级的。我们的第一批摄像机就是大机器Sony HDW-F900，后来用RED ONE和艾丽莎。影视制作的前后期设备，也是最为领先的。

一开始，我们怀抱着理想，马不停蹄，用了两年时间把中国重要的地理单元、重要的生态系统和景观地点都进行了高清拍摄，集成为500小时的超大型纪录片《全景中国》，这可能是世界上第一部如此记录中国景观的纪录片。我们计划建立一个动态的中国景观媒体库，以影像来记录快速变化的中国：每隔一段时间，就把中国的辽阔山河扫描一遍，让观众看到中国景观的差异美和变化美。这理想是多么庞大啊！

除了拍摄《全景中国》，新成立的影视公司还推出了一部揭秘青花瓷的纪录

《全景中国》拍摄于2006年，在2008年参加戛纳国际纪录片交易会MIPDOC，首次向国际纪录片市场提供全面展现中国文化内涵的影视资料。

片《瓷谜》。2005年7月在伦敦佳士得拍卖会上，一款"鬼谷下山"元青花人物罐以1400万英镑的价格成交，折合人民币2.3亿多元，刷新了当时中国瓷器的成交纪录，也掀起了一股元青花热。为什么几百年前的元青花有这么高的价值？追踪着这个热点，我们耗费数百万元拍摄了揭秘性纪录片《瓷谜》。片子拍完了，我们却在市场上遭遇了打击。那时国内的纪录片市场价格大约为一分钟几十块钱，就算卖出去，也根本拿不回本钱。往国外卖的话，受到拍摄样态限制，难与国际接轨，国外电视台也不买。

首战遇挫，但热情并未泯灭，我们继续拍摄《全景中国》高清纪录片。为了全面展现中国各个地区的自然风貌和人文特色，《全景中国》摄制组登上青藏高原、走进戈壁大漠，保存下许多难以再现的场景和画面——身披朝霞的老僧静坐悬崖边，四周金光笼罩；民族少女在山坡上无拘无束地放声歌唱……2008年，《全景中国》参加法国戛纳国际纪录片交易会，惊艳全场。《欧洲时报》在报道中这样写道："这批500小时高清纪录片，有些题材和节目是一般人很难或不可能摄制到的。"

品质归品质，荣誉归荣誉，但现实是残酷的。和《瓷谜》一样，在2006年年底完成的《全景中国》也没卖出什么价钱来，反而把公司的钱烧光了。财务的窘困让我们发现，理想不能当饭吃，用孙钢的话来说，"不能在当了先驱之后，又把先烈给当了"。

"中国的Discovery"梦碎，让我们意识到原先那条路是走不通的，必须先生存下来，才能谋划未来。于是，影视公司收缩战线，降低成本，办公地点也从奢华的卧龙山庄，搬回了《中国国家地理》杂志社总部。创业之初，险象环生，从狂飙突进到及时"刹车"，便是影视公司的坎坷跌宕的"少年时代"。

如今，十五载过去了，影视公司成功地挺过来了，我已年过半百，孙钢也步入了花甲之年。一次聚餐，我们再讲起当年那激荡人心的创业时光，心有灵犀般，相视哈哈一笑，拿起酒杯再拼三杯。人生没有后悔路，或许，这也正是所谓的“但得酒中趣，勿为醒者传”吧。

求生：从故宫的订单说起

2006年，影视公司账上钱不多了，加上纪录片市场的不景气，我们不得不调整思路：一边拍着自主选题《全景中国》，一边向市场靠拢。市场需要什么？答案是，市场需要广告片，企业产品需要做广告，一些机构如博物馆需要整合宣传，各个城市也需要宣传片。影视公司要全面转向这种定制服务吗？

筹备影视公司时，虽有满腔热血，但我们对影视界其实并不了解。经过试水才明白《瓷谜》《全景中国》这类的纪录片变现要走很长的路。而对于我们这样的小型影视公司，活下来才是当务之急。

另谋出路，影视公司决定扩大定制服务。其实，在2005年公司刚成立时，公司就承接过定制服务的订单。第一个客户是故宫博物院，需要制作一个“从陶到瓷演变”的高清三维动画片，订单价70万元。高清动画片分辨率为1920×1080，在当时还挺新鲜，一些动画学院的教授都没听说过这个新标准。几经打磨，影视公司提交的前期策划让故宫甚为满意。为了达到理想效果，影视公司还找到一家做三维动画的公司共同参与制作。2005年9月，影视公司将《从陶到瓷》成片交付给故宫，开始在故宫博物院陶瓷馆中循环播放。

不料，2006年1月，这家参与《从陶到瓷》制作的动画公司将故宫告上了法庭，索赔230万元的侵权赔偿。一时间，这条新闻登上了各大门户网站。在故宫博物院看到诉讼状后，我们立刻明白了这是那家合作公司的项目管理出了问题。为显示诚意，影视公司不仅道了歉，还郑重表示将承担这场官司带给故宫的一切

《从陶到瓷》拍摄于2005年，是为故宫博物院拍摄创作的第一部高清视频主题片，故宫是公司成立后的第一个客户。

损失。随即我们派出法律顾问，作为第三方应诉。这种诚信、果断和负责任的态度，平息了故宫的怒火，也给影视公司带来了第一场也是唯一一场法律诉讼。这场官司终以影视公司胜诉，因为参与制作的动画公司并没有成片的著作权。

经历这场风波后，新成立的影视公司总结出了一套严格的项目管理流程，开始执行格式化项目管理：初次接洽客户时发送“咨讯简报”来明确定制服务的条款，每次沟通后发送“沟通简报”，每次PPM会（项目管理协调会）的推进也要以书面文字形式进行记录和确认。这样，经过反复确认后，无论是客户方还是合作方都能快速明白项目的进展和双方的责权利。此后的15年，我们再没遇到过知识产权争议。影视公司的总结是，拍一个高品质的定制片，不仅关乎创意和内容，还需要严谨、科学的流程。

2006年，影视公司接到故宫博物院的第二个订单：《中国古陶瓷之美》专题片，内容是以故宫藏品为基础，讲述中国的传统陶瓷文化。片子出来后，镜头很美，解说词却让人不太满意。陶瓷学家的评述太过专业，经过文学家的润色后，还是不甚满意。孙钢说，会唱戏的不见得会评戏，于是开始找中国古陶瓷评论家。最后找着了清华大学的尚刚教授。尚教授很乐意合作，但提了一个要求：他改完后的解说词，一个字、一个标点符号都不要动。果然，他的改写不仅专业严谨，

《朱棣肇建紫禁城》拍摄创作于2009年，一举获得2010年国际文化遗产视听与多媒体艺术节最佳中篇视听作品大奖。

更改得巧、改得美而雅，真正恰到好处。

这两个片子，为故宫博物院与中国国家地理影视中心长达10年的合作拉开了序幕。之后，影视公司又接拍了《紫禁城营缮记》《紫禁城建筑之美》《朱棣肇建紫禁城》等影片，均在故宫博物院常年播放。在创作这些专题性极强的影片时，影视公司既要维持科学的严谨，又要确保内容通俗易懂。创作团队不但要走访专家，更要深入学习中国古代建筑、古代史、传统美学，研究《周易》《考工记》《营造法式》等古籍，再结合故宫现存的建筑来进行三维建模，最后用计算机重建整个故宫……

和纸刊一样，影视公司也是出售科学和艺术故事的内容公司，“内容为王”在这里也是共识。编辑部讲的“独家、独到和独特”，也复刻在了影视公司的选题策划和执行里。只不过，影视公司是从视听角度来呈现。制作《紫禁城建筑之美》时，创作人员想到以“推门”来开启视觉游历，当朱漆门缓缓推开的瞬间，万籁寂静中的宫殿群空无一人，故宫那令人窒息的庄严肃穆穿透画面直达观众内心。精于细节的《朱棣肇建紫禁城》，更是获得了2010年国际文化遗产视听与多媒体艺术节最佳中篇视听作品大奖。制作《朱棣肇建紫禁城》时有个小插曲。片子递交故宫博物院审核通过后，影视公司觉得朱棣穿的龙袍质感不够，要求推倒重来，然后又花了半个月时间，给朱棣“改头换面”提升形象。

以品质立身，从2005年到2015年，故宫博物院的整合宣传，包括故宫博物院的视频主题片和小玄子形象视频等，都由中国国家地理影视公司创作。与故宫合作的10年，见证了影视公司摸爬滚打求生的10年。故宫不仅是影视公司的客户，也成了公司吸引更多商业订单的招牌，加上杂志社的资源共享，影视公司的客户也逐渐从博物院、美术馆延伸至企业及城市。

和纸刊一样，影视公司也是出售科学艺术故事的内容公司，“内容为王”在这里也是共识。编辑部讲的“独家、独到和独特”，也复刻在了影视公司的选题策划和执行里。

城市是一个多维的地理课题，关乎自然地理、人文地理、历史地理等很多因素。因此，制作城市形象宣传片对于中国国家地理旗下的影视公司来说，是有优势的。创作《泉城》——济南城市宣传片时，导演组遍访济南每一个角落，探寻这座古城隐秘的过往，寻找城市的灵魂。作品在电视台播放后，许多济南人在网上留下这样的评论：“原来济南这么美丽！”在创作《天地之中》——郑州城市广告片和专题片时，文案团队易稿18次，落幅调整了5次，配音推倒重来，最终的作品令人惊艳。

值得一提的是，影视公司还在2006年为世贸天阶“梦幻天幕”创作了影片《时·光》。这块天幕长250米、宽30米，纵横比例和观影位置都很特殊，传统影片形式无法带来震撼感。策划组反复讨论，也没拿出一个满意的方案。此时，一名成员想起小时候做过的一个梦：在梦里，他化身为一只凤凰在星海中自由翱翔……这个梦境震撼了创作团队，还有什么比梦境更加梦幻、比梦想更加珍贵？方案有了：用唯美浪漫的镜头语言，以具体事物描述抽象概念，不做上下区分，让观众站在世贸天阶的任何一个角落都能观看。一部思考生命起源、探索生命意义的影片《时·光》就此诞生，诠释了天幕的“梦幻”。这部影片在世贸天阶定时播放，成为无数游客“北京印象”中不可或缺的一部分。

有了定制订单，也出了不少精品，但影视公司的运营还是入不敷出，一是公司成立的前两年拍摄《全景中国》时把老底掏光了，二来团队太大了，有50多号人。2007年上半年，影视公司的财力紧到发不出工资，裁掉一半员工后，总经理孙钢停发了自己的薪水。他说：“股东把公司的经营管理权都交给我了，如果没经

一部思考生命起源、探索生命意义的影片《时·光》就此诞生，诠释了天幕的“梦幻”。这部影片在世贸天阶定时播放，成为无数游客“北京印象”中不可或缺的一部分。

营好，要么管理者是个笨蛋，要么是商业模式不成立。不管是哪种情况，我得敢于担当。”他的决心很大，定力也很强，在这种情况下，一没哭穷要求股东增加投资，二没撂挑子走人，而是更加主动地去找订单。从筹备到试水经营，付出了这么多心血，他不愿看着公司死掉。命悬一线的影视公司摆正了自己的位置，从制作型公司调整为头脑型、创意型公司。向好莱坞电影工业和杂志编辑部学习。影视公司调整为项目制，根据不同的业务邀请不同领域的导演、编剧和摄影师参与。用合同覆盖、用保险来锁定每一个订单，整合资源后再将具体的制作统筹外包。公司不仅要做好统筹调度工作，还要参与到作品拍摄和制作的所有环节。任何一部作品，小到5秒的广告，大到数百小时的视频素材，立项、调研、策划、拍摄、制作和审核等步骤缺一不可。文案要一个标点、一个字符地推敲，素材要一个单帧、一个音符地调整。尤其是拍摄环节，影视公司要统筹策划、交通、物流、公关、安全等多个板块。因此，对于影视公司来说，项目管理和流程监控变得同等重要。

在影视公司“瘦身”求生的2007年，除了做加工定制，公司还抓住中国移动梦网正在兴起的手机视频平台，申请开通了中国国家地理频道，还在这一年开始投资电视剧。慢慢地，三大业务联手，将影视公司的财务拉回到了健康的状态。

移动梦网推出地理小品，又闯电视剧江湖

2006年的中国还处在2G时代。一次意外的发现，让影视公司注意到手机用户在移动梦网上可以看视频，当年叫“手机电视”。为了突破定制服务的单一经营，2007年影视公司在移动梦网上申请了独立计费的“中国国家地理”频道，用户点击看一次8块钱，包月15块钱。

《时·光》摄制创作于2007年8月，位于北京新地标之一——世贸天阶的梦幻天幕长250米，宽30米，总面积7500平方米，是全世界最先进的LED屏幕。为其量身定制的影片《时·光》每天限时播放，众多中外游客慕名前往，百看不厌。

习惯了大制作、大机器的影视公司，把视角投放到手机小屏幕上：也许这是个实现“初心”的机会？我们不能成为大荧屏上的“中国国家地理电视台”，但可以尝试在手机电视上做个地理类的小品。考虑到手机用户不会花太多时间看视频，在移动梦网频道上，我们主要以3~5分钟短小精悍的小视频为主，内容涉及自然风光、科学传奇、历史故事、传统文化和民族风情等类别。

虽然抢到了风口，但手机电视的用户太少，直到2010年，影视公司在移动梦网上的手机视频业务才开始盈利。从那时起梦网业务连续10年每个月都给影视公司带来一笔流水，最高时月收入将近400万。现在，“手机电视”已经过气了，月收入维持在50万元上下。

影视公司的第三个业务板块，是始于2007年的电视剧投资。进入这个圈子后，影视公司投了不少电视剧，从《天字一号》（2007）、《幽灵计划》

（2008）、《家常菜》（2010）、《给你生命给我爱》（2011）到近期的《热血军旗》（2017），大多数是反特悬疑、军旅题材和情感剧等类型。在电视剧上挣了些钱后，还参与过几部电影的拍摄。如此的商业操作和影视公司成立时想成为中国的Discovery相比，已经改头换面，变得特别接地气。孙钢的说法是，要实现理想，前提得先活下来。他头脑精明，没出几年就在电视剧江湖中摸清了门道，在2007年到2016年时的电视剧黄金时期，为公司赚了不少钱。

影视这个行业门槛高，不仅要有资本、有市场、有手艺，还要有人带着混圈子，四者缺一不可。孙钢做过一个粗略统计，在2010年前，以纪录片为生的民营影视公司基本上都死光了。市场需求小，但有情怀者众，因此竞争异常激烈。我们能活下来，在于及时止损，积极转向。

关于公司的发展，理论家和成功者说起来总是头头是道，但在真实的商海实战中，计划常常赶不上变化，如果不考虑市场和客户，商业项目很难获得真正的成功。在坎坷中努力前行的影视公司，也引发了一些争议：当初创业是为了做一家有科学传媒气质的影视公司，但在面对生存挑战时，我们则向“非科学传媒”的市场需求进行转向。那么，中国国家地理影视公司的代表作到底是什么呢？是《全景中国》《朱棣肇建紫禁城》还是电视剧《天字一号》呢？在短视频业务上，公司也提出过将重心从移动梦网的“手机电视”移到时下大热的短视频网站和App上的计划，比如B站、抖音、快手和腾讯微视之类的。这个想法，也在内部引发了许多争议。

在理想和现实间，真正的跨越或许仍隔着重重艰险，但我们相信，它就像埋在心底的种子，只要有机会，它一定会继续生发、不断向上生长。

回归本色：打造VR大片《本色中国》

影视公司成立的时候，就设立了“虚拟现实部”，打算在地理的新视听方面开疆拓土。2016年，机会来了。这一年，虚拟现实VR这个名词不断见诸各种媒体，相关行业峰会、论坛、投资的消息不绝于耳，虚拟现实从实验室和科技馆走进了我们的现实生活。如何利用VR技术，实现影视公司的再一次涅槃？

影视公司想到，可以拍摄一部VR影视版的《本色中国》，打造最具代表性的中国“景观名片”。如果中国国家地理能用最先进的VR影像技术，向世界呈现一个最真实、最自然、最质朴的中国本色故事，那么，这个项目将成为全世界第一部VR国家形象纪录片。而我们的目标观众，全世界对中国地理与人文感兴趣的人，就可以在足不出户的情况下通过VR技术提供的身临其境般的沉浸式体验，感受中国的天地山川和风土人情。于是，影视公司在2016年将拍摄计划上报中宣部，中宣部认为这个项目极富创意，以年度重点外宣项目立项。

我们联合了微鲸VR，这是国内最顶级的VR内容制作公司，还有乐蜗科技、东方梦幻，投入了4500万元、50多号人，历时14个月，跨越5个自然带、垂直落差超过5000米的山水、34个省级行政区，行程超过10万公里，完成了素材摄制。《本色中国》总导演为著名纪录片导演王冲霄，使用了全球最顶尖、拥有24个摄影头的VR拍摄设备Jaunt ONE，以500秒的8K超高清画面向世界展示了中国50个最奇绝的景观，斩获诸多大奖。

这个中国最大规模的VR影视拍摄项目，让我们重新体验了创业时期拍摄《全景中国》的心气与滋味，豪情壮志与忧心失望交织往复，这才是奋斗的真实味道。

《本色中国》在2017年5月开拍，首集短片在2018年7月完成，涉及自然景观、人文景观和现代景观三大类，按照现时最高标准拍摄。片子素材的分辨率达到超级高清12K，成片为8K，受限于VR眼镜的分辨率——目前市面上销售的最高分辨率眼镜为双目3K（单目1.5K），观众看到的《本色中国》并非真正的本色，等到VR眼镜技术提高到8K时，观众就能感受到真8K的极致体验了。什么是8K？拿目前大众看到的影片来说，一般意义上的蓝光高清分辨率是（1920×1080），而8K的分辨率为（7680×4320），总像素为蓝光高清的16倍！

除了拥有超高清像素，《本色中国》还采用了120帧/秒的拍摄技术。这是什么概念呢？一般我们看到的电影都是24帧/秒，这已能给观众带来高品质的体验。李安2019年10月的新作《双子杀手》达到了120帧，被视为电影行业的探索和先驱作品。120帧/秒的确能给观众带来颠覆式的体验，但也给我们摄制团队带来了空前的压力：不仅项目跨越的地区多、规模大，拍摄对象多，素材海量，后期制作的难度更是难以想象。

作为项目总负责人的孙钢，在拍摄《本色中国》的一年多时间里，白天吃饭不香，晚上睡觉也不踏实。这样一个高难度的片子，到底能不能拍出来？拍出来后能不能实现球形的无缝拼接？拼接后匹配的眼镜能不能播放出来？可以说，团

VR《本色中国》在2018年12月荣获第三届中国VR/AR/MR创作大赛金铎奖一等奖和最佳导演奖。

队是把商业项目完全当课题来研发时，在当先驱的同时，也做好了当“先烈”的心理准备。

摄制团队使用的VR摄像机Jaunt ONE，全球仅有25台，中国有3台，售价9.5万美元。我们影视公司没有使用这个机器的经验，因此要在实地拍摄中与合作方一起摸索。Jaunt ONE有24个镜头，上下左右，自动拍摄、自动成像，每个镜头都需要一张存储卡，拍摄所得素材量相比传统视频是几十倍的增长。面对Jaunt ONE带来的海量素材，拍摄制作团队不得不采取“边拍摄、边后期”的方式。否则最后内容制作的压力会大到难以承受。一边拍摄、一边剪辑制作，还可以不断反馈，用后期制作来指导前期的拍摄，这样团队可以齐头并进，在运行中不断优化。

Jaunt ONE带来的另一个挑战是，和传统VR摄像机不一样，它是360度全角拍摄的。以往拍摄导演都是站在摄影机后面指挥，然而，使用Jaunt ONE进行拍摄时导演和现场的人员得全部隐蔽起来。为了解决这个问题，我们加工制造了履带车，让Jaunt ONE自己动起来。后来，摄制组在上海南京路上拍摄时，路人没把会动的它当成摄像机，甚至都没注意到它的存在，所有的人包括导演和摄影师，终于不需使用荒野拍摄时的“隐身术”了，都变成了Jaunt ONE的拍摄对象和观众。

《本色中国》VR被中宣部立为年度重点外宣项目。图为2019年6月此项目在青岛国际虚拟现实创新大会上的宣传图。

《本色中国》VR摄影导演宿斌，讲过他在拍摄过程中最为难忘的两个故事。一次是在可可西里拍摄藏羚羊，那个地方是氧气稀薄的无人区，身体很难适应。起初大家决定要藐视困难，坚持不吸氧。到了晚上，团队住在临时板房里，窗外狂风呼啸，室内寒气逼人，大家被高原折磨得几近崩溃，不得不打开氧气瓶吸氧。另一次是在路上遭遇了凶猛的藏獒，大家抱着设备一路狂奔，那天他的微信运动显示走了5万多步，朋友们问他出了啥事，他的回答是："被藏獒追的。"

在克服实景VR、水下拍摄、航拍、CG技术（Computer Graphics）、低温拍摄等困难之余，影视公司还要让制作团队跟着前期策划走，为观众带来一场真正的视听盛宴。为此，无论是景观的全景展示还是微观细节特写，制作团队通过拍摄和剪辑手法，呈现出恰到好处的360度画面。在音效方面则采用了全景声技术，让观众不仅感受到视觉冲击，在声音上也能感受到全景音效。画面、声音与技术的完美融合，《本色中国》以最前沿的方式，向全世界展示了中国的天地大美与独特的人文气韵。

用VR技术来拍摄中国景色，其实是有历史渊源的。影视公司在2005年就成立了"虚拟现实部"，开始主要为故宫服务。故宫博物院很早就从日本引入了虚拟现实馆，里边不少VR影视内容都由我们制作。当时，我们就萌生了使用VR技术来拍摄中国景观的想法。除了为故宫工作，"虚拟现实部"还为房地产企业

2017年7月,《本色中国》VR摄制组在武汉高铁动车组勘景。

2017年11月,《本色中国》VR摄制组在故宫拍摄修补文物的场景。

2017年8月,《本色中国》VR摄制组在内蒙古呼伦贝尔草原拍摄。

定制“样板间”。上下左右360度的虚拟精装样板间，就算房屋还没有盖好，客户也能感受到房屋的“真实”效果。后来，这项业务还服务过扩建中的黄河博物馆，一来方便博物馆就工程进度向水利部汇报工作，二来方便公众在博物馆网站上以虚拟方式游览“在线博物馆”。

做任何事情都得有等待的智慧。商业上有太多意外的惊喜，看似必然的东西中全是偶然，可偶然中又有必然，这也是商业实践的魅力。

考虑到VR区别于传统影视的三个特质——身临其境、沉浸与互动，在VR技术的应用上，我们的未来计划是宏大的。在纪录片的拍摄上，我们可以服务历史考古类和文化旅游类项目，观众们足不出户，就能身临其境般地去看故宫、秦始皇陵兵马俑、敦煌石窟、龙门石窟和大草原。就算是良渚古国，也可以采用VR技术制作一部虚拟纪录片：谁说纪录片不可以用VR来想象呢？此外，我们的业务还能延伸至教育和医疗方面。

面对精彩的未来，年过花甲的孙钢仍有着少年般的热情、激情与雄心：“如果有这样的VR订单，不管是国家、城市还是企业的需求，我们都可以随时开始。”

新起点：《科学的力量》

2019年，我们再度推出一个自主选题纪录片《科学的力量》，这是新中国成立70周年暨中国科学院成立70周年的献礼作品。全片一共8集，讲述建国以来那些鲜为人知的科学进展和科学家团队的故事，让观众多方面领略科学对国家、社会和经济的巨大影响力和推动力，并展示了中国科学家的人格魅力和对事业的全情投入。这个耗时一年摄制的大型纪录片，入选国家广电总局重点纪录片选题和扶持项目，在中央电视台播出后，不少观众深受感动。

这个片子，从“无用之用”“创新的刃”“知本时代”“未来将至”四个角度，一方面向公众展示了科学技术成果的转化全过程，另一方面给予了中国科学家一个特写：他们是一个特殊的群体，却也是一个个真实鲜活的个体，他们有个性、有胆识、有魄力、有韧性，既可以数十年如一日地在科研岗位上辛勤工作，也可以成为敢闯敢干的创业者。

虽然《中国国家地理》杂志社背靠中科院，平日里和科学家打交道比较多，但是要将不同领域科学家所做的工作以通俗易懂、趣味横生的方式来拍摄，还是

献礼七十周年，全景式呈现“科学的力量”

什么是科学？对于不同的人来说，或许有着各自不同的解释。科学究竟能为这个世界带来怎样的改变？那些关于世界与生命的奥秘，科学能带给我们最终答案吗？

这些问题，在大型纪录片《科学的力量》中，能找到答案。该片由中央广播电视总台与中国科学院联合出品，《中国国家地理》影视中心承制，预计今年10月在央视纪录频道播出。是国家广电总局重点纪录片创意选题和扶持项目，也是庆祝新中国成立70周年暨中国科学院成立70周年的献礼作品。

全片共八集，以新中国成立七十年来，特别是党的十八大以来的重大科技成果为主要内容，以弘扬科学精神和科学力量为宗旨，讲述中国科学和科学家们的故事。分别从“无用之用”“创新的刃”“知本时代”“未来将至”四大角度，探讨了从科学技术到成果转化的全过程，以及面向未来的科学畅想。

着力“三个面向”，多维度探究科学命题

自近代科学诞生以来，科学技术成为人类社会最重要的推动力之一，深刻改变着人们认识和改造世界的能力。

一年多的创作过程中，从最初的几百个案例，浓缩到最后30多个案例，力求展现最精华的内容。在筛选过程中注重前瞻性、代表性、趣味性、故事性，以及思想性五大特点。全片贯穿始终的是中国科技创新的主攻方向——面向世界科技前沿、面向经济主战场、面向国家重大需求。

以人物立群像，展现别样的科学家群体

该片巧妙地将真实、具体、鲜活的科学家群体形象融入其中，给观众带来了一场有关科技工作者的精彩叙事。

片中展现了一个特殊群体——科学家，他们不是一个或几个简单的词组可以概括完全。他们一样可以有个性；可以有胆识和魄力；可以是敢闯敢干的创业者；也可以是为了心中的目标，乐观、自信，数十年如一日默默付出。

很显然，片中充满“爱国、创新、求实、奉献、协同、育人”精神的科学家群体，正是实现中华民族伟大复兴征程中所需要的。

科学的力量

THE POWER OF SCIENCE

风格化架构，科学与人文碰撞交响

在多故事框架中，就相关主题融入了一些“高端访谈”或重要成就展示，作为故事间的隔断或开篇、结尾，展示更多领域科学家风采的同时，也形成了鲜明的风格化标识。

每谈到某一话题，该片便会描述与该话题相关的历史背景，这种“回环往复”式的咏叹调样式，充满了一种历史的哲思与美感，让观众跟随镜头一起去探求眼中的世界和梦寐以求的未来。

科技发展日新月异，新产业新业态新模式层出不穷，《科学的力量》应运而生，成为了时代的注解。它为同类型纪录片的创作提供了一种有益的经验。

中国国家地理

《科学的力量》纪录片获得了2019年第四季度优秀纪录片奖、2019年度国产纪录片导演奖。图为《中国国家地理》杂志2019年10月特辑中为此而刊登的相关报道。

纪录片《科学的力量》的题材、故事和人物都很有特点：有许多中科院认定的有重大发现、重大成果和有突出贡献的科学家，众多科研主题诸如“纳米”“重离子”“量子反常”“散列中子源”和“体细胞”之类都非常专业、艰深，不容易展示和表现。

很有挑战的。纪录片《科学的力量》的题材、故事和人物都很有特点：有许多中科院认定的有重大发现、重大成果和有突出贡献的科学家，众多科研主题诸如“纳米”“重离子”“量子反常”“散列中子源”和“体细胞”之类都非常专业、艰深，不容易展示和表现。再者，纪录片中的主要人物都是科学家，很多学者面对镜头时很不适应，摄制组还得想办法调节、调动他们的情绪，让受访者能以良好的状态来生动地讲述他们的科学故事。

影片拍摄和制作结束后，影视公司一帧一帧地审片、校对字幕和推敲细节，

中国科学院院长白春礼在接受高端访谈后，与剧组主创人员合影。

像“创新的刃”，我们就为用“的”还是“之”以及用“剑”还是“刃”争论了很久。在《科学的力量》开播之前，我们的总导演又去央视和电视台编审一起从头到尾抠了一遍细节。对于我们这种小型影视公司来说，立身之本就是创意和品质，必须精益求精。

《科学的力量》《本色中国》等纪录片以及付费观看的“中国国家地理”视频，这些是我们的产品。和三刊一样，中国国家地理影视公司在本质上是一个内容输出中心，一个有价值的媒体而非广告公关公司。目前，影视公司的主营业务为加工定制，这种定制虽能带来收入，但其多为命题作文，对于眼下的生存虽然很重要，但在未来，它将退居其次，让位于我们的自主选题业务。还是那句老话：只有真正到了商业链条上才能检验产品的价值，而衡量媒体价值的唯一标准就是读者、观众或者用户是否愿意为内容产品付费。在这一点上，影视产品和杂志是共通的。

南迦巴瓦峰地处横断山脉、喜马拉雅山脉和念青唐古拉山脉的交会处。由西北奔流至此的雅鲁藏布江只好拐了个大弯，由此，这里形成了世界上最深的峡谷——雅鲁藏布大峡谷。南迦巴瓦峰向北凸出的山体形态，犹如公牛的“犄角”，形象地呈现出印度板块向亚洲大陆强烈插入的态势。摄影 / 谢罡

RAPHAEL

第9章

全景图书公司：以深度阅读，做时间的朋友

2004年3月的一天，我在中关村南一条的临时办公室，见到了跟杂志社有印刷合作的印务公司负责人陈沂欢。这位30岁年纪的小哥讲着一口京片子，是典型的北京大院子弟，说话一板一眼，还带来了一份策划书。策划书建议中国国家地理进入出版行业、拥有自己的图书公司。如果我们愿意做，他愿意投资，跟我们合作。

我翻着策划书，坐我对面的陈沂欢则快速地向我解说着他的想法。自从2002年1月推出新疆专辑后，《中国国家地理》越做越强，和《三联生活周刊》并列为当时中国期刊市场上最强的两本杂志，然而杂志的内容却没有通过图书这样的产品去延展，许多沉淀的题材被其他市场机构挪用。而且，当时国内的图书市场正在快速升温。尽管受到“非典”的影响，2003年中国图书零售市场销售额还是达到了270亿元，处于前所未有的辉煌时期。我们之前也尝试过图书出版，零零星星做过一些书，也算试过水。从心里来说，我们对做图书还是很有兴趣的，但那时我觉得眼前的这位小伙子还没有真正下定决心，投入到新事业当中。换句

话说，商业计划虽好，但执行人还不够成熟。

那时陈沂欢做着两件事：一个是编写多媒体软件，另一个是做设计和印刷。其印刷客户包括了国内许多大出版社，他一个人的年度销售额就能做到1个亿。如果他把中国国家地理图书公司当作第三个事业来做，那么再好的商业策划都难以成功，因为他不会全力以赴。

时机不对，我拒绝了这项建议。我对他说：“做图书公司投入很大，风险也高，你不一定能驾驭。如果做不好，你损失的是钱，而我们受损的是品牌，这可不是钱换得回来的。”

那是2009年10月的一个大雨天，刚参加完法兰克福书展的陈沂欢拖着箱子，一身是泥地来找我，拿出几本“自然百科”和“野生动物”系列的图书说：“将来，图书公司就要做这样原创的、中国自己的自然百科全书系列！”

也许是好事多磨，而这一磨就是5年。2008年4月，在多次被拒绝后，陈沂欢又一次来找我，这次他决心更大了。他的父母都是地理学家，也许是受到了家教的影响，也许是越挫越勇，但无论哪一样，放弃现有企业丰厚的报酬、变卖家业，不留后路的做法，至今都让我记忆犹新，也打动了当时的我和杂志社的管理团队。很快，他就与杂志社达成了合作意向，开始了为期一年的筹备。

筹备图书公司的日子里，有件事我记得非常清楚，那是2009年10月的一个大雨天，刚参加完法兰克福书展的陈沂欢拖着箱子，一身是泥地来找我，拿出几本“自然百科”和“野生动物”系列的图书说：“将来，图书公司就要做这样原创的、中国自己的自然百科全书系列！”一个月之后，筹备了一年半的北京全景地理书业有限公司正式成立了。

作为一个阅读爱好者，我对图书公司抱以极大的期待。我相信，优质的图书一定会有市场。我常常以自己最喜欢的小说，美国作家安·兰德的《源泉》举例，这本书1943年出版，再版无数，至今仍然风行于世，激励了成千上万的人为理想而奋斗。阅读的快感是无法替代的，打个比方，尽管现在科技已进步到每天靠吃药丸就可以得到人体所需的全部营养，但我们仍旧更愿意坐在餐桌上，通过吃美食来获取营养。阅读也一样，你虽然可以通过上网，以及音频、视频等形式来获取知识，但通过阅读高品质书籍来获取知识，就跟品尝美食一样，是一种难以割舍的巨大享受。

不过，在图书公司这件事上，很多人也曾质疑，为什么我们没有在图书市场快速上升的时期进入这个行业，却在2008年纸媒开始呈断崖式下跌的时候决定开张？这听起来颇像是一个贻误商机的故事。

的确，我们筹备图书公司时的大环境可谓内忧外患：国内图书市场连续几年徘徊在400亿元以下的规模，是增长最慢的行业之一；移动互联网及新媒体对传统出版业带来了巨大的挑战，即便是中信出版社这样公认的业内翘楚，也将许多单品首印量调低到了1万多册；加上2008年全球经济危机的爆发，市场更为疲软。这些不利的外部条件，在我们看来却恰恰是企业和产品的试金石。那些不好好做产品，只想在市场上捞一笔的公司，会在残酷的市场环境中被淘汰；活下来的，一定是生命力顽强、不可替代的企业和产品。挺过金融危机，专注于打造优质内容的《中国国家地理》，市场成绩令人骄傲，月发行量从2007年的30多万册升至50多万册。天时难测，地利与人和，反而在关键时刻能成为企业的续命稻草。

和影视公司一样，图书公司的开局也很艰难。首先，图书公司负责人陈沂欢虽然在出版行业有不少资源，但对图书出版没有实操经验。他本科专业学的是计算机，后来又一直在做软件和印刷生意，虽然在商业运作上有天分，但在图书产品的选题创意和把关方面并无特长。第二，我们所涉及的图书品类，属于出版业的小品类，主要与自然、地理、摄影和旅行有关，不属于大众市场。第三，公司团队尚需时间来磨合与锤炼。不过，万事开头难，我们既然能花5年时间酝酿这项事业的启动，自然也有培育新业务的耐心。

从“半市场化”走向市场化经营

图书公司出版的第一本书，名为《百年追寻》。2008年我们决定做图书公司后，就开始策划这本书，在2009年正式推出。这本书的作者是印开蒲先生，中科院成都生物研究所研究员，由《中国国家地理》编辑部的同事引荐给图书公司。根据英国植物学家欧内斯特·亨利·威尔逊（Ernest Henry Wilson）于20世

2012年，图书公司在英国伦敦丽晶公园举办“百年追寻”主题图片展活动。

纪初留下的老照片，印先生耗时7年寻找到原来的拍摄地点，再以同样的视角进行拍摄，然后通过影像对比研究，以此揭示中国西部百年的环境变迁。正在为著作寻找出版社的印先生，和新成立的图书公司一拍即合，很快敲定了出版方案和思路：让科学走出象牙塔，将原本晦涩难懂的专著变成大众看得懂、能读出乐趣的书，向市场要效益。

那时，图书公司仅有6名员工，小小的编辑团队对原稿动了个大手术，不仅在原书基础上补充了大量图片、绘制了专题地图，将全书主体结构由之前的时间顺序改为按地理区域顺序展示，还从哈佛大学买回百年前威尔逊拍摄的老照片……一系列工作为这本书赋予了《中国国家地理》的鲜明风格。由于图书公司不属于出版社，没有书号申请资格，根据这本书的特点，我们选择与中国大百科全书出版社合作出版。2010年《百年追寻》出版后，好评如潮，超过百家媒体报道这本书的“百年发现”，四川省旅游局专门规划了“威尔逊之路”的旅游项目。这本书在一年内就销售一空，收到了出乎意料的市场效果。

按照这样的思路，图书公司又陆续出版了《中国牡丹》《中国贸易龟类检索图鉴》等一批内容形式俱佳、专业人士和业余爱好者都喜欢的学术专著，在科学出版领域初露锋芒。

图书公司成立的前两年，在中国国家地理的名号下，出版了一系列科学著作，虽说专业水准非常高，经过包装后也有不错的市场销量，可实际上，这些科学家们是带着出版资助来出这些书的——既提供内容又提供了一部分出版经费，直白地说，这种模式屏蔽了图书公司的市场风险，把所有的市场收益都变成了图书公司的利润。这种“半市场化”的经营模式，随着引自国外的版权书和独家策划的旅行随笔类书籍的到来，被改写了。2009年图书公司意识到了这个问题，开始筹备布局。图书公司真正的改变，发生在2010年到2012年间：从半市场化的状态走向了市场化运营，这是一个大的转折点。

因为没有自己的作者体系和产品线，也不了解国内大众科学类的图书市场，成立初期的图书公司的开局策略，是通过购买版权来打开国内的市场。从2009年起，图书公司策划出版了以《全球最美的自然景观》为代表的系列版权书。最早引进了意大利白星公司（White Star Publisher）的版权。白星的书籍以图片精美而享誉全球版权界，其中“美丽的地球”系列产品非常适合我们这家有着“地理味”的图书公司。作为一家新公司，我们很难获得国外出版社的信任，几经周

2010年《百年追寻》出版后，好评如潮，超过百家媒体报道这本书的“百年发现”，四川省旅游局专门规划了“威尔逊之路”的旅游项目。

折才终于获得版权授权。可问题也随之而来：如何打开销路？白星的图书虽已进入中国，但在市场上的表现一直不好，曾经也有两大出版社出版过，结果上市好几年，累计销量都没有达到5000册。

经过反复的市场调研，我们发现，英文原版书不仅价格昂贵动辄上百元，而且过于强调观赏性，图多字少缺乏可读性，不适合中国市场。然而，我们提出的解决方案——减小开本、增加页码、提高首印数、降低定价，却遭到了白星的拒绝，理由是全球几十家合作伙伴没有一家提出过这样的要求。最后，在反复沟通后，白星勉强同意试试。可实操起来才发现，翻译和编辑加工难度远超预期，最后，竟创纪录地出了15次校稿后，产品才得以出版。幸运的是，上市后这本书的市场认可度也远超预期，定价68元的13000册精装版在两个月内销售一空，一年内连续加印二次。至今，“美丽的地球”系列依然是图书公司的畅销产品。

随着产品陆续上市和团队信心的建立，图书公司的思路也逐渐打开了。原先认为与中国国家地理严谨的科学传媒形象不那么匹配的选题和作者，如旅行随笔类，也进入图书公司的视野。足迹遍及全球的旅行者的随笔集、自由摄影师情侣在路上的爱情故事、80后畅销书美女作家与摄影大师的跨界合作……一个个新

图书公司主编的《美丽中国》国家形象画册是2014年国家官方外宣产品。2015年5月27日，在纽约联合国大厦举办的“美丽中国”图片展开幕式上，该书总策划陶骅向联合国助理秘书长赠送了《美丽中国》英文版
摄影 / 陈红军

选题出现在了图书公司编辑部的构想中。

按照《孤独星球》（*Lonely Planet*）提出的“旅行五步曲”——梦想（dreaming）、计划（planning）、预订（booking）、体验（experiencing）和分享（sharing）来分析旅游类书刊市场，图书公司初期打造的“美丽的地球”系列主要是给读者编造梦想，提供出行的理由。《孤独星球》解决的是中间的三个环节，计划（planning）、预订（booking）和体验（experiencing）。至于旅行的分享方面，我们发现，虽然当时中国旅游市场出现爆发式增长，跟团游、出境游和自由行暴增，但中国图书市场上讲述普通人旅行观感的书籍却很少。一方面，旅行者有无处安放的强烈分享欲望；另一方面，则是大众市场对旅行经历和感受日益增长的兴趣。

我们从2011年起陆续编发了《最好的时光在路上》《我们始终牵手旅行》《再见故宫》等原创旅行随笔、文化类书籍，上市即成为畅销书。这些书将旅游类图书的链条完整化了，读者不仅可以通过阅读来认识一个个客观存在的目的地——一座雪山或一个国家公园，也可以品读旅行者的旅途感悟和主观体验。旅行、景观和分享连成了一体。

图书公司这一系列的旅行笔记，不仅单本销售过了10万册，而且将公司的书籍销售周期急速缩短，从2年、1年缩至4个月。凭借这些战绩，我们的旅游类图书，在2011～2013年连续三年高居行业榜首，在细分领域成为和中信出版社一争高下的图书公司。不过，2014年之后，旅行成为国人日常生活中的一部分，人们更倾向于在移动社交媒体上来分享旅行感悟和心得，旅行随笔类图书市场逐渐萎缩，现在已几近消亡。

虽说旅行随笔类产品的生命期短促，甚至可用“昙花一现”来形容，但是抓住了旅行热的图书公司，策划能力和市场敏感度大大提升，年度销售额从创业初期的一两百万元，提升至2011年的一千多万元。靠着选品能力、签约作者和购买的知识产权，新生的图书公司走向了市场化经营，进入了新的发展阶段。

2011年出版的《最好的时光在路上》是旅行类超级畅销书，这个产品的成功推动了图书公司“旅行随笔”产品线的发展。摄影／郭子鹰

打造核心产品 搭建内容体系

2011年，在图书公司还很脆弱，仅有十几个员工、一千万元的销售额的时候，陈沂欢就跟我说，旅游随笔类书籍带来了很好的利润，让我们在出版行业站住了脚，但还是要花重金和时间打造真正的核心产品——自然类的百科全书，这样才会产生持久的价值。他最初的理想，是将图书公司做成中国的DK（Dorling Kindersley），做一家有原创能力、面向各个年龄阶层、做知识类的图书公司。于是刚刚在市场上站稳脚跟的图书公司，开始挺进科学类的核心图书领域。

这本大部头的书从策划到出版用了六年，耗费了数百万元资金，是图书公司推出的第一个百科全书系列产品。对于一个刚成立的小型图书公司来说，若不是立志扎根于科学传播的出版行业，是不可能静下心来打造这种长线产品的。

早在2009年，在法兰克福书展上，看到英国图书公司DK和美国图书公司威尔顿·欧文（Weldon Owen）出版的自然百科全书和野生动物百科后，图书公司就想做中国的百科全书系列。酝酿了两年后，我们决定尝试做一部梳理中国的地质地貌、气象、气候、生态环境、野生生物和自然资源的百科全书，这个出版计划在2014年获得了国家出版基金的资助。为了将这部书打造成国民的自然读本，我们邀请了中科院院士、自然地理学家郑度先生担任主编。经过四年多时间的编撰，中国第一部原创自然百科全书，集100万字、1000幅照片、500幅地图和100幅手绘图的《多彩中国——中国自然百科全书》问世了。原以为这种较为专业且定价高昂的图书（定价600元）客户主要为图书馆和资料室，没想到却受到许多热爱自然的普通读者的追捧，在2015年上市后很快就销售一空。这本大部头的书从策划到出版用了六年，耗费了数百万元资金，是图书公司推出的第一个百科全书系列产品。对于一个刚成立的小型图书公司来说，若不是立志扎根于科学传播的出版行业，是不可能静下心来打造这种长线产品的。

2010年开始策划的“中国野生鸟类”系列，是图书公司早期规划的另一核心产品。在聘请国内顶级鸟类学专家郑光美院士担纲总主编的同时，为了保证这套图书的高质量和独特性，图书公司专门建立了一个由20多人组成的科学手绘团队，成员包括当时中国唯一获得过国际科学手绘大奖（BBC科学手绘银奖）的翁哲在内的诸多艺术家。和《多彩中国——中国自然百科全书》一样，“中国野生鸟类”系列获得了2015年国家出版基金立项资助。之后，图书公司自己又投入了500多万元，在2018年推出了这个系列的前两本:《中国海洋与湿地鸟类》和《中国青藏高原鸟类》。定价800元、历时8年完成的“中国野生鸟类”系列图书，在2018年“双十一”和“双十二”两天就卖了1000多本，再次证明好产品一定会有好市场。

> 2019年年末，图书公司推出了“中国野生鸟类”系列的第三本《中国森林鸟类》，“林子大了，什么鸟都有”，是这本书在社交媒体上的推广语，销量再度超过预期。

2019年年末，图书公司推出了“中国野生鸟类”系列的第三本《中国森林鸟类》，“林子大了，什么鸟都有”，是这本书在社交媒体上的推广语，销量再度超过预期。更令团队自豪的是理查德·泰勒——五项奥斯卡金像奖得主、《指环王》系列电影的特效师，作为我们的读者，也非常认可“中国野生鸟类”这个系列，还特意邀请编辑和科学手绘师在他的图书上留下亲笔签名。

这是中国第一套鸟类百科全书，也是有史以来，中国野生鸟类研究领域里学术水平最高、专业度最高的书。中国人第一次把中国的1400多种野生鸟类用科学手绘的方式呈现了出来。此前，全世界来中国的观鸟者必购的是英国鸟类学家约翰·马敬能和卡伦·菲利普斯合著的《中国鸟类野外手册》（*A Field Guide to the Birds of China*）。这本图鉴的英文原版于2000年由牛津大学出版社出版，当年引进中国，至今已经流行了20年，被爱好者誉为“观鸟圣经”。我们的“中国野生鸟类”系列根据最新的鸟类研究进展和观测技术更新了鸟类知识库，比《中国鸟类野外手册》涵盖的1300多种鸟多出了100余种，图片更加精美，而且

2019年11月，奥斯卡金像奖获得者理查德·泰勒及其团队访问图书公司，就《祖先超厉害》和《植物超厉害》系列图书策划与创作团队进行深入探讨。摄影 / 贾亦真

我们还增加了鸟类飞翔、站立等各种姿态的图片。比如，朱鹮这种很美的鸟，通常我们看到的图片多为它站立的姿态，它飞行时的样子却少为人知。由此，这套书在国内和国际图书市场上，都是兼具科学、实用与审美的稀缺产品。

考虑到国内观鸟者的需求，2020年图书公司打算在出版“中国野生鸟类”系列最后一本《中国草原与荒漠鸟类》之后，再推出《中国鸟类观察手册》便携本，既有最新、最科学权威的观鸟信息，也易于观鸟者随身携带。可以说，“中国野生鸟类”系列凝练了近20年来中国人在鸟类研究、观测和摄影方面取得的进展，而这本为中国观鸟者打造的新一代“观鸟手册”，则像是一个郑重而精致的休止符。

这些核心产品虽然耗时长、资金回笼慢，但因其科学性、权威性、艺术性和独特性，成了图书公司的核心产品。这类产品的生命周期将会非常长，在未来十年内都难以被超越。图书公司凭借对大自然的热爱、超前的策划以及不懈的努力，在科学出版领域占有了属于自己的一席之地。

2013年启动，2019年完成出版的“中国野生鸟类”系列是图书公司策划研发的体量最大、耗时最长的专业自然科学专著。摄影／贾亦真

核心系列产品代表着图书公司的品牌形象和核心竞争力，只有持续不断地投入和强化，才有可能形成结构化的内容体系。一旦建立起了这种体系，我们在科学出版行业和读者中的影响力才会不断提升，品牌效应就会凸现。

亏损：任何尝试和创新都要付出代价

在图书公司的发展过程中，也并不都是高歌猛进，顺风顺水。2014年，图书

“中国野生鸟类”系列图书在创作过程中集结了国内外一批优秀的科学手绘师，第一次完成了1400多种中国野生鸟类的绘制，并制作了精美的“中国野生鸟类”衍生海报。摄影／贾亦真

公司就出现了历史上的第一次亏损。

从2014年起，旅行随笔类图书的热度开始降低，在百科全书系列和“中国野生鸟类”系列等头部产品尚未进入市场的情况下，图书公司没有可以盈利的新品。2014年，已连续盈利了三年的图书公司出现了首次亏损。

压力迫使图书公司进行产品线的调整，2015年8月，一条推文《你们小时候背过声律启蒙吗？简直美炸了啊》突然爆红，一天之内有几十万的阅读量。这让图书公司编辑部看到了“艺术＋文化”的新市场，也许，我们除了科学类和旅行类图书，也可以向文化艺术类延伸。

之后，一系列中国古典文学经典与现代国画大家的绘画作品相结合的图书应运而生，这就是2016年开始出版的“诗画系列”。《声律启蒙》搭配吴冠中的画，《宋诗选》搭配傅抱石的画，《诗经选》搭配张大千的画，《山水田园诗》搭配齐白石的画，《楚辞》搭配黄永玉的画。甄选的图画与诗文相互呼应，诗中有画，画中有诗，这种将跨越时空的艺术作品——“古代的诗”和“现代的画”结合在一起的新颖形式受到了广泛称赞，获得了巨大的市场成功，也得到了北京市文创系统的表彰奖励，由此，文化艺术类图书也成为图书公司的主打产品线之一。

调整产品线后，图书公司复归盈利。2017年，图书公司开始尝试知识产权运营。当时，刚兴起不久的知识产权IP概念非常热，《博物》杂志内部裂变出“博

图书公司编辑部看到了“艺术+文化”的新市场，也许，我们除了科学类和旅行类图书，也可以向文化艺术类延伸。

物运营”团队，从2016年起开始做品牌运营和IP孵化，一时风生水起。受到启发，图书公司团队认为要尝试给读者提供多种的知识产权服务，比如图书的内容可以先做成音频和视频，利用新媒体来解决用户的触达和交互问题，同时开发线上或是线下的课程来解决知识的付费问题。设想中，经过前两个环节，即新媒体互动和线上课程跟用户实现有效交互后，最后才将最优质的内容封装成纸质产品。在这个思路里，位于生产线最前端的“书”后移，成了大后端。

图书公司把“诗画系列”转化成了音频产品，投放到喜马拉雅FM和豆瓣时间等移动应用软件上。《楚辞选》《诗经》等内容由著名配音演员叶清、民谣歌手程璧出任诵读，其中程璧诵读的《诗经》收听量达到了一百多万次。受到“得到”App的启发，图书公司2017年还推出了一款线上的知识付费型产品，联合微博网红“博物君”张辰亮定制了一套趣味课程放到了豆瓣时间上，卖了几千份。不过，从商业运营和收益来说，这类授课型产品模式虽对但效果却一般。

2016年9月出版的《声律启蒙：吴冠中插图珍藏版》将中国传统文化中最美的古诗文与现代绘画大师的画作结合，后续形成了“诗画系列”文化+艺术的风格，创下了近百万册的销量。摄影／贾亦真

问题出在哪里呢?

其实，能将知识产权以线上线下方式同时成功交付的企业寥寥无几，罗振宇创办的“得到”是这个领域的佼佼者，知乎的直播课程也不错，他们背后有着强大的团队，而图书公司势单力薄，持续开发能力弱，就这样，知识产权服务的一系列创新尝试终止了，图书公司又回到做书、卖书的老行当里了。

专注“卖书”：聚焦科学、艺术和人文地理

经营图书公司的十年，让陈沂欢意识到做图书并不像当初设想的那样简单，角色也从开始时较纯粹的“从读者出发的产品经理”成为能在商业大潮中冲浪的“图书商人”。2008年4月，三十岁出头的他来找我，说想要做一家受人尊敬的图书公司，这是他的初心。2018年他已步入不惑之年，明白这种初心对于一家公

司来说未必完全正确：强调“受人尊敬”的背后，实际上是把自我感受摆在第一位，在经营企业的时候难免会以“自我”为主去考虑事情。

他对传统出版业的现状也有危机感，却坚信“从更远的维度来看，书在我的有生之年，仍是公众获取信息和知识最有效的产品形态，人们对优质内容的需求只会越来越强烈”。

从2020年起，图书公司的内容体系架构更加清晰了，产品线也越来越丰富。自然科学、艺术摄影、人文地理三大板块形成了良性的互动。

目前，图书公司在自然科学类主打的产品有两个系列：一是体系严谨的百科

从2020年起，图书公司的内容体系架构更加清晰了，产品线也越来越丰富。自然科学、艺术摄影、人文地理三大板块形成了良性的互动。

系列，这个系列的目标是为读者搭起完整的“美丽中国”认知体系。物种产品线（“中国野生鸟类”“世界野生猫科动物”等）和自然生态区域产品线（“自然中国志”等）是这个体系的两大支柱。这些产品将最新的自然科学研究成果结构化地呈现给读者，内容工具化，对读者来说非常实用。另一个系列是以《海错图笔记》和《长城绘》为代表的轻科普系列，可读性强，满足了读者的好奇心，也有着良好的阅读体验。

图书公司的另一个主打品类是艺术摄影类书籍。继2016年面世的“诗画系列”之后，图书公司在2019年推出了“纸上美术馆”系列版权书。“纸上美术馆”已出版27本，由法国和意大利顶尖艺术类出版社联合打造、世界各大美术馆供图，全球销量超过了100万册，是畅销欧洲的艺术普及丛书。艺术类图书观赏性强，老幼皆宜。

人文地理类图书是图书公司的看家宝。从“美丽的地球”系列、“发现中国”系列、“地道风物Mook”系列到“风物中国志”系列，体现着强烈的中国国家地理基因。

图书公司也和杂志社其他业务部门有着良好的互动，“博物君”张辰亮的

2019年陆续出版的“新雅典”系列，专业的内容与精致印装质量的结合，展示出艺术史类图书的高品质。图为《成为达·芬奇》图书书影。摄影/贾亦真

2019年5月，“纸上美术馆”系列首批三本文艺复兴主题图书第一次印刷时，设计师专门前往印刷厂盯印，以保证能有完美的视觉呈现。摄影/贾亦真

2019年6月，图书公司在意大利驻华大使馆主办了“纸上美术馆”系列图书的新书发布会，艺术类图书开始成为图书公司的稳定常销产品。摄影 / 贾亦真

把艺术
带回家
纸上美术馆系列
新书发布会

2016年开始陆续出版的《海错图笔记》系列是“博物君”张辰亮的代表作，用轻松有趣的方式解读故宫清代藏品《海错图》。这套书入选了教育部《中小学生阅读指导目录(2020年版)》。摄影 / 贾亦真

“书籍是人类通向文明的阶梯”，而中国国家地理旗下的图书，则愿成为国民科学素养提升征程中，巨大阶梯中的一部分。

《海错图笔记》解读了清代的《海错图》，2016年上市后销量火爆，在2017年和2019年又推出了《海错图笔记2》和《海错图笔记3》。这套书还入选了教育部《中小学生阅读指导目录（2020年版）》，不断加印。2018年，图书公司集结《中华遗产》主编黄秀芳十年的卷首语，汇编成了《青史有意》。相较于杂志的周期性内容，图书更擅长结构化的表达。

杂志可以通过月复一月的连续发行，增加读者的期待，而图书每一本都自成体系，在强化产品线和内容体系的同时，我们更注重增加“线上”“线下”的互动，提高读者的阅读体验，由此来扩大图书的影响力。2018年5月，在“国际生物多样性日”，图书公司和国家环保部合作举办了“生物多样性自然艺术大展”，

2017年9月，国内首次面向公众的科学手绘展在中国国家地理北京科技文创基地举办，当天有超过1000位观众参观。图为布展现场。摄影／杨磊

雕塑、手绘、图书均成为展品。2019年11月11日，图书公司联合新浪微博组织了北京线下活动，邀请了24位微博大V去国家大剧院观摩“穆夏——新艺术运动先锋主题展”，为“纸上美术馆”系列新书《穆夏：新艺术大师》的线上销售造势。这些推广活动的效果，最终都体现在书籍市场销量的不断上升中。

“书籍是人类通向文明的阶梯”，而中国国家地理旗下的图书，则愿成为国民科学素养提升征程中，巨大阶梯的一部分。

中国西部壮丽的辫状水系。摄影 / 王宁

第10章

新媒体公司的困惑：“新”在何处？

这些年，我们在新媒体方面的种种尝试，可以说是中国传媒业变迁的一部缩略史。

1994年，《中国日报》筹办中国日报网时，中科院高能物理研究所建立起了国内第一个网络服务器，推出了中国第一个网页集，主要介绍科技发展。这时候，刚结束了18个月南极考察，正在重新适应人类文明的我，受邀给当时的老科普期刊《地理知识》撰写“我在南极越冬”的连载故事，偶尔会听中科院的同事讲起“网络”这个新潮的词。

到了1995年5月，我随中国首次北极点科学考察队回到北京没多久，便在报纸上看到《中国日报》上网的新闻，这是中国媒体首次上网。没多久，中关村、电脑和“信息高速公路”就成为北京人生活中的日常话题了。常年的野外科考，使我对相机、卫星电话、通信设备和测绘技术的不断提高及其重要性有切身体会，因而格外关注信息技术的发展。眼前的种种现象告诉着人们，中国正在酝酿一场技术带来的社会巨变。

信息时代到来了。进入《地理知识》杂志社工作后，我便在1997年第8期的卷首语里和读者分享，在这个充满创造力和想象力的时代，科技的进步与人们生活的关系将会越来越密切，而优秀的科普期刊能激发读者对科学的好奇心与探索

2002年12月，网络部的第一位员工正在工作。当时，他是杂志社唯一一个完全不记考勤的人。白天处理杂志社网络及相关电脑问题，到了夜里，他的工作更为繁忙：编写网络代码、设计网页、内容整理、用户回复等事务全由他一个人完成。摄影 / 王牧

欲。一个月之后，我又在第9期的卷首语里写道："信息社会知识的空前膨胀，已不可能再造就亚里士多德式的博学家，但科技召唤拥有整体地球观的科学家，社会需要思维开阔的高级人才，国家也号召提高国民的综合素质。"

就在我们忙着改版《地理知识》的1997年，中国不仅有了门户网站163，互动型媒体BBS也开始大行其道。和我们杂志社同在"小红楼"办公的，还有中科院地理所同事钟耳顺研究员创建的北京超图地理信息技术有限公司，"超图"现在是全球第三大、亚洲第一大地理信息系统（GIS）软件厂商。在这样的科技和创业氛围下，一些新想法会时而不时地冒出来：也许未来我们的杂志也可以上网？要不我们也去办一个地理门户网站？

2000年10月，《地理知识》更名为《中国国家地理》后，我们的实力日益壮大，是时候筹建"中国国家地理网"了。2001年3月，计算机专业毕业的闫瑞杰来到杂志社时，因为编辑部急缺用电脑软件绘制地图的设计人员，闫瑞杰暂停做网站的计划，去画地图了，后来又被美编拉去排版，如此在编辑部"跨界"了将近一年。2002年元旦过后，我们把网站建设提上了日程，成立了网络部，虽然叫"部"，其实只有闫瑞杰一个人。这一年，中国网民已经超过5000万（占总人

口的4.6%），中国的三大门户网站——网易、搜狐和新浪，经历了严酷的市场考验，都活了下来，其中搜狐和新浪两家开始争“中国第一门户”，一时间闹得沸沸扬扬。我们其实并不知道要把网站建成什么样，这并不是我们熟悉的领域，就让闫瑞杰自己琢磨。这个在编辑部做了一年绘图和排版的程序员，因为在工作中哪里需要哪里搬，意外获得了设计训练和审美熏陶，随后凭借一己之力，仅用了三个月就建成了中国国家地理网www.cng.com.cn。网站做出来后，大家都很高兴，尝试新东西总是令人兴奋的。毕竟，那个时候上网的纸媒不算多。

2005年，运营三年的中国国家地理网，获得了全国优秀科普网站奖。不少前来学习的同行，得知这个网站由一个人创建、一个人运营时，都无比惊讶。

2005年，运营三年的中国国家地理网，获得了全国优秀科普网站奖。不少前来学习的同行，得知这个网站由一个人创建、一个人运营时，都无比惊讶。

网站之后，我们开通了地理论坛BBS、带有电子商务色彩的地理商城，制作手机报和电子杂志，探索纸媒电子化和内容付费，还在2008年移动互联网登场时就组建了新媒体公司，全面步入媒体融合与创新的大时代，打造中国第一家以科学传媒为基础、线上线下为一体的多元经营体系。一路走来，成败与得失，兴奋雀跃与迷茫困惑，种种况味也如影随形。

“地理论坛”：地理爱好者的BBS

中国国家地理网开通2个月后，就推出了“地理论坛”。这是中国第一个地理类的网络社区。此前，中国国家地理网主要是介绍每期的杂志，摘取一些文章的引言和图片。这是互联网早期的形态，向用户单向传递资讯和信息，而互动型网络社区BBS打破了这种单向传播，让网友间可以相互交流。

BBS从1995年电脑价格降低之后就开始火起来，名声在外的“水木清华”就是这年开通的。到1998年西祠胡同、1999年天涯以及网易论坛创立后，网络社区进入了全盛时期。虽然拨号上网的速度很慢，网民的热情却难以阻挡，我们杂志社的不少编辑就经常泡论坛。我们的“地理论坛”开通后，靠着《中国国家地理》在自然地理、摄影和旅行探险方面积累的口碑和影响力，很快就吸引了一批用户，以大学老师、摄影师和旅行家为主，我也成为了“地理论坛”的坐堂版主。

一开始，我们并没有做BBS，而是在中国国家地理网上开通了一个“留言板”，也可以称之为“微型论坛”。网站管理员在留言板发布一个话题，注册用户可以跟着去点赞和评论。初期运转不错，但随着用户的增加，闫瑞杰想把“留言板”升级成BBS，这样就可以建版块、有版主了。但BBS是一套很复杂的系统，仅靠一个程序员无法完成，闫瑞杰就根据我们的风格，找了互联网上一个开源软件，特别定制了一套。我们是很愿意在新技术上花钱的。

那时候，中国的第一批网民对网络有极大的热忱，总体上素养也较高。不像现在的“知道分子”这么浮躁。早些年的时候也没有网监，论坛是全开放的，用户想说什么就说什么。但大家都比较守规矩，至少在地理论坛上，基本上都是围绕摄影、自然风光和地方民俗活动，就事论事地讨论。我们的版主大多是杂志的铁粉，也有一些是杂志社的同事。

当然，地理论坛相对专业、偏小众，议题简单一些。天涯BBS偏重文学和时事，很多新闻工作者和作家泡在那里，话题比较多，争议也大，我们杂志社的编辑也常去天涯。另一处讨论比较激烈的，要数2001年开通的铁血论坛，泡在那里的基本上都是军事爱好者。不过，随着用户的增多和话题的丰富，地理论坛的运营管理也变得繁重起来了。一方面，要引导用户讨论跟地理、摄影和出行相关的话题，保持中国国家地理的特色。另一方面，要管理用户，我经常看到不同的网民，因为观点不同在论坛里吵架，这时候版主和管理员就要去协调，去降温灭火。2005年网络部聘用了第二个员工卢建爽，现在是中国国家地理网站的主管，当时她的主要工作就是管理论坛。

随着网民的增加和网站社会影响力的扩大，国家加大了互联网的管控力度。从2004年起，论坛管理人员就多了一项工作，那就是审核用户的帖子。地理论坛也开始实行“先审后发”。用户在发布内容后，在帖子列表里看不到自己的发帖，需要后台编辑审核内容是否合规。那时候，地理论坛里有不少帖子涉及国界、台湾问题或者民族问题，引述的地图疆界和地名也不规范。比如，一些用户跑去西藏看了天葬以后，就发帖描述这个丧葬仪式的“残忍”，但实际上对于藏区老百

2018年12月，中国国家地理新媒体团队在福建土楼进行员工培训。大家举起牌子，感恩地理君背后千万粉丝的支持。

> 随着网民的增加和网站社会影响力的扩大，国家加大了互联网的管控力度。从2004年起，论坛管理人员就多了一项工作，那就是审核用户的帖子。地理论坛也开始实行“先审后发”。

姓来说，那是对死者的一种尊重。在这种情形下，社区管理员就得花费大量时间审核看帖。跟庞大的用户群相比，后台编辑人数实在少得可怜，快的时候一小时放帖，但慢的时候七八小时都出不来，这样就严重影响了用户体验。

2008年，也就是我们组建新媒体公司的这一年，移动互联网快速兴起了，用户从PC端转到手机上，BBS大面积地关停。考虑到技术的迭代和内容审查的难度，我们在2010年关闭了地理论坛。八年积累下来，由于地理论坛的图片不仅数量大，质量也好，以至论坛的数据超过了4个T。这些数据，记录的是我们早期的技术经历与情感，对我们而言也是一段难忘的时光。

值得一说的是，2002年我们在创建地理论坛后，紧接着就开通了“地理商城”，主要用来卖杂志。那时候，电子商务真的是一个很新的说法，很多人连电脑都不会用，我们就开始在网上卖杂志了。要知道淘宝是2003年成立的，它花了一两年时间做推广，国人才开始接受网购这种新的消费方式。可想而知，我们的地理商城虽然十分先锋，但销售成绩并不好，我们就当是给杂志打广告了。至少读者会觉得,《中国国家地理》不仅内容过硬，也挺时髦的。

后来，地理商城还开发了一个会员功能：跟发行部合作建立了网上会员管理，做杂志单本销售、年度订阅和到期续订服务等。这套会员管理系统，随着技术的进步持续升级，被发行公司沿用至今。可以说，我们在技术的应用上，一直都是敢为人先的。

手机报：内容付费的“第一桶金”

在数字出版时代，有多种传递信息的方式。但我们以为，与移动通信运营商合作最具发展潜力，手机这个介质在未来的信息传播中将发挥很重要的作用。2005年中国手机用户将近4亿，比起2000年的5000万，增长了数倍。为此，我们成立了手机新媒体部来打造手机报。2006年3月，我们和广州的中国移动运营商合作，推出了《中国国家地理》手机报，8块钱一个月。由于我们的手机报制作精美，订阅用户与日俱增。

2007年1月，中国移动将《中国国家地理》手机报作为中国移动唯一人文类手机报刊，在全国重点推出。全网推出5个月后，手机报的订阅用户增长至30多万，我们希望2008年能达到100万订户。可是，在实际运营中我们发现，愿意花8元钱订阅的客户每天虽然新增两三万人，但同时又有近万人在退订。

为什么会出现这种情况？我们组队分头拜访退订的用户，才发现，许多人是慕名而来，又败兴而去。手机报传输的内容离读者的期待相差甚远。如果手机上的图片比较好、内容有趣，读者就愿意花8元钱订阅，可一看就是对《中国国家地理》纸刊的简单翻版，自然就退订了。为了留住用户，我们决定做成紧跟社会和地理热点、难点的“手机日报”，而且还要栏目化，编辑部也从原来的单兵作战变成了3个人。我们发现，不能用办杂志、月刊的思路来做手机报，否则注定会失败。中国国家地理手机报的内容，最根本的是提供24小时的地理资讯。虽说依托彩信发送的手机报只有50K，但它的内容量并不小，按照24小时资讯形式，我们向订阅用户提供完整、及时、权威的有关地理、探险、科学、旅行等内容，很快，订阅数又开始快速增长。

为了让手机报更好看，我们每天不仅有固定栏目，还有变化的栏目，这样做的目的是确保一定会有一个栏目、一条资讯、一张图片会是订阅用户喜欢的。根据用户反馈的意见，我们每三个月会有一个小改版，每半年做一次大的调整，不断刺激读者的阅读期待。我们将这些经验，也用在和联通、电信合作开设的中国国家地理手机报上，成为2007年度发行量最大的手机报之一。

《中国国家地理》纸版杂志，继推出“选美中国”和“中国人的景观大道”等10月特辑后，发行量快速增长，偶尔我们也会将“手机报8元体验卡”作为礼

> 为了留住用户，我们决定做成紧跟社会和地理热点、难点的“手机日报”，而且还要栏目化，编辑部也从原来的单兵作战变成了3个人。

品券附在杂志中，邀请读者和会员体验，实现杂志和手机报的互动。我们在手机报体验卡上用了不少心思，做得很有质感：壮美山川的大图，《中国国家地理》标志性的红框，另有两行小字，“热点事件的地理背景，旅游探险的权威报道，24小时地理资讯精粹，尽在手机报——中国国家地理”。不少纸刊读者在体验了一个月的手机日报后，成了我们的长期用户。

当然，杂志的精华文章，我们也会进行再编辑，制成手机报的内容。比如，2008年汶川地震后，手机报在第一时间做出反应，并且将过去《中国国家地理》有关地震的报道调取出来，共同整合为内容扎实的“地震专题”。这样的内容不仅结合了社会热点，具有实效性，还因为内容的权威性得到了订阅用户的认可，这些有关科学的硬核内容是大众媒体难以做到的。不少读者在给我们的反馈意见中提到，最愿意看的是紧跟热点、深入分析的即时新闻。

在中国国家地理网上，我们也将手机报放在了显著位置。这样，杂志、网站和手机报联合发力，丰富了《中国国家地理》的媒介形态和表现形式，让读者能以最便捷的方式找到我们。

2018年，中国国家地理新媒体最美观景拍摄点影像，在香港地铁展出，受到香港市民及香港各界一致好评。此外，最美观景拍摄点影像在国内众多机场、地铁也有展出。

到2008年，我们的中国移动手机报订阅用户已经超过了50万，三大运营商的累计订阅用户达到了80多万，成为当时发行量最大的高端手机报之一。手机报为我们赚到了新媒体内容付费的第一桶金。

新媒体公司成立：媒体数字化还是数字化媒体？

2008年，新媒体公司成立，我们重组了网络部和手机新媒体部，又在新的征程上开始“摸着石头过河”。

当时，现成的业务只有官网和手机报，情况相当不乐观。环视周边，传统媒体进军新媒体的鼓点虽急，但能够独立生存的可谓凤毛麟角。向新媒体转型过程中，大部分传统媒体将纸媒电子化以后搬上网络，出版方式虽然更新了，但纸媒却依然靠传统的发行和广告盈利，因为用户并不愿意为电子报刊付费。一些耗费巨资打造的电子报刊最后沦为免费读物。“长尾效应”下，靠访问量和点击率计算的数字广告价格低廉，根本换不回转型投入的本钱。另一边，传统纸媒的发行量急速下降，广告收入也随之锐减。既然单一电子化期刊的模式是无效的，那么，中国国家地理的新媒体公司，又该如何令这份有着近60年历史的老牌纸媒焕发新的生机呢？

经过无数次讨论，我们决定从自己擅长的领域着手，先进行网站和手机报的改版，然后新办一份电子杂志。做手机报的经验和媒体同行的尝试，已经让我们看到，将纸刊内容移植或节选到新媒体上是注定失败的，所以我们不打算电子化《中国国家地理》《博物》和《中华遗产》，转而呈现差异化的内容，以强化电子刊的存在价值。

想清楚了努力的方向，接下来的日子就是招兵买马。很快，新媒体公司就从成立时的4个人（包括主管运营的总经理才华烨和偏重技术的副总经理闫瑞杰在内）增至40多人。我们不仅打造了新媒体公司的编辑部，还引进了更多的技术人员。一个朝气蓬勃、平均年龄只有27岁的新媒体团队，开始建造中国国家地理的数字世界了。

> 向新媒体转型过程中，大部分传统媒体将纸媒电子化以后搬上网络，出版方式虽然更新了，但纸媒却依然靠传统的发行和广告盈利，因为用户并不愿意为电子报刊付费。

首先，我们更换了域名，从www.cng.com.cn变成www.dili360.com。才华烨做过一项有关CNG网站域名的调查，除非是《中国国家地理》的铁粉，不少人以为CNG是“CNG加气站”的意思，即压缩天然气Compressed Natural Gas的缩写，这种加气站在中国到处都有。考虑到域名需要耳熟能详、拼读方便，我们改成了“dili360”，也算接上了“全景中国”的意思。

更换域名后，我们对网站进行了全新改版。手机报的成功，让我们尝到了新媒体带来的甜头。我们当时的目标是做一个地理类的门户网站，而不仅仅是中国国家地理的官网，它将集地理资讯、旅游、摄影、电子出版和电子商务于一体。但在实操过程中，却发现我们并不具备构建门户网站的实力，技术上的难度大，人力跟不上。仅地理资讯这一功能，就需要大量的编辑和作者不停地去搜集和创作具有原创价值的内容，光靠转载是不会有生命力的。综合考虑后，新媒体公司便放弃了这个计划，回到“做好官网”的定位。

专注于打造中国国家地理官网，“dili360”推出了很多具有品牌特色的频道，建立了幻灯图片库，沿用至今。后来，为了推广网站，我们创办了免费的《地理e周刊》，将网站内容重新设计后，通过电子邮件发送给网站注册用户，提供在线浏览及RSS订阅等多种阅读方式。

至于手机报业务，随着2008年3G时代的到来，手机网速大增，手机报收益大涨。然而，从2009年起，订阅用户就没有大幅增加了。智能手机普及后，尤其是苹果iPhone进入中国市场，用户开始向App转移，移动互联网带来的挑战已经逼近了。放弃打造地理门户网站的新媒体团队，决定开发电子杂志。

2009年7月，《行天下》创刊，定位是《中国国家地理》的“旅行版”。《行天下》选取了一条和《中国国家地理》不同的发展道路。它是一份倡导探索精神，引领全新户外生活方式的电子杂志，办刊宗旨是“景色前沿，出行先锋”。目标读者群是久居都市的商界精英、时尚白领，行游天下的资深驴友、摄影爱好者，以及所有向往自然、热爱出行的人群。《行天下》以“发现、新锐、品味”为选题理念，以“深入、实用、精致”为编辑方针，兼具出行攻略的提供。这本原创电子杂志，每月10日发行，定价5元。

《行天下》的制作采用Flash格式，包括图片、文字、互动式地图、动画、视频、音频甚至“振动”功能，属于多媒体文本，可以满足读者的视觉、听觉和触觉需求。内容的编排具有互动性，尤其是互动式地图颇具特色，带给读者漫游般的阅读体验。

这本电子杂志采用了数字版权加密技术。技术团队在电脑和客户端上分别设置了识别码，用户下载客户端后需要验证两个识别码，之后才能开始阅读。另外，众所周知，想要使用Flash动画功能，必须安装Adobe插件，不少用户觉得麻烦。这个插件问题到2010年时，变得更加突出，因为这一年iPhone4开始在中国销售，我们发现苹果完全不支持Flash。等到2011年智能手机和iPad风靡中国时，我们只能推出适配安卓系统的《行天下》版本。即便是在安卓手机上看《行天下》，偶尔也会出现不兼容的问题。

《行天下》带给我们的技术教训，让我们在设计客户端App时，格外注意兼容性问题。2010年12月，中国国家地理iPad客户端上线，用户可看到《中国国家地理》《中华遗产》《博物》《行天下》《中国国家地理》手机报等产品，《行天

2015年，中国国家地理新媒体不同版本的客户端产品“齐聚一堂”，目前累计下载量已超过千万。摄影 / 王宁

《行天下》选取了一条和《中国国家地理》不同的发展道路。它是一份倡导探索精神，引领全新户外生活方式的电子杂志，办刊宗旨是“景色前沿，出行先锋”。

下》还增加了中国国家地理影视中心提供的视频延展内容。我们是最早进驻苹果中国应用商店的媒体，由于那时候没有多少应用软件，拥有高清大图和极致设计的中国国家地理，成为iPad上最受欢迎的App之一，在App Store的付费榜和旅游榜上的下载量都排名第一。今天，用最新一代的iPad看中国国家地理，会觉得我们的数字期刊更加精美。

随后，三星智能手机进驻中国。他们不仅注重手机产品的功能，也很注重内容生态，引入了一批优质的内容合作伙伴，我们作为其中一家，特别设计了适配安卓系统的客户端。所以，连续四五年，三星智能手机上都预装了我们的客户端。在三星手机里，我们的三大纸刊为用户各提供一期免费试读的杂志，如果用户想阅读另一期杂志，就必须付费阅读，而这个数字期刊和纸刊的价格是一样的，比如数字版《中国国家地理》单期售价和纸质版均为20元（2018年随纸刊涨价至30元），没有折扣。

面对这个定价，新媒体公司成员大都认为“这个定价太高了，和纸媒的定价策略一样，我们不可能有收入的”。有人以美国《国家地理》和《时代周刊》为例，警告我们可能在电子订阅价格上犯了错。《时代周刊》杂志App上的电子版比纸媒便宜很多，而美国《国家地理》会免费赠送电子期刊给购买纸刊的用户，虽然他们的电子刊物的价格和纸刊一样。

但是，我们还是坚持了同价的策略，因为我们相信：当所有的传统用户全都因为电子内容便宜，转向电子阅读的时候，实际上对传统期刊生态的影响是非常大的。首先会影响发行体系，其次会冲击广告系统。为什么我们不去刻意地扩大

但是，我们还是坚持了同价的策略，因为我们相信：当所有的传统用户全都因为电子内容便宜，转向电子阅读的时候，实际上对传统期刊生态的影响是非常大的。

电子或数字订阅？一旦我们把所有的用户全都转移到数字内容的时候，广告可能会出现自由落体式下降。我们也不确定这样的转型一定成功，有太多的未知和极大的不确定性。此外，我们还认为，优质内容是不应该降价处理的。

现状确实如此，其实内容付费在中国还处在培育市场的阶段，我们得弄明白“数字化媒体”和“媒体数字化”之间的关联。我们三本杂志的体量合起来是非常大的，在国内位于彩色期刊发行量的首位，单期能达到100万册，我们拥有庞大而坚韧的发行体系。如果因为人们都在讨论电子阅读或数字阅读的大趋势，我们就盲目地按下现有业务的暂停键，这是不合理的。数字广告的价值没有纸刊高，比如《中国国家地理》一个单页的广告可以卖出30万，单期的广告收入就有好几百万，加上其他的线下的活动，一年能有上亿的广告收入。如果全拉到线上变成数字阅读，广告收入就会暴跌。因为互联网的广告计费方式和纸刊完全不一样。比如说大型门户网站，一天也许有上亿的PV或者大几千万的UV，这种情况下一个首页的广告也不过就是几十万。如此大的用户量，首页广告才几十万，而我

2019年7月，中国国家地理大讲堂从传统线下讲座，发展到现场舞台录播与短视频传播，让更多读者、观众除了现场参与外，还能在线上听到中国国家地理大讲堂精彩的演讲内容。

们传统纸刊，100万的读者，最普通的全页广告就有30万。这就带来了一个关键问题：数字阅读的100万用户和纸质读者的100万用户是不对等的，这就是问题的关键所在。所以，传统媒体在数字化转型时，要考虑清楚“转型”到底是什么，降低用户价值的路肯定走不通。

在我们大力推广《行天下》和移动客户端的2011年，《中国国家地理》杂志获得了“第二届中国出版政府奖”，这是中国期刊界的最高奖。除了三大纸刊，付费的电子杂志《行天下》和免费的邮件杂志《地理e周刊》也得到了表彰。有评价称：“为新媒体平台单独制作并坚持付费，在国内期刊中颇具先锋意义。而今，类似《行天下》这种为新媒体定制的出版物正在iPad上掀起潮流，而付费阅读又是众多大刊的选择。当下其媒体业务脉络更加清晰，不仅融合手机媒体（手机报、手机电视）、电子杂志等新媒体形式，还积极拓展iPhone、iPad等终端，在Apple Store推出集成应用，取得上线3个月用户突破30万的佳绩。”

2013年，中国国家地理客户端仍位居苹果等平板电脑旅行类媒体应用的第一名，创下苹果用户超过120万、安卓用户超过300万下载量的骄人业绩。客户端上从下载转化为付费用户的转化率能达到5%，而整个行业的平均水平可能连1%都不到。数字发行的成绩和我们传统发行渠道的庞大数字虽然不能相提并论——《中国国家地理》纸刊的单期发行量逼近百万，但我们对新技术和新渠道的尝试是必需的。毕竟，谁都不知道未来会发生什么。

2014年，移动互联网一统江湖，用户全都转向手机App，我们停掉了Flash版的《行天下》。2015年，随着电信运营商不再把手机报订阅业务作为KPI考核，中国国家地理手机报也同市场上其他媒体手机报一样寿终正寝。回想当年盛极一时的Flash和移动梦网，技术迭代的速度令人无限感慨。尽管这一切都在意料之中，却也令人感到恍惚和内在的紧迫感。

作为中国发行量最大的彩色期刊、具有自主知识产权的本土期刊，我们拥有强大的作者资源、专家资源、广告资源、渠道资源和市场资源，但在媒体大融合、新技术飞速发展的时代，也面临着全新的挑战和机遇。

紧跟技术的进步，从2014年起，我们不再为苹果iOS和安卓系统制作独立的客户端了，而是研发了一套适配不同操作系统的App。这样不仅节约了大量的人力，还保证我们所有的数字用户享有同样标准的服务。

为了让用户在App上享受更好的阅读体验，我们在2012年开始做数据化标签，除了从单篇单条文章中抽出关键词，我们还按照LBS（Location Based Service）形成了位置信息服务系统，向读者提供“随行读、随心读”服务。这项看起来漫长而枯燥的标签整理工作，让我们拥有了按地址分类检索的数据库。这不是简单的数据化。因为没有经过矢量化处理的数据是杂乱无章的，未来很难转化成可推送、可抓取的数据。基于LBS位置定位功能，从2014年起，我们客户端的用户就能通过“摇一摇”或“位置检索”，实现“导航抵达”：你可以阅读定位地点周边的所有相关内容，随行读，随心读。这项超前的LBS服务，源自我们对地理和行走的理解。

作为中国发行量最大的彩色期刊、具有自主知识产权的本土期刊，我们拥有强大的作者资源、专家资源、广告资源、渠道资源和市场资源，但在媒体大融合、新技术飞速发展的时代，也面临着全新的挑战和机遇。如何让传统媒体的生命力延续、让品牌在未来获得更大的提升，新媒体是所有传统媒体必须面对和发力的一个全新空间，也是《中国国家地理》杂志社发展的重点所在。

“掌途”App：一个失败的颠覆计划

2015年年初的一天，闫瑞杰来找我：“我们1.0的互联网没有，2.0的互联网没有做好，我们不能再错过了移动互联网。”新媒体公司成立后，主要在做网站改版、电子杂志和移动终端App，在中国国家地理的品牌延伸上扮演着“服务”角色，并没有实现当初规划的目标——新媒体要做成传统媒体的接力棒。

“怎样才能不错过移动互联网？”我问闫瑞杰。他说：“我们应该跳出传统的媒体思维，做一款智能应用产品，不过，我也不知道具体要做什么。”我们在小会议室聊了一两个小时，最后决定依托我们这些年在出行方面积累的资源，开发一款基于旅游的智能化应用的产品。

这个产品最初叫“景区导航”，后来改名为“掌途”。

旅游是个万亿级的大市场，而景区是旅游的核心区域，是人流、物流的聚散之地。如果我们能把全国的景区、景点、公园和博物馆这种游玩景点的数据全部采集一遍，再依托我们前些年做《行天下》杂志、做出行规划和做客户端App时积累的“导航抵达”经验，也许能为驴友带来一款全新的出行产品。

方案可行，我们开始组建团队，做“掌途”App。考虑到这款App将涉及庞大的数据，我们成立了一个研发团队，分成两组，每组10个人，分别制作苹果版和安卓版客户端。产品研发人员和程序员的工资是非常高的，我们第一次感受到时间和金钱都像流水一样快速外泄。好在我们三大纸刊的发行和广告业绩不错，在资金上没有太大的压力。

2015年“十一”黄金周前夕，9月28日，中国国家地理打造的全新旅游App“掌途”面世，率先登陆安卓市场，口号是“为快乐旅游而生”。“掌途”会根据时间和地点向用户推荐旅行线路，提供地图功能和行程管理，还能在App上以文字和图片的方式分享旅途的欢歌笑语，满足用户的社交需求。

进入安卓市场的一个月后，iOS版本问世。我们联合纸媒、网站以及中国国家地理在微博和微信上的力量，为“掌途”造势。

2015年12月，我们在掌途上发布了中国国家地理联合西部9省区市（地）旅游局的“最美观景拍摄点”榜单，其中包含四川、西藏、青海、云南、重庆、广西、贵州、宁夏和甘肃甘南。用户通过下载并使用“掌途”App，即可导航抵达这些最美观景拍摄点。我们通过品牌活动，全力推动新媒体产品的线上线下全互动。

凭借中国国家地理的号召力，我们迅速积累了一批用户，“掌途”版本不断更新。从2015年9月的V1.0到2017年7月的V2.3.5，这个产品实现了从无到有、从有到精。我们覆盖了全国超过7万个景区的地图，划分了50多类兴趣点，实现了多人行程记录的功能，让同游的用户能一起分享旅途的点滴，页面响应的速度也更快更稳定。2017年7月，“掌途”团队向用户宣布：在中国境内无论您身处何地，“掌途”App都可以帮助您快速了解当地、周边乃至全国的最佳旅游出行目的地以及背后的文化、历史和背景。

这款旅游应用软件有一个无可比拟的功能：它具有智能规划和实时效果。比如，你想去四川九寨沟玩，“掌途”会告诉你九寨沟有什么好玩的——这个推荐可是中国国家地理团队在过去二十多年积累的秘境旅途心得，并且为你规划实时路线，推送景区内的各种服务设施，是一种深度旅游场景体验。又比如，现在正好是11月份，你想在国内行走一番，但又不确定去哪里，“掌途”会为你提供实时推荐，这个季节中国最美的地方有哪些。我们“掌途”App推荐的图片都是从中国国家地理图片库精心挑选的，精美又独特，为用户带来美的畅想。

进入市场22个月后，这个耗资千万打造的App，用户并没有我们预期中的多，危机感来袭。为了吸引用户，产品经理闫瑞杰说，未来掌途将会大步快跑，开发更多有用、实用、好用的功能，如自驾线路、行程规划、行迹记录、中国景色集中营等。除此之外，掌途还会提供更加贴心的“兴趣”旅游解决方案，如周末亲子、周边摄影、就近划船、休闲钓鱼、亲子露营等，满足用户的个性化出行需求。

然而，没有等到更新的版本，“掌途”项目终止了。看不到投资回报的股东，做出了一个艰难的决定，协商后决定暂时搁置这个移动互联网产品，以避免持续投入。股东们的质疑是有道理的，《中国国家地理》杂志社干互联网的事儿，看起来不靠谱。作为媒体，我们做出版、做品牌传播，一点问题都没有，但是做互联网，尤其是移动产品时就出位了。传统媒体和新媒体的结合点到底在哪里？至少目前我们没有找到答案。

“掌途”App失败了。

从项目投资上来说，我们确实失败了。但从另一个角度来看，这对我们整个团队来说都是一次有价值的尝试。“掌途”告诉我们，中国国家地理想要获得成功，不能抛开两个东西：一个是我们优质的媒体内容，另一个是我们的品牌价值。“掌途”脱离了这两个核心。在反思这个教训时，有同事说，为什么我们当初不直接叫“中国国家地理旅行App”呢？如果当初不是想着拿这款产品和互联网企业去竞争，而是加强它和中国国家地理的关联度，也许更容易被用户所接纳。做“掌途”的22个月，我们积攒了庞大的景区和出游数据。数据不会沉睡，它将鼓励我们前行。未来再有类似的跨界颠覆计划，新媒体将依托中国国家地理的品牌和内容，在垂直领域里发力。我们将更加聚焦，审视自己，亦关注用户的核心需求。

在杂志社，我们基本上不谈论“掌途”的失败，主要是不想给新媒体团队太大的压力。我们一直鼓励大家要常变常新，敢于尝试是我们团队得以越山向海的根本。所以，在创新这条路上我们要学会承担后果。对于新媒体公司，从2008年成立至今，我们一直持包容的态度，从来没有给过硬性考核指标，而是给团队摸索的时间和机会。因为在这条路上，没有可以借鉴的模式或者成功的案例，所以我们的新媒体得动起来，靠自己的力量往前走。持续的进化是一条不归路，跌倒了咱就赶紧爬起来，我们将比失败之前更有勇气。

退守：寻找新的突破点

2017年，我们停止了“掌途”项目，寻找新的增长点和突破点。

新媒体公司重新回到内容打造和品牌运营上。为了巩固根基，新媒体团队在网站建设和“双微”——微博和微信上加大了力度，保持中国国家地理移动客户端的精准LBS和“随心读、随行读”服务，推进“中国最美的观景点”在全国范围内展开，把中国国家地理的品牌运营、市场运营和商业运营体现在新媒体上，以实现品牌的整合。

最美观景拍摄点、校园行知客和摄影大赛等活动，一方面传播了中国国家地理的品牌，另一方面获得了大量的原创内容。仅在2017年，中国国家地理网站就收到了4500余篇用户原创内容投稿，平台素材进一步丰富，为新媒体提供了优质

2014年，以地理六度信息（经度、纬度、海拔高度、最佳拍摄季节、最佳拍摄时间、最佳拍摄方向）为基础和维度，中国国家地理启动了“最美观景拍摄点”评选活动。目前，这项活动已覆盖全国11个省级行政区，竖立了超过1100个专属标识牌。通过扫描标识牌二维码，可用手机阅读相关介绍，也可以通过线上中国国家地理App和小程序，导航直接抵达最美观景拍摄点。线下，由中国国家地理签约、合作摄影师及媒体摄影师组成的“最美巡摄团”也成为助力地方政府，合作宣传的一大亮点。

的素材资源。

在“双微”账号的运营上，新媒体公司坚持打造原创文章。新媒体的内容运营团队结合社会热点和突发新闻，精细梳理三刊内容，以“地理知识、上知天文、下晓地理、神奇生物、节气中国、直击热点、旅行种草机、地理美食”等不同类别，在官方微博、官方微信和网站客户端等三大平台上以日更的方式推出新文。近年来，他们打造众多爆款文章诸如《中国第二大河到底是谁》《世界上最早迎来2020年的是哪个国家》《3.14一个关于数学的浪漫而神秘的日期》《武汉，到底是一座怎样的城市》，以实时互动方式，向读者传递有趣、即时、兼具实用性和知识性的10万+推文。

2017年，中国国家地理官方微博粉丝量达到550万，推出的2个超级话题阅读破亿，相比前两年，阅读量及转评赞量有明显的提升；官方微信粉丝量则突破100万，文章累计阅读量达到1729万。此后，“双微”粉丝一直在增长，新媒体广告收入也在逐步增加。2019年，中国国家地理官方微博粉丝突破1000万，全年营销微博超过100条，这样算下来，几乎每三天就有一条广告。2019年，官方微信的原创文章占比提升至80%，粉丝接近200万，其中官方微信账号上的5万+文章达到了258篇，10万+的文章达到33篇。微信小程序畅读带来的收入也在不断增加。

考虑到微信公众号的红利期已经过去，2019年，新媒体团队开通了抖音、快手等小视频平台账号，以打造新媒体传播矩阵，扩大中国国家地理的用户群和品牌影响力。

我们新媒体公司现在的打法和传统媒体一样，还是以做内容、卖广告为生。包括新媒体公司最近这两年联合政府打造的“最美观景点”，仍然靠的是中国国家地理的媒体品牌效应。所以，新媒体公司在本质上就是一个服务型公司。和传统媒体相比，现在的新媒体在传播方式上有改变、在技术上也有进步，但它的商业模式并没有改变，那么新媒体到底“新”在哪里？媒体的本质又是什么？

谈论“新媒体”时，有人看到介质和技术迭代后便认为媒体新了，而我们却认为媒体的本质并没有发生改变，所以，“新媒体”并不新。作为一种特殊的社会产品，媒体传播的资讯背后其实是思想和价值观，这才是媒体的本质。为什么今天的人愿意看古代的书却不坐古时候的马车？因为书这种媒体形态传承的是信息和资讯，不管是雕版印刷、彩色打印或是数字化后放在微信上阅读，信息本身是没有变化的。有价值的“书”会以不同的形式延续它的生命力。所以，我们做媒体的，核心价值在于传播原创的、有价值的资讯。硬核的内容，在任何媒体形态和介质上都可以传播。因此，技术的迭代改变的是媒体的介质形态，而不是媒体的内容以及内容所承载的意义。

这就产生两种做媒体的商业模式：如果你更关注媒体的介质形态，你也许会偏重技术以及技术的应用；倘若你更在乎媒体的意义和价值，那么就会和我一样，深信“内容为王”。当然，最理想的情况是兼具这两种模式：最优质的内容搭配最好的介质平台。就像孔夫子说的，“质胜文则野，文胜质则史。文质彬彬，然后君子”。在这一点上达成共识后，无论是我们的纸刊、影视公司、图书公司还是新媒体公司，都明白数字转型的真正含义是思维的数字化而不是媒介形态的数字化。也许，这才是新媒体给媒体人最大的启发。

伊犁河谷两侧的天山山坡地带，分布着多种起源古老的野生果树树种。进入4月，天气转暖，野杏最先感知到温度的变化，迫不及待地把花朵挂满枝头，拉开伊犁整个花季的序幕。在新源县吐尔根乡北部的杏花沟，杏花怒放的场面是伊犁河谷中最气势磅礴的，杏花如来势汹涌的潮水，爬上山坡，深入沟谷。摄影／王伟

风物之旅

第 11 章

地道风物：

尚待破壳的物产电商

2015 年，我们积极开拓媒体转型创新项目，除了新媒体公司启动的掌途 App，另一个就是打造物产电商平台“地道风物”。

在移动互联网快速发展和消费升级的背景下，传统媒体的机遇与挑战并存。做《中国国家地理》和《中华遗产》这些年，我们走过许多地方，也领略过不少独具特色的地方风物，意识到可以提炼出一批能够代表各个地方的道地物产，呈现给消费者。中国拥有全球最大的单一市场，数量庞大的消费群体在这一端，具有地方特色的风物之美却在另一端，两者互相需要却鲜有交集，媒体电商是一个很好的桥梁。媒体业务定义“地道”，积聚用户之后结合实体行业转向电子商务以及体验店或实体店，此为分享“风物”。这是我们对地道风物的最初构想。

“一方水土养一方人”，中国地大物博，南北东西差异很大，高下迥异也非常显著，形成了丰富多彩的文化形式、艺术形式、建筑风格、饮食习惯和服饰传统，产生了诸多具有地方特色的物产。就拿弦乐器来说，就有单弦、两弦、三弦以及五弦、六弦的，极为多样。一把寓意美好的“长命锁”，也是不同的地方有不同特点，绝不是那种义乌小商品市场批发来的、到处都一样的东西。所以，我们的地道风物，要在中国不同的自然单元和文化区域里面寻找出最能代表地方特色、真正地道的地方产品。

2020年5月，新冠疫情期间，地道风物新媒体内容团队与柴剑虹、葛承雍、巫新华、宁强、黄鲁、南香红、阎京生、王昱珩、宋壮壮等敦煌研究专家、学者、媒体人深入探讨“敦煌专题”。“敦煌专题”是一次地道风物基于时事热点，尝试由线上优质内容打通线下出版的探索。

这帮年轻人很有雄心壮志，想拥有自己独立的商业模式。像《博物》那样，既是中国国家地理孵化的项目，又是一个独立、有自身价值的品牌。

“媒体电商”的本意是媒体先行，以思辨精神形成“地道”的理念，从思想层面引领物质层面的“风物”，如此形成一个体系庞大的地道风物。为什么法国人能把红酒、贵州的茅台厂商能把白酒这样的商品卖到极致？除了会讲故事，还因为人家做到了真正的“地道”。这个地道，我们可以通过自然科学和社会科学追根溯源的方法来求证，以媒体的运作来实现专家、地方、匠人与公众互动，从而形成一个物产是否地道的判断。尽管这个判断不可能达到完美，大体上却能让人们信服。我们可以看到，那些公认的地方物产，一定有鲜明的地方特色、优良的品质而且能持续在广大人群中传播。这三大基本要素，都能通过媒体的逻辑来梳理和提炼。《中华遗产》做的“最中国”系列，就是一个非常好的例子。什么是最中国的颜色？什么是最中国的味道？什么是最中国的服饰？选出这种最具代表性、整体上有共性的地方特色，是需要思考和求证的。地道风物虽然是一个独立品牌，也必须秉承我们一贯强调的科学精神与思辨性，这样才有机会成功。

有了这样一个期待后，我便放手让年轻人们去做，很少干涉地道风物团队的日常决策和运营管理。这帮年轻人很有雄心壮志，想拥有自己独立的商业模式。

像《博物》那样，既是中国国家地理孵化的项目，又是一个独立、有自身价值的品牌，“大树底下虽好乘凉，但大树下面也不长草”。我能理解他们的危机感与打造原创品牌的决心。

为了保持团队的独立性，地道风物和图书公司一样，不在《中国国家地理》杂志社办公。他们一开始在华亭嘉园，后来因地道风物团队扩大，在2017年和图书公司一齐迁至来广营的融创动力文化创意产业园，离杂志社20分钟车程。

赋能小地方的发展：从Mook和快乐的“风物大篷车”出发

“如果有重来的机会，地道风物不会从Mook开始”。地道风物的创始人陈沂欢认为，创业团队当初选择Mook这种像杂志一样书的来解读“地道”，并不是一个明智的选择。在他看来，Mook这种传统印刷媒体触达用户的频次和效率都很低下——每本Mook至少需要6个月打造，而平均单本发行量却只有5万本，不如在线上新媒体上发力。

和《中国国家地理》关注大山大河、大区域不同，地道风物团队把焦点放在县域尺度内地区差异上，寻找那些隐藏在小地方、不为人知但让人心生美好的自然景观、文化传统、生活方式、美食美饰。关注中国县域——中国近三千年来最稳定的行政单元，是地道风物不同于《中国国家地理》和《中华遗产》的差异化市场策略，它更接近乡土，更加生活化。中国有超过2800个县域，风土人情各异，且有大量未经传播和商业开发的自然和人文景观。因此，团队的使命是要把这些地方独特的生活方式和地道的物产挖掘出来，经过梳理和包装，呈现给那些对“原乡”感兴趣的城市居民，在丰富都市人群生活的同时，与地方文化旅游产业相结合，为小地方的经济发展和文化传播赋能。

2014年，筹备时期的地道风物开始寻找传统的、小而美的风物，第一站从广西开始。一般我们提起广西，想到的大多是桂林山水、桂林米粉、柳州螺蛳粉和喀斯特地貌……但是，《地道风物·广西》Mook团队在广西的县域和乡镇里，发现了不少超越我们想象的美好之物。比如，北部湾的京族三岛，这是中国典型的海洋族群——京族居住的地方，白天渔民们踩着高跷耕海牧渔，夜阑人静时则迎着海风奏起独弦琴，消解劳作的疲惫。京族三岛当地有一家只卖白米饭的饭馆，

2015年8月，历时一年多打造的《地道风物·广西》Mook出版。地道风物Mook系列目前已出版11本，选题涵盖省域地市、地理单元与文化现象，持续为读者解读中国各个地方独特的人文地理、生活方式和特色物产。
摄影／吴学文

由“阮三娘”所开，每天排队买米饭的食客无数。为什么？因为她家的鱼露拌饭鲜美无比，做得十分地道。阮三娘说，酿制鱼露的程序本身没有多少诀窍，最重要的是用心，她不仅选用最新鲜的鱼虾，甚至还会观察海洋潮汐和阴雨晴天带来的温度、湿度变化，因为这些因素都会影响鱼露的味道。

2015年5月，地道风物采编团队在广西桂林市临桂区四塘镇的横山村发现了另一独特物产：曾让乾隆皇帝赞不绝口的古法制作的豆腐乳——横山豆腐乳。下沉到乡村的Mook团队，发现古法制作豆腐乳的传统已被商业冲击得几无立足之地，只有极少数人在坚守，陈富息就是其中之一的手艺人。他十几岁时就跟着家人学做豆腐乳，一辈子都在跟大豆打交道。由于传统古法制作豆腐乳耗时、耗力，在现代市场中没有竞争力，陈富息所在的村子，已经基本不用古法工艺制作豆腐乳了。寻找到传统手艺人的地道风物采编团队，录制了横山古法豆腐乳制作的全过程，见证了一颗颗青豆是经过何种繁复程序最后变成豆腐乳的：有了当地出产的大青豆后，需要用300多年历史的四方古井水磨浆、煮浆、点卤、压制成豆腐，再用草木灰吸水、发酵、拌料、装瓶，倒入桂林三宝之一的“三花酒”，并放入一片新鲜剪裁好的粽叶……6个月后，打开瓶盖的刹那，你可以看见翠绿粽叶漂浮在乳腐原汁中，清香满溢。为了实现陈富息的梦想——“让传统古法工艺的豆腐乳被更多人知道，让大家都尝尝最地道的味道”，2015年9月7日，“地道风物”在腾讯公

2015年以来，地道风物电商平台持续寻找各地地道时令产品，并在2020年开始与新媒体内容能力相结合，实现跨越式发展，全力打造“小地方、好味道”的品质电商平台。图中从左向右依次是[illegible]、[illegible]水蜜桃、信阳毛尖、宜宾脆李、竹荪蛋。摄影/[illegible]

和《中国国家地理》关注大山大河、大区域不同，地道风物团队把焦点放在县域层面的地区差异上，寻找那些隐藏的小地方、不为人知但让人心生美好的自然景观、文化传统、生活方式、美食美饰。

益为陈富息发起众筹，仅用了半个多小时，500瓶豆腐乳的成本金额12500元就筹满了。后来横山豆腐乳每个月的销量都在万瓶左右。我们的地道风物团队，不仅和手艺人一起重拾“慢制造”的信心，也看到了市场对“地道风物”的青睐。

像阮三娘和陈富息的手艺故事，最大的特点是“用心”。随后的几年里，地道风物团队走过了广西、大湘西、黔东南、川西南、帕米尔、闽南、江南等十几个地区的100多个县市，为探访的200多位手艺人留下了影像记录。在地道风物的故事里，我们看到贵州黎平县地扪村的阳光灿烂中，一位染布的侗族老婆婆从桶里舀起纸浆，均匀地洒在一张网帘上，再不紧不慢地把网帘搬到墙边晒太阳；在湖南凤凰县山江苗寨，非遗传承人麻茂庭坐在简朴的老屋里，默默地在一根根银条上雕琢图案。“日用即道”，这些充满生活气息的画面，正是地道风物团队想捕捉的风物故事。

一边紧锣密鼓地打造地道风物Mook系列，把有趣的故事搬上微博和微信等

2018年10月的“风物之旅”来到江苏昆山，团队和随行嘉宾在阳澄湖体验捉蟹。地道风物从“风物之旅”出发，与昆山政企进行了深入合作，承办水乡户外摄影大展、出版了《风物中国志·昆山》，传播百戏昆山盛典，体现了全域线上内容能力和线下策展活动能力。

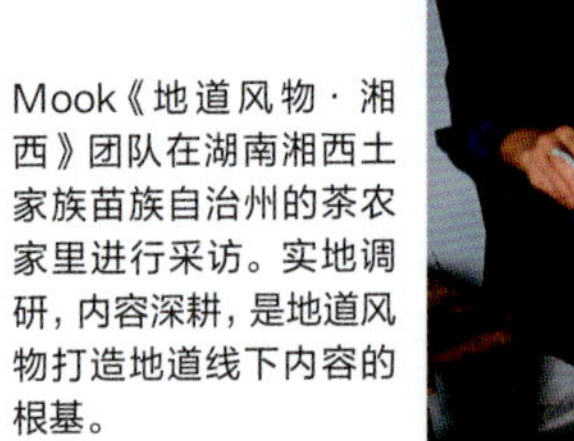

Mook《地道风物·湘西》团队在湖南湘西土家族苗族自治州的茶农家里进行采访。实地调研，内容深耕，是地道风物打造地道线下内容的根基。

2019年8月，地道风物受周庄委托，进行新媒体线上传播，图片编辑吴学文现场拍摄采访当地手艺人。2019年，地道风物新媒体合作了周庄、张家港、乌镇等多个地方线上传播项目，成为专业的政府文旅宣传内容提供方。

新媒体平台，这支年轻好玩的队伍也开始做线下出行、线上分享的“风物大篷车”，即现在的“风物之旅”的前身。比起“风物之旅”的文气，“风物大篷车”更有自由洒脱之气，似乎带着尘土飞扬在路上。“向生活出发”，是“风物大篷车”最初的姿态。2015年9月，地道风物微信公众号组织了第一场“风物大篷车”，《来吧，和我们一起奔向未知而迷人的大凉山》，在线招募有文字和影像记录能力的粉丝参与线下出行、线上话题分享，这样既便于地道风物团队了解用户，也能和用户一起体验如何发现风物的过程，还能增加用户对“地道风物”的忠诚度。对于“风物大篷车”来说，最好的旅程不是去过多少地方、见过了多少美景，而是慢下来，在码头、市场、街巷、人家逗留观察，融入并像当地人一样去生活。

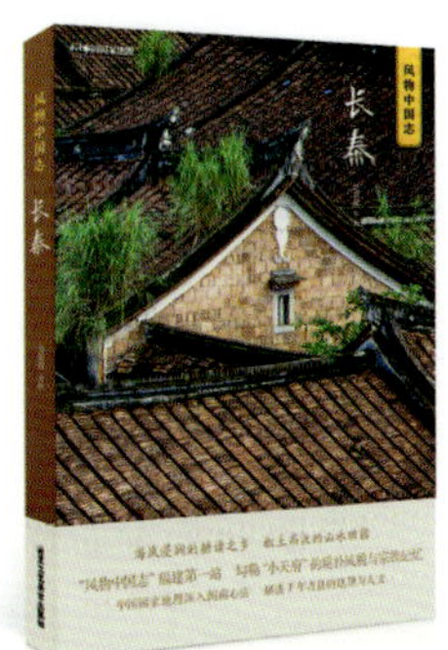

图为“风物中国志”系列出版的第一本《风物中国志·长泰》，于2017年出版。

深入日常生活的地道风物团队，凭借卓越的原创内容，仅在2015年创办元年就打造了不少爆款网文。如图书公司的畅销书“诗画系列”，就始于地道风物的一条10万+推文，《你们小时候背过声律启蒙吗？简直美炸了啊》。于是乎，Mook、新媒体上活跃的文字和快乐的“风物大篷车”，一起构成了地道风物早期的三道风景。

图为《风物中国志·宜兴》一书。“风物中国志”文化工程是国家新闻出版广电总局入库认证的出版项目，目前已出版25本。

强行启动移动互联网，弯道超车初战失败

2015年开局顺当，地道风物团队不仅开发了结构化的内容体系Mook产品，建立了网站和高频次抵达用户的新媒体传播平台，还有了广告收入。虽然这种盈利模式比较传统，但是媒体业务基本上搭起来了，还衍生出了“风物大篷车”这种线下出行、线上传播的活动。后来，风物大篷车升级而成“风物之旅”，改为邀请意见领袖和网红大咖参与出行以获得线上分享的上亿级别流量，在短时间内形成巨大的影响力。

《风物中国志·平凉》是围绕甘肃省平凉市而打造的线下项目。本书是地道风物团队以中国众多县市域为目标，持续挖掘和制作深度内容的代表。

到2016年初的时候，地道风物Mook开始持续出版。其中，《舌尖上的新年》Mook特刊，由陈晓卿和黄磊等人联合参与撰写，一上市就取得了不俗的销量成绩。然而，由于粉丝量并没有大到可以卖货的程度，地道风物团队有了弯道超车的设想，想要绕过培育用户和市场的过程，直接开发移动互联网产品，原本十几个人的团队一度壮大到30人左右。可以说，刚成立一年多的地道风物，在没有前期跑道加速的情况下，“强行起飞”，启动了移动互联网计划。而此举，令公司几乎陷入资金链断裂的困境。

幸运的是，正好这一时期，入选了国家新闻出版广电总局改革发展项目库的“风物中国志”项目开始在县域打开局面，这让地道风物得以开始打造“100个新型地方志”系列。凭借中国国家地理的影响力，地道风物团队与浙江义乌佛堂古镇和福建长泰县政府达成合作，《风物中国志·佛堂》《风物中国志·长泰》相继启动，在三个月内就基本制作完成，并在2017年正式出版。随后，“风物中国志”项目顺利推进，涌入的现金流缓解了地道风物的燃眉之急，也让地道风物团队更聚焦于县域。

图为“2018多彩贵州国际摄影人展”在贵州省兴义市的展览现场。地道风物从线上到线下，挖掘探索贵州省地理、文化优势，助力贵州省文旅产业发展，举办了诸如“探源贵州茶”风物之旅、贵州国际山地摄影展、山地旅游运动装备产业博览会等多项活动。

为了获得更多资金来打造移动互联网产品和推进媒体电商，2017年，地道风物引进了天使轮投资。同时，依托“风物中国志”、新媒体广告和线下活动业务带来的收入，地道风物在2017年的营收增长超过200%，实现了公司成立以来的第一次盈利。

2018年，地道风物M站（移动web站点）和微信小程序上线，然而新媒体粉丝却不见增长，“风物小馆”的物产销量也没有起色。从2015年开始运营的地道风物微信公众号，在2018年5月时粉丝才突破8万。此时，我们才意识到地道风物团队不够强大——传统Mook发行量不太高、新媒体也没做起来，小步快跑其实是徒劳一场，不如踏实做好每一步。于是，在第四个季度砍掉了全部技术团队。裁员之后，地道风物在财务上勉强实现了盈利。度过了一地鸡毛的2018年，

为了获得更多资金来升级地道风物网站和打造移动互联网产品，2017年，地道风物引进了天使轮投资。

这时地道风物也彻底明白了，商业上根本没有弯道超车这种好事，该过的关早晚得过，该解决的问题必须得解决。于是，地道风物将重心移回到媒体型业务，继续探索如何更好、更精彩地定义“地道”。

优秀内容的生产和传播是IP的基石

就在2018年年底，地道风物新媒体平台出现了戏剧性转机，微信粉丝涨到了20万。随后，每两个季度翻一番，到2019年夏天时，粉丝超过了40万。看到新媒体的涨势，陈沂欢叫停了Mook项目，将注意力全面转移到新媒体上。他说：“暂停Mook项目并不代表我们不做媒体业务了，而是转向新媒体平台。媒体不是我们的终点，但一定是必经之路。”

在大多数人看来，微信公众号为代表的红利期在2016年就已经过去了，地道风物把在Mook上积累的内容能力、资源和团队全面投入到新媒体上。

新媒体内容聚焦于中国的小地方和好味道。无论是中国百强县的昆山和张

家港，还是地处三省交界的浙江开化、山西运城，表达“每个地方都有自己的骄傲”的深度内容都能够引起广大用户共鸣。比如，“中国到底哪里的**最好吃？”系列就是与用户日常生活息息相关的话题，也为后续的内容电商业务建立了天然的用户认知。事实再次证明，优秀的内容永远不会过时，并且历久弥新。

地道风物团队提出，要成为一家精于做内容的新媒体型的公司，不断强化地道风物在微博、微信、今日头条和抖音等新媒体平台上的原创内容，以及线下出行、线上分享的“风物之旅”，更快更好地触达用户。

2019年9月，应贵州省网信办邀请，全新升级的“风物之旅”组织了十余位科普大咖以及微博、今日头条和抖音网红，在贵州贵阳、遵义、安顺和黔西南行走多日，探访茶在贵州的起源。地道风物团队报道的“黔西南发现全世界最早的茶籽古化石”等内容，在新媒体平台上的流量达到了2个多亿，实现了贵州向全国用户传递“生态贵州、茶的贵州”理念。

能稳定带来亿级以上流量的“风物之旅”，对于地道风物品牌的形成大有裨益，而且能助力地道风物团队承办的线下摄影展、摄影比赛和博览会等活动。在前期“探源贵州茶”的风物之旅的基础上，2019年秋天，地道风物承办了“贵州国际山地摄影展”和“山地旅游运动装备产业博览会”，融入到山地公园省贵州的文旅产业发展大局中。

在地道风物团队看来，“风物之旅”的过程就是内容，行为就是产品，地道风物与地方文旅产业合作的各种可能性，能够进一步推动地道风物品牌IP的形成。

未来：地道风物如何更“地道”？

2020年，地道风物微信粉丝超过100万，新媒体业务小有起色，物产电商的收入在疫情期间也有了迅猛的发展。2020年风物电商的收入将会超过媒体广告业务，地道风物不仅是一家依靠广告和活动为生的媒体型公司，还要通过内容传播的路径深入农产品电商和文旅产业，实现地道风物与产业结合的初心。面对中国如此广博的山河和各具特色的物产，我们如何判断哪一个物产更为地道?

《中国国家地理》在做“选美中国”特辑时，投入巨额的人力、财力就是为了制定美的标准。当我们在论及“山之美”时，是以高为美，还是以险和奇为美？人们都说黄山很奇，如此是美。又说泰山雄伟，华山险峻，此亦为美。倘若以高来论美，泰山1533米、黄山1864米、华山2155米，完全没法与高达7782米的南迦巴瓦峰和8844.43米的珠穆朗玛峰相提并论。倘若我们将高度纳入山的选美标准，我们还得考虑，高度在“山之美”究竟应该占多少权重。有人欣赏珠峰的极高之美，也有人认为有着国宝级迎客松的黄山更美。面对众说纷纭，最终要落到“制定标准”的问题上来，即如何制定“山水审美的标准”，这才是《中国国家地理》核心竞争力的体现。以此类推，当下，地道风物最需要做的就是制定“地道”的标准，而这个标准恰好可以通过我们媒体多方求证的逻辑思维推演出来。在整个质证的过程中，媒体会向社会各个方面征求意见，形成公开讨论，如此推动社会共识的产生。当然，建立这种令公众接受的共识或信服的标准是很难的，这是一个技术含量非常高的活，需要投入大量的时间、人力和财力。然而，一旦我们的标准制定成功，它将带来巨大的附加值——科学的考证价值和文化的再创造价值，市场自然不会亏待这样的努力。

如果地道风物能以科学传媒的思辨精神成功制定“地道”的标准，搭建起真正的物产电商平台，那么，在面对资本时它必须有所退让。首先，它不能以主要靠低价博取流量的电商平台为榜样，因为这种商业模式具有破坏性，低价策略不仅让制定标准的媒体型电商得不到利润，更会压榨和盘剥生产者和手工艺人的劳动，进而破坏整个行业的生态，由此也无法保证向公众提供有品质的产品。其次，按照严格标准寻找和发现的“地道风物”，一定具有稀缺性和唯一性。因此，在定价上，地道风物提供的肯定是高溢价产品。

总而言之，地道风物的成败在于能否制定一套好的标准。我们的“选美中国”特辑最后确实颠覆了中国人的自然审美观，我们让今天的中国人认识到，地理学鼻祖徐霞客讲的“五岳归来不看山，黄山归来不看岳”过时了。在他那个靠步行、骑毛驴旅行的时代，这话再正确不过了，因为他没见过雪山和冰川，因此不能责怪他。然而，如果我们现代人还用老祖宗的观点来看中国的山水之美，那就有问题了。我们可以很骄傲地说，“选美中国”特辑在2005年制定的“中国最美地方排行榜”至今仍未过时。说到底，媒体对社会的贡献在于坚守媒体最本真的价值——借由文字和资讯来传播思想和方法论。如果一个媒体能守住自己的这种立命，社会给你的回馈也将远远超出你的想象。

图为《地道风物·广西》中广西东兴市京族三岛上的京族渔民。
发现乡土中国之美，发现地道中国之美，一直是地道风物秉持的内容目标。摄影 / 刘小明

第三部分

商业逻辑：移动互联时代，纸媒如何逆势而上？

在中国国家地理，我们推崇思辨精神，认为媒体最重要的资产就是品牌和团队，在运营中格外注重理念的普及与日常化。在外部环境的挑战和内部自我裂变的驱动下，让我们逐渐形成了三大核心理念：内容为王、垂直深耕和跨界创新。

这些可不是简单的口号，而是融入我们每个业务板块、每个部门、每个员工实际工作的指南。我们利用一切机会，如行政例会、年会和团队活动，和同事们分享这些商业逻辑。理念看起来抽象，实际上拥有强大的生命力，并持续为我们擂响团队前行的战鼓。我们的三大理念，来自过去二十多年的经验积累。最开始，在《地理知识》和《中国国家地理》改版初期，最重要的事情就是做好内容，成为一本真正的科学传媒期刊，“内容为王”是我们的立身之道。经过十多年的积淀，我们的第一杆红旗——内容，已经扎得很稳了，中国国家地理开始扩张。经过不断的探索和试错，面对新机遇和新发展，我们意识到最佳扩张机会在垂直领域。与"内容为王"一脉相承，我们的媒体矩阵向垂直领域进阶，力图成为科学传媒领域里的最强者，这就是"垂直深耕"。在纵深化的过程中，外部环境的多变，尤其是新媒体技术的迭代和跨界掠夺者的外向蚕食，让我们认识到跨界思维的重要性，因此在2019 年正式提出"跨界创新"。

事实上，在"垂直深耕"和"跨界创新"成为我们的核心理念之前，我们的团队就已经在垂直领域深耕细作，且以借力的方式实践着跨界互动。发行公司在 2015 年开始开发的文创产品就是一个典型的例子。多年来，我们从内部裂变出来的每一个公司、每一个业务板块，其实都是垂直纵深和跨界开拓的产物。只是，当年在身体力行的具体操作阶段时，我们并没有这么总结过、也没有这个提法。大概，这就是所谓的“实践出真知”吧。

这种真知，最好的验证指标就是实际的经营业绩。24 年前，《地理知识》月发行量为 1.5 万册，杂志社的年度总收入不到 100 万元。如今，仅《中国国家地理》杂志月发行量就接近 100 万册，比 24 年前翻了 60 倍之多；杂志社旗下共计 12 家公司，在 2019 年时年度总收入达到 3 个亿，是 1997 年的 300 多倍。

纸媒衰乎哉？不尽然也。越是浮躁的年代，优质内容越有生命力！我们希望也相信，在逆势而上的路上，还会有更多的同行者，一起传递媒体所坚守的信念和价值观。

第12章

不过时的“内容为王”：打造强大的编辑部

一听到“内容为王”，不少人都会下意识地觉得，这是一个“过时”的概念。尤其是学新闻传播学专业出身的，“内容为王”这个说法已经听得耳朵都要起茧了。在传媒这个行业，内容常被单拿来与其他传播要素相比较，诸如广告、发行和技术等。实际上，这些要素都是一体的。“内容为王”，对我们来说是一个底层商业逻辑。在《中国国家地理》，编辑工作与经营业务完全分开，编辑部专注打造内容；发行部在优质内容的基础上推广杂志；广告部则从内容中汲取养分，进而提出文案，然后进行策划式营销。我们内部裂变的所有业务，都秉承着“内容为王”的理念。

作为内容驱动型的媒体群，编辑部对我们来说是灵魂之所在。从《地理知识》改版初期到2005年做“选美中国”特辑之前，由于我们的经营规模总量比较小，杂志社在编辑部的投入超过收入的80%。后来，随着体量的不断增加，从2005年至今，我们在编辑部的投入占比仍有50%。我们不仅在制度上保障编辑部的独立运作，不与经营创收混为一谈，在财务预算和人事调配上，也实行编辑部优先，以确保编辑部能有充分的能量和保障，来打造原创、独家和独到的内容。

在媒体界，奉行“内容为王”的媒体并不少见。最早带火“内容为王”说法的，就是美国传媒大亨、全美娱乐公司的创始人萨默·雷石东，他一生践行“内容为王”，其麾下著名的媒体公司有维亚康姆（Viacom）、CBS公司（拥有全球第三大电视网）以及派拉蒙影业公司（Paramount，出品了《泰坦尼克号》《阿甘正传》等经典影片）。他另一著名的口号是“渠道为王”，其实仍是以“内容为王”为基础的；否则渠道再好，“挂羊头卖狗肉”也绝非长久之计。后来，默多克的新闻集团、微软和谷歌，都曾将“内容为王”作为核心商业理念，融入到企业的发展中。1996年，比尔·盖茨还专门写过一篇文章，题目就叫《内容为王》（*Content is King*），他认为在互联网上实实在在赚到的钱，都来自内容，这和广播电视“过去”的盈利思维是一样的。可见，“内容为王”并不是传统报刊和电视的专利，也是互联网的文化基因之一。

但有一点，我们的观点和比尔·盖茨不同。我们并不认为依靠“内容为王”赚钱是报刊和广播电视传统的，甚至带着点过时色彩的手段。当今时代，踏实做好内容且经营有道的传统媒体都活得非常好。CNN仍在盈利，英国《金融时报》年度订阅量在2019年时超过100万份，《中国国家地理》《博物》《中华遗产》图书公司和影视公司都能靠发行盈利。可见，优质内容一定会有市场。我们的产品形态虽然传统，但选题、视觉呈现和思维方式却很新潮，我们从未与时代脱节。

选题：常变常新，培养阅读期待

我们办杂志，首要的一点就是放弃了常规科普的概念。我们并不是反对科普，而是放弃了“以科普作为唯一使命”的目标，努力去做一本科学传媒期刊，这个选择决定了《中国国家地理》的基因。我们要让《中国国家地理》走出枯燥与乏味，让读者参与科学、理解科学，传播科学主张的理性与思辨精神。

既然选择革新自己，要从一家靠软文广告为生的科普期刊变成走向市场的商业公司，面对要交税、养员工、卖杂志、卖广告的现实需要，我们就得不断地顺应时代变化，紧跟读者的需求，紧跟科学发展的脉搏，保持内容常变常新。只有杂志内容足够吸引人，读者才会掏腰包买我们的杂志，广告商才会来买版面，这个生意才能持续下去。对于杂志来说，想要把握住内容，首先要把握住选题。什么是合格的选题？做什么样的内容才能在市场上站稳脚跟并且生根发芽？

几十年来，不管是《地理知识》老一辈的科学家编辑，还是今天的我们，都在努力地回答这个问题。在1997年着手改版《地理知识》时，我们确定了迄今为止最重要的选题标准，即着眼于地理学的本质——区域差异性和时空演变性原则，结合社会热点、难点、疑点，对老百姓家门口的地理故事进行精准、精彩、精炼的分析和传播，以此确保杂志内容的独家性和时效性。

做好选题并非易事。《中国国家地理》每期选题都要经过至少一两个月的策划，有些选题甚至需要一年甚至几年时间的反复打磨。编辑们通过阅读大量的科研专著和学术论文、逛书店、参加社会活动以及实地考察，提炼出具备新认识、新发现或再发现、再认识的话题。重要的是，科学的话题必须要有科学家参与，不

> 我们办杂志，首要的一点就是放弃了常规科普的概念。我们并不是反对科普，而是放弃了“以科普作为唯一使命”的目标，努力去做一本科学传媒期刊，这个选择决定了中国国家地理的基因。

能仅由编辑记者来完成，否则就不能保证权威性。因此，在我们每一期刊物的背后，都有一个庞大的科学家群体，不少重大选题甚至直接从一线科研和科学考察项目入手制定。由于背靠中国科学院、中国地理学会和地理科学与资源研究所，我们对中国科学界的研究和考察动态有准确可靠的信息来源，并据此完成了雅鲁藏布大峡谷、青藏高原和横断山区的科学考察报道等专题；有些科学家的研究课题直接成为我们的选题，他们本人则成为撰稿者，如昆明动物研究所韩联宪研究员关于红腹锦鸡的研究、新疆生态与地理研究所马鸣研究员关于巴音布鲁克湿地天鹅的研究、中科院古脊椎动物与古人类研究所关于辽宁锦西化石群的研究……强大的科学背景，让《中国国家地理》作为科学传媒的权威性显著增强，杂志的市场地位不断提高。

一本杂志长期靠什么打动读者？唯一的答案就是话题和谈资。随着国家经济实力的增强，公众文化和生活水平的提高，社会需要多元媒体、多种读物提供的话题和谈资，其中与科学有关的话题和谈资是必不可少的。《中国国家地理》为读者带来的是地理科学类话题。作为科学传媒，我们必然要传播知识，但我们不

会以教科书那样的方式，而是让知识插上话题的翅膀，成为人们在办公室里、饭桌上、酒后茶余的谈资。在选题策划方面，我们结合社会热点、难点、疑点，对有时效性的科学话题进行分析和传播。为此我们探索出了三个简洁的公式：由头+知识、事件+知识、人物+知识。譬如9·11事件后，我们很快做出《走进伊斯兰世界》《中东中亚：荣誉血泪交织的土地》等一系列报道；当俄罗斯“库尔斯克”号潜艇在巴伦支海沉没之际，我们做了关于巴伦支海的报道；又如2015年10月特辑“一带一路”，以国家战略为大背景，发挥《中国国家地理》的专长，从资源、环境和区位的角度解读国家战略，将报道的触角延伸至国外，打破以往10月号特辑只做国内话题的局限。

执行总编单之蔷在四川道孚的“走婚大峡谷”中进行采访。摄影 / 王彤

媒体必然要追求时效性，互联网的发展进一步加强了这个趋势，近些年异军突起的自媒体靠着“蹭热点”也收获了不少受众。物极必反，成也时效性、败也时效性，一味追求时效性的结果，往往就是内容的空心化和质量的急剧下降，令不少媒体“其兴也勃焉，其亡也忽焉”。同样追踪热点的《中国国家地理》并没有流于时效性，而是对事件背后的自然、文化、历史进行深入解读。我们深知：时效只是媒体的基础，品质才是产品的保证。

互联网除了带来不断加速的“时效”，其海量存储和免费信息也开始占领人

拨开地表的那层黑砾石，我们将“中国国家地理”六个5米见方的大字写在内蒙古的黑戈壁上。蓝天之下，摄影师陈淮站到车顶上为执行总编单之蔷（中）、董治宝教授（左）以及摄影师马宏杰（右）拍下合影。
摄影／陈淮

岩画不一定完全是真实社会生活的写照，而是文化传播和人类迁徙的映照。就像青藏高原并没有大象，但象的形象却随着佛教传入了藏地。类似的谜团，在通天河岩画中还有很多。图为摄影师正在拍摄岩画。
摄影／索尼

们的生活。对此，我们在选题上有了一个新标准：互联网检查制度。我们三刊杂志的报道选题，必须是互联网上难以找到的“稀缺品”。我们会把每一篇稿子的大标题、小标题、引言、抽言、关键词这五样东西放在互联网上搜索。如果搜出哗啦啦一大堆页面，无论我们在这个稿子上付出了多大心血，都得拿下来，因为这已是旧闻而不是新知了。有了互联网检查这个利器，编辑部就排除了那些没有新意、不够独到的内容。我们始终强调新发现、新认识和再发现、再认识，只有这样，杂志才会常变常新、不被替代，读者才会有真正的阅读期待。

2017及2018年，《博物》《中华遗产》《中国国家地理》定价分别提高了百分之五十，我们的订阅量不仅没有减少，反而持续增长。有人说，在互联网时代提高

互联网除了带来不断加速的“时效”，其海量存储和免费信息也开始占领人们的生活。对此，我们在选题上有了一个新标准：互联网检查制度。我们三刊杂志的报道选题，必须是互联网上难以找到的“稀缺品”。

纸媒的零售价无异于举刀自残，可是我们不相信，作为一个伟大、文明、富足的民族，会没有人读书？！当你想要告诉自己的孩子，这个世界是如何美好、深邃与博大，告诉他人生真正的价值与真理时，难道仅靠一部手机就够了吗？这些年我们也有过失误、有过疏忽，我每年都会做一些决策上的检讨，写一些检查报告。为什么要写出来？是因为白纸黑字是抹擦不掉、删除不掉的。反过来，当你把这些置于网络空间的时候，改造、删除都是分分钟的事儿。以纸媒的方式，我们传承的内容和价值观一目了然，所以“内容为王”永远不会过时。如果我们沦落为互联网的整理器、互联网的求证者，把分秒更新、海量存储、免费索取的内容进行加工，不仅会失去媒体的担当，更是作伪与剽窃。我们不相信这种东西会有长久的价值。正是因为确信旗下三刊的内容是独家和独到的，我们才会有充足的底气来提高定价。

对于办好《中国国家地理》，我们是有底气的。特别感谢我们的祖先，给我们留下了一个地大物博、景色壮美、差异显著的中国。在这里，有从赤道到极点的所有自然带，有雨林、草原、沙漠、戈壁、冰川等所有的景观类型，世界上没有一

个国家能与之相提并论；我们五十六个民族、五千年创造的各类历史文化，更是世界上没有一个国家能与之匹敌。由此，我们能用更小的成本打造与国际同行相比更精彩的内容。小不是指人力、财力成本，而是相对于宏大的资源而言。中国的地理资源非常丰富，全世界共有十大自然生态系统，中国拥有其中的九个类别，而地理最精彩的地方就在于差异性和变化性。因此，有关中国的地理选题非常多。假如没有丰富多彩的人文历史和差异显著的自然景观，纵使有天大的本事、再强大的技术，也难以弥补这先天的不足。

未来，我们会坚持干老本行，立足于中国本土，做好“天、地、生、人”四大领域的话题和谈资。虽是继续做地理类科学传媒，但我们如今的选题角度和

2009年5月1日，《中国国家地理》编辑部主编单之蔷、摄影师马宏杰、摄影师吴立新一行，在中国最南端的领土曾母暗沙上放置了编辑部特制的“主权碑”。水晶制成的金字塔形纪念碑晶莹剔透，在碧蓝的海水中圣洁夺目。纪念碑的4个面上都简单勾画出中国版图的形状，然后用鲜红的汉字标出“中国最南端”的字样。摄影／吴立新

早期讲述人地理、人区域的宏观视角已经有所不同。我们正在向“小题大做”转变，大处着眼、小处着手。这种思路对于《中国国家地理》在垂直话题的探索来说十分重要。做“小题”，意味着不能夸夸其谈，选择那种放之四海而皆准的主题，否则见识越来越广的用户不会有兴趣。我们的做法还是执行总编单之蔷一直坚持的“同心圆法则”，即以一个点为圆心切入，进而慢慢放大，从一个具体的小事件或现象，延伸到抽象的意象层面，前后呼应，从而实现传达文章主旨的意图。这样的选题和表达方式使内容更贴切、更有情境性，拉近与读者的距离。比如《河北无河，水都去哪儿了》，我们从“无河”这样的小题目来讲河北的大水文故事，从细小处表现大震撼。

编辑部另一个重要的选题突破在于“跨界创新”。随着“地理”这个概念的内涵不断丰富，我们的选题不仅在垂直领域纵向深耕，也开始横向地跨界整合。

和汽车等标准化制造业不同，具有思想的媒体天生就有“不规则”的特点，它的选题和内容永远在变化。只有通过编辑手法和视觉呈现，形成自己的风格，我们才能把不规则的内容变成有一定规则和标准的商品，如此才能进入市场。

比如，《中国国家地理》在2020年1月推出的“辽宁专辑”，不仅从地貌学上讲述了辽宁的海岸线，还把海岸线所承载的人文、历史以及经济蓬勃发展的形象勾勒出来了。这既可以说是编辑部在自然地理选题方面的深入发挥，也可以说他们以跨界的方式——科学的数据、地理的情怀、艺术化的表达方式，为读者带来了前所未有的想象空间。

很多人都以为《中国国家地理》的发行公司和广告公司实行的是跨界的打法，其实最早尝试跨界、走出自己舒适区的是编辑部：立足于自然科学，目光却有着人文科学的敏锐与深刻，有推论、有逻辑思辨、有哲学思考，还有艺术和审美。这属于地理学界、生物学界、人文社科学界还是艺术界？兼而有之。编辑部就是一个跨界思维的高地，一开始就在“垂直”和“跨界”中扎了根，所以我们总是说“编辑部是中国国家地理科学传媒体系的灵魂”。

表达：现象学与编辑部的选题执行

和汽车等标准化制造业不同，具有思想的媒体天生就有“不规则”的特点，它的选题和内容永远在变化。只有通过编辑手法和视觉呈现，形成自己的风格，我们才能把不规则的内容变成有一定规则和标准的商品，如此才能进入市场。标准化以后，杂志有定价、有衡量内容好坏的标准、页码标准和印刷标准，也有自己创造社会价值的公式。要把杂志这种特殊的产品做成品牌，最重要的就是阅读体验。

为了不断提升杂志的社会口碑和读者体验，打造出色的科学传媒，勤学好思的老搭档单之蔷总结出了一套现象学方法论，以此探索地理科学的新发现和新认识。在这一点上，他和90年代做《三联·人文地理》的张承志挺像，喜欢琢磨做杂志的哲学理论和方法论。也许，所有的总编辑都喜欢干这样的事儿，但不得不说，选题有异同，立意有高下，角度和表达更是直接关乎内容是否好看，因此，打造一个有“理论自信”的编辑部还真挺重要的。

二十多年来，老单一门心思扑在编辑工作上，成天琢磨怎么把杂志做得好看。深入哲学流派“现象学”后，他就像是共产党人找到了马克思主义，认为研究人与世界关系的现象学特别适合《中国国家地理》，因为地理学最根本的使命就是辩证人地关系。如何把枯燥难懂的现象学转化成大家能够理解的“编辑部秘诀”呢？老单他有自己的招数。

第一招，悬置法。简单说来，就是加括号，把我们看到的真实世界或者我们对世界存在的信仰括起来，告诉读者：请注意，镜头及眼中的事实并不是事实本身，这个信仰是需要质疑的、是无法证明的。通过悬置文本世界与真实世界的差异，编辑部想传递给读者这样一个信息——我们在进行深入的思考。通常，我们对科学有一种盲目的崇拜，认为科学家所讲述的东西是确信无疑的，比如我们地理学中最常用的“区划”，可是这些空间区划和自然带划分是自然界的真实存在吗？很明显，自然界并没有做这些划分，而是地理学家和人类社会创造出来的。所以，在科学传媒选题的文本化过程中，编辑部对科学家们的说法是需要仔细斟酌的。我们发自内心地热爱科学，但绝不迷信科学。

2006年，《中国国家地理》推出了“青海专辑”，在市场上很受欢迎。殊不知，这本极为畅销的省专辑便使用了老单的现象学第一招。确定青海选题后，编辑部研究了一番青海的地理区划。在地理学中，青海归属于我国东部季风区和青藏高原两大自然区划，未被纳入西北干旱区。对此，老单感到失望，觉得不合理，在他看来，青海拥有西北干旱区的典型自然景观和人文要素，比如干旱区的动植物以及文化中的骆驼礼仪。可这些不仅没有在科学家的地理区划中体现，反而将地貌学中并不属于青藏高原的柴达木盆地和祁连山划入了青藏高原。这种情况下，现象学就派上了用场，编辑部并不迷信地理科学家旧有的自然区划，而是邀请地理学家与我们一起思考青海的自然区划问题。最终，“青海专辑”以青海湖为中

图为图片总监王彤带领的摄影小组在内蒙古鄂尔多斯拍摄乌审马的场景。鄂尔多斯乌审马是四大蒙古马之一。四大蒙古马中，百岔铁蹄马只有几十匹了，剩下的三种全部加在一起也不足10万匹。鄂尔多斯伊金霍洛旗体育局的职业驯马师为我们挑选的这种白色的乌审马就更稀少了。摄影 / 王彤

心，对青海进行了新的解读，这乃是一个兼有东部季风区、青藏高原和西北干旱区三大自然区划类型的大省。阅读这本专辑，读者感触最深的便是“思考”的时刻在场。原来，青海的自然景观远比我们想象中更丰富。

如此一来，青海还是那个青海，但表达和呈现就焕然一新了。可见，最能为选题带来生命力的，是切入的角度和思考的深度，用编辑部“现象学秘诀”里的话来说，“真理就是呈现出来的部分客观实际而已”。这个层面的意识立起来了，

编辑们就会明白创新的生命力在于思维方式的转变，而不是编辑手法等这些小技巧。如果只是“新瓶装旧酒”，角度一般、态度平平，读者在文章中看不到未知的、有新意的内容和观点，这篇文章或这期杂志就是失败的。当然，我们不会为了追求新知和好看而凭空捏造，一定要有科学依据和理论支撑。在这方面，我们有很多成功的案例。比如，2003年4月刊主打的策划主题是沙尘暴，当时正值北方沙尘暴肆虐，许多媒体尤其是网络媒体都对沙尘暴口诛笔伐。《中国国家地理》另辟蹊径，邀请科学家们共同参与讨论这个话题，提出“在自然界，存在即是合理，沙尘暴对整个地球大环境具有调节作用”这个观点，黄土高原、华北大平原的形成、日本列岛甚至海洋生态系统的维系，沙尘暴都功不可没。还沙尘暴

为什么雪山充满魅力？因为想要以“在场”的视角，看到全貌是很艰难的。我们的摄影师去拍希夏邦马峰，呈现的就是一种缺席的视角。我们从不同的角度看希夏邦马，就会发现这座雪山是千姿百态的。

一个清白，向人们揭示事物的少为人知的另一面，凸显了《中国国家地理》在地理学领域的权威性。

第二招是明白“在场”和“缺席”之间的张力。老单常以雪山为例，讲述“缺席”的重要性。为什么雪山充满魅力？因为想要以“在场”的视角，看到全貌是很艰难的。我们的摄影师去拍希夏邦马峰，呈现的就是一种“缺席”的视角。我们从不同的角度看希夏邦马，就会发现这座雪山是千姿百态的。也就是说，你换个位置，眼里的景观就完全变了，这就是“缺席”。因此，编辑部做报道时总是努力展现思考的过程而不仅仅是发现的结果。不管是“在场”和“缺席”，都意味着我们呈现选题的视角更丰富了。老单认为，过去我们把媒介和技术理解为中介或者工具，这是一种传统的、没有创造力的观点，因为技术就是世界、媒介就是讯息，技术的迭代和突破将“在场”和“缺席”之间的张力拉伸得更有弹性了。比如，无人机拍摄技术带来的图像，明显是在之前人“缺席”的新角度上拍摄的，长镜头和高清摄像机也如此，那些拍摄出来的萤火虫和星轨，和我们肉眼

所见完全不同。所以，《中国国家地理》要紧随技术的进步来报道和呈现世界。

第三招是“非对象化”的摄影和编辑思路。这个看起来有点深奥，其实解释起来很简单。我们的编辑部，无论是做文字编辑还是处理图像语言，其实都是和符号世界而非真实世界打交道，因为我们的世界并不由文本和图像组成。假如我们以为文字和图像中的世界就是真实的世界，我们便把世界以想象和异化的方

甘肃张掖大佛寺内的释迦牟尼巨像，是中国现存室内泥塑卧佛中最大的一尊。摄影 / 吴健

式“对象化”了，甚至中断了本来“流动”的生活。而如何生动精彩地呈现这种“流动”，便是媒体的课题。举例来说，我们的摄影师在拍摄佛像的时候，在完美的“完成式”佛像之外，更希望能捕捉到处在开凿或者修复阶段的佛像画面，让佛像在生活中“流动”起来。这就是老单的“非对象化摄影理论”。我们想要呈现的是，每一人、每一物都一往情深地投入了生活。如果我们“中断”了这种流动的生活，就会出现对象化的世界，而这并不是我们想要的。

最后一招是“学会还原”。它其实是一种做减法的思维，用来提醒编辑们回归选题和图像最简单、最原始的意义。这一点在封面选择上尤为重要。一般来说，让读者在10秒内决定是否购买一本杂志，最关键因素就是封面。因此，封面的选择必须是最简单的，不能让读者感到困惑。本书的第4章曾提到2004年“国花”那期的封面，它失败的原因在于我们不懂做减法，而是做了不合适的加法，把编辑过程中的想法附加到封面上去了。可是，当这种封面出现在读者面前时，我们自以为精彩的编辑想法对读者来说是不存在的，因为他们并没有参与编辑过

程，根本就不了解这些附加上去的信息。2011年2月，做“揭秘千岛湖水下古城”这个选题时，不少编辑提出，应以姚氏牌坊龙头砖雕作为封面图片，这可是摄影师历尽千辛万苦潜到千岛湖深处才拍到的，非常难得。但老单否定了这个提案，因为读者在看到这个封面时，未必会注意到这是在水下拍的，也感受不到这个龙头的珍稀之处，并可能因此而放弃购买这本杂志。最近的一个例子，也再度说明了学会还原的重要性。讨论2019年第11期的封面图片时，为了强调东北黑土地的衰退危机，有编辑提出使用“胡萝卜长在黑土地中的剖面图”，这张照片拍得很有创意，有非对象化摄影的意义，还原了胡萝卜和土地的关系，然而这张图并不符合减法原则。仅从这个片子来看，读者很难看出这是黑土地，更无法领会“黑土地出现危机”这个信息，不过就是一根胡萝卜而已。所以，老单的第四招减法原则，非常适用于现在的“注意力经济时代”，我们要以最直白的方式讲清楚关键问题。

有了这四大“现象学秘诀”，三刊编辑部在编辑实务上苦练内功。经过时间的打磨，我们《中国国家地理》《中华遗产》和《博物》形成了较为完善的编辑流程以及独特的语言体系，令杂志成为规范化、具有标识度的产品。流程化和规范化背后是潜移默化中逐渐形成的编辑部共识，有共识的编辑部才是有战斗力的编辑部，否则不可能维持杂志的风格和品质。如果有人拉着老单、黄秀芳和许秋汉问如何形成编辑共识，他们的回答肯定差不多，“每年编辑部所有人将时间和生命全部投入到12期杂志的打造上，一篇一篇地，一期一期地，一年一年地，就做成了现在的样子”。我们在潜移默化中变得更加专业和专注，正所谓：只要功夫深，铁杵磨成针。

在视觉呈现上，三刊采用了图文并茂的方式，文字图像化、图像叙事化。我们对文字的要求是精准、精彩、精炼，对图片的要求是美、赏心悦目。我们想要呈现的图片语言，不仅是美的惊叹号，还要加一个问号，引起读者的遐想和沉思。只有沉思才能让读者加深印象，不断地产生好奇心和阅读期待。以《中国国家地理》为例，我们可以看到，从《地理知识》改名为《中国国家地理》后，刊物的一个重要变化就是在视觉呈现上有了巨大的突破和创新，叙事的图像化不仅极大地充实了叙事内容，也大力拓展了叙事空间。2012年11月刊的卷首语《用9张照片看新疆》，试图用9张图片、两张遥感地图、一篇文章来勾勒新疆的模样。面对摄影师在航拍新疆中积累的无数张照片，起初编辑们认为根本不可能用

9张图来总结。可是如果9张不行，90张、900张就行了吗？后来，编辑部发现问题不在于图片多少，而在于它们能否组建一个结构，一个主题只有放置在合理的结构中才能获得意义。既然我们的目标是让读者获得对新疆的大致认识，那么最紧要的工作就是寻找出新疆地区的地理结构。这个结构是什么呢？地理学家谈到新疆地貌时经常说到“三山夹两盆”这五个字，“三山”即北部的阿尔泰山、中部的天山、南部的昆仑山，“两盆”则是北部的准噶尔盆地和南部的塔里木盆地，于是这五个字就成为了选图的标准。最终，编辑们选取了“天山·伊犁河：一条大河向西流”“阿尔泰山：新疆北部的绿岛”“江布拉克：农夫在大地上写下

有了这四大“现象学秘诀”，三刊编辑部在编辑实务上苦练内功。经过时间的打磨，我们《中国国家地理》《中华遗产》和《博物》形成了较为完善的编辑流程以及独特的语言体系，令杂志成为规范化、具有标识度的产品。

的诗”“准噶尔盆地·卡拉麦里：野生动物的乐土”“天山中段·库车大峡谷红岩山：大自然塑造的红色雕刻”“天山东段·哈密三道岭雅丹群：鬼斧神工雕琢的城堡”“天山西段·赛里木湖：天山明珠”“塔里木盆地·鄯善：绿洲与沙漠直接握手”“昆仑山·山前冲积扇：人类寄居的重要场所”这9幅航拍图来勾勒新疆全貌。这种表达既新颖又有效，读者不仅感受到了新疆的天地大美，还对“三山夹两盆”有了清晰的认识。

对于设计、排版和印刷，我们也极为重视，把“内容为王”落实到“最后一棒”。就说印刷这件看起来很简单的事儿，实际上是个技术活。有些设计稿中要求的颜色，在印刷厂里并不能实现。比如渐变的灰色很难追色，难以保证成品颜色的统一，因此印厂工人对这种设计的意见就很大。也就是说编辑部交付的设计，印厂从技术上不见得能贯彻。为了保证印刷成品的效果——编辑创意的最后一个环节，我们杂志社的印刷业务负责人就是《中国国家地理》编辑部的美编李晟。我们要在设计和印刷之间寻找平衡：编辑部需要了解印务技术、材料和油墨，让设计和印刷形成一个良性互动。这对我们来说，既是一个学习机会，也让我们注意到供应链

《中国国家地理》及《博物》部分版面。

的重要性，比如油墨、纸张的价格、供应商及供货渠道、物流运输等。

因为我们的单期杂志印量非常大，任何一家印厂都不可能在短期内完成。于是，我们与北京、上海、湖南和深圳的4家印刷厂合作。北京印厂负责供应华北、东北、西北等地区，上海印厂负责东部地区，湖南印厂负责中南地区和西南地区，深圳印厂负责华南地区。这4家印厂各有自己的特点，同样一期杂志印制出来的效果不完全一样。湖南印厂出来的成品颜色比较重，而上海印厂出来的杂志就比较清淡，这可能和上海人和湖南人性格差异有关。当然，除非是印刷专业人士，一般看不出来这种细微的差别。为了让我们的杂志成为精品和艺术品，我们的印务总监经常要四地奔走，与工厂的技术人员共同商讨办法，就目前来讲，四地基本可以实现色彩还原，印装标准的一致。

在杂志印刷质量上精益求精的《中国国家地理》，在2016年获得北京印刷质量大奖。2017年7月，《中国国家地理》2016年的第8期，由湖南印厂出品、以萤火虫公园为封面的杂志，在“第六届两岸四地中华印制大奖”评比中摘得杂志类金奖。2018年第12期，《中国国家地理》杂志（湖南印厂）又荣获2019年“中华印制大奖”。

这就是我们可爱的编辑部，不仅把深奥的哲学原理用得活灵活现，而且紧跟技术的进步，在摄影成像、图片选择、编辑排版和印刷环节等各个细节都极为用心，这样才让我们的三刊杂志既能传递理性的思辨精神，又具有典藏性。

制作模式：向好莱坞电影工业学习

技术产品的核心是技术，媒体则是内容。细化到科学传媒这个领域，为了确保内容的权威和严谨，专业化或专家式媒体的制作模式很重要。在这一点上，我们借鉴了好莱坞电影工业的项目签约模式。

1997年以前，《地理知识》编辑部虽然人不多，编辑基本上都是地理学者。他们保证了内容的科学与严谨，但是生硬枯燥的科学语言和专业语汇让社会大众望而生畏。我们改版走向市场化后，引进了大批非科学研究背景的媒体人，包括执行总编单之蔷。新的问题随之而来：新组建的地理编辑部的编辑大多没有地理学背景，我们如何确保《中国国家地理》作为科学传媒的权威性?

改版初期，我们在财务上很拮据，连改为彩版印刷的100万元都拿不出来，更不用说招揽不同领域的科学家和资深研究者了。既然如此，我们为何不学习好莱坞的项目签约制呢？策划一个选题后，可以请这个领域最权威的科学家做顾问或者撰稿。这样，我们便有了与生物学界的泰斗潘文石教授在改版号主打文章——《熊猫社会》上的成功合作。在这个过程中，我们的编辑身兼两个角色：选题策划者和“语言翻译”，把有科学含量的信息用公众喜欢且能够接受的方式呈现出来，也就是科学的艺术表达。这种“科学＋艺术”的气质是编辑们努力的方向，也是《中国国家地理》得以吸引众多读者的魅力所在。

后来，随着杂志的改版和市场化，我们进行了内容表达方式、文风转变和作者群体的迭代更新后，对编辑和作者的角色区分更加明确了。老单曾说：“《中国国家地理》的文章作者应是‘记者＋学者＋诗人＋哲学家’的综合，而理想的编辑，在我看来应该像好莱坞的制片人那样工作。在电影工业里，制片人不一定是导演，也不必会演戏、写剧本或者配乐，但制片人一定要有本事找到最好的导演，最有才华的剧本作家，最佳摄像师、剪辑师以及最合适的演员。如果编辑可以做好‘制片人工作’，把最合适的科学家、作家、摄影师找来，组成一个小队伍，把策划好的选题做出来，就是最理想的状态。”

考虑到《中国国家地理》科学传媒的性质，我们的编辑部是一个研究型而不是采写型编辑部，因此，要避免自编、自导、自演的现象。非专业人士写科学文章，常常只知其一不知其二，断章取义是常有的事儿，甚至还会反向理解专家的观点，以这种方式做科学传媒一定会失败。另一个问题是，我们需要和更多的外部人员合作来完成巨大的工作量。通常情况下，我们每期杂志的制作都相当于一个工程项目，需要处理的选题和内容是杂志版面的数倍之多，这些工作对于编辑和记者来说，不可能独立完成。所以，我们的编辑都是“制片人”，带着选题策划和编辑意图寻找最合适的团队成员。目前，中国国家地理旗下三刊，除了卷首语是编辑部当家人主笔，大多数文章都为编辑统筹下的团组运作。

《中国国家地理》的2006年10月刊“中国人的景观大道”特辑就是一个运用“制片人模式”的典型案例。编辑部邀请合适的作者和摄影师来拍摄、采访与撰写相关的图片及文字，请地理学家划分并撰写318国道沿线各自然区域的介绍性文字。对于其中最重要的几段路线，诸如川藏线等，我们组织了一个由专家学者组成的考察队。这支队伍的成员，除了老单和几位编辑外，还有地貌专家、冰川专家、植物专家、人类学专家、作家、旅游景观专家等。有了这些来自不同领域

西藏东南部的易贡湖是典型的[illegible]。当考察队行进到林芝的通麦大桥时，大家不约而同地希望去现场一睹真容。图中正是大家站在高坡上，远观看周围形势，[illegible]。[illegible]科考队专家一致认为，强大的冰川泥石流是造成易贡[illegible]的真实原因。（上图从左至右分别为：单之蔷、张[illegible]、尹泽生、张文敬、李渤生）摄影 / 高新宇

的专家参与，我们呈现的特辑让读者不仅看到了318国道沿线的微观景致，还认识到了不同自然区域组成的整体架构，兼具科学、艺术和美学效果。“中国人的景观大道”单期发行量达到了100万册，成为业界话题，却不知道成就这个奇迹的，就有不可或缺的“制片人”思维。

制片人式的制作模式和项目签约制，不仅为我们节约了成本，提高了效率，还带来了超出预期的跨界产物——最优质的内容。早些年在极地科考队时，我们的团队有着各种专业背景的人，如地理、生物、技术、工程、医学等，这些人组合在一起，出色地完成了一次又一次的科学考察任务。同样，在杂志社，我们的编辑根据选题的不同，也组建了一支支专业背景各异的队伍，他们就像出色的制片人，把这些人集合在一起、有序搭配，让每个参与者都发挥其专长。这种制作模式让我们避免了选题和表达的单一，使整本杂志读起来感觉像一曲美妙的交响乐，有开场、有起承转合、有高潮、有结尾，同时也让编辑们在担当制片人角色时得到

阿尔山的天池像是大地的眼睛。摄影 / 杨孝

学习和成长的机会。我们编辑部的首席“制片人”老单，不仅是杂志社的执行总编辑，也成为了中科院地理科学与资源研究所的研究员，从一个地理科学爱好者成为了专家。

目前，我们已经建立了庞大的专家团队和签约摄影师，这些资源成为编辑部打造优质内容的有力保障。和大多数杂志社采用版权合作或购买版权的方法来引用其他媒体图片的做法不同，《中国国家地理》不惜重金，采用了国际上通行的签约制，大量图片都是由签约摄影师提供的，签约制中包含了竞争机制，不仅从源头上确保了图片的原创性和数量，也保证了图片的质量。

对我们而言，让杂志“好看”的核心力量，来自编辑部和签约专家团队的支持。任何媒体的成功都应该首先是编辑部的成功。编辑部是“皮”，市场部是“毛”，皮之不存，毛将焉附?

对我们而言，让杂志“好看”的核心力量，来自编辑部和签约专家团队的支持。任何媒体的成功都应该首先是编辑部的成功。编辑部是“皮”，市场部是“毛”，皮之不存，毛将焉附? 靠市场炒作生存的杂志或许在开局时会有不错的表现，但后劲不足，所以《中国国家地理》在财政最紧张的时候，也愿意把80%的人力、物力、财力用在编辑部，我们相信，只有优质的内容才能让我们在残酷的市场竞争中获得一席之地。我们力求将每一篇文章都打造成具有独特视角的内容精品。编辑只有在认真阅读了大量科学专著、学术论文的基础上，才能从大家相对比较熟悉的选题中筛选出和地理相关的最新发展和思想，然后进行再研究、再发现和再认识。这期间还要与专家团队进行多方交流，最终选出最为独特的话题和谈资。我们要求编辑部人员在策划每一选题时都要把它当作一篇博士论文来对待，所以内容选题制作的周期较长，正所谓慢功出细活。

2005年“选美中国”特辑大获成功之后，我们升级了这种制片人模式，将内部竞争机制引入了编辑部。目前，在《中国国家地理》编辑部，每期杂志都从4个团队制作的4套内容中选出最好的那套。既然媒体的特性是不规则、每期内容都不一样，那么从不规则到规则，创意的空间就很大。没有有效的内部竞争、没有在科学界站得住脚的立场、没有独特的文风文体，就做不出来有特色的科学传媒。商业是平等的，消费者是明智的，靠标题党和八卦，是做不出有生命力的杂志的。在内容制造上，我们从来都是最重视的，不敢有丝毫怠慢。2018年，我们收到了一张特别的超长期订单，有读者一把就预付了15年订阅费，这对我们既是肯定也是鼓励。为什么他愿意一次预订15年的《中国国家地理》？因为他相信我们会越来越好，能够提供他所期待的内容。

引领互联网：内容与流量，孰轻孰重？

面对强势的互联网，传统媒体只剩两条路可走：一条是追随互联网，另一条是引领互联网。我们选择了后者。相比于传统媒体，无论是传统互联网还是移动互联网，其最大的优势都是占领了主要的分销渠道，且离终端用户最近。但它们也有一处天然的软肋，那就是信息过载、碎片化和娱乐化，导致互联网上真正有价值的内容不多。因此，媒体创造话题的能力，及其给出的社会谈资和价值观必须走在互联网前面，否则不会有市场竞争力。这种决心和策略在当前格外重要，不然只能被残酷的市场竞争所淘汰。

我们在2005年前后确立的互联网检查制度，就是为了确保杂志内容的原创和独家。当我们的内容出现在互联网上，也一定会以收费的方式出现，比如我们在中国国家地理App上的数字刊物，和纸刊价格完全一样。这些年来，我们纸刊的订阅用户并没有随着移动互联网的普及而下降，反而受到城市化和市场下沉的利好影响，杂志销量持续提升，市场对媒体原创内容的认可度非常高。“不免费”，是我们在互联网时代的第一大原则。没有媒体可以通过“免费”获得成功。

第二个原则是常变常新，紧跟读者阅读习惯。从《地理知识》到《中国国家地理》，我们改变了科普语言，进入读图时代。在互联网时代，我们在版式和表达上更加追求易读性，将长文变短。现在我们三刊的每篇文章都具有五大要素：大标题、小标题、引言、抽言和关键词。在版面设计上，从以前的网格设计改为现在的竖排——手机屏式竖排，而且每个小标题下的内容都可以独立成章。这样，读者看着舒服也不累，碎片时间就能看。2018年《中华遗产》做的“二十四节气”专辑就是一个很好的例子。整个版面一分为二，左边采用宋体汉字，以古时竖排书写的方式写下节气名称。为了强调“食得其时”，每一节气都对应当季的食材，如“雨水”之“水”字一撇由春笋图像所代替，另衬以十二地支表盘——指针标记交节的具体时间；右边是此节气对应食材“春笋”的高清图片，文字的颜色则采用了春笋的翠绿色，营造出“雨水”的意境与氛围。

第三个原则是流量并不是越多越好。2008年移动互联网兴起后，流量与热度成为媒体人追逐的新热点，我们却对此持谨慎态度。我们的《博物》运营中心在实验性的项目尝试中，打通了《博物》杂志、微博“博物君”和微信《博物》等各类不同的媒体，实现了纸媒和新媒体的融合，获得了大量优质的自流量和变现流量。这是一个比较成功的融媒体实践案例，其最核心的地方在于我们不追求无效的流量。在我们看来，那些没有标识、杂乱无章、不能矢量化的流量毫无价值，花钱做流量更是一个吞噬现金流的巨大陷阱。我们曾经尝试过与新浪、搜狐合作引流到中国国家地理官网，后果是什么？大量的访问和流量让我们的网站几度崩溃，这些流量不可归类，既没为网站带来持续的访问量，也没有提高杂志的销售额。“流量为王”的说法对传统媒体来说，也许是个大坑，没有市场化的商品和没有矢量标识的流量都没有价值。所以，将编辑部花费大量心血做出来的杂志内容以免费或者打折的方式换流量，我们从来都是拒绝的。

在互联网时代提出的这三个原则，尤其是第三个，经常遭致批评，说我们没有互联网思维。有许多人说互联网思维就是“羊毛出在猪身上”“只要站在风口上，猪都能飞起来”。但凡有常识的人都知道，羊毛只能出在羊身上，也从没见过猪能在风中翱翔的。所以，我们绝不会免费供应内容，也不会在没有价值的流量上浪费时间。面对互联网上成千上万的“知道分子”和渔翁得利者，我们绝不会自甘下沉，而会坚持“知识分子”的立场、做好内容，实现媒体的核心价值。所以，《中国国家地理》和《中华遗产》编辑部能底气十足地说，一期杂志真值30块钱；《博物》一本卖15元，我们毫不亏心；图书公司的“中国野生鸟类”系列，一本卖800元绝不是抢钱。坚持给读者提供优质的内容，我们心里会特别踏实、特别自豪。

古人讲“没有规矩不成方圆”，其实有些规矩既是道德底线，也是做好产品的前提、基础和方法。要在竞争激烈的市场中存活，保持原则是很重要的事，在这样的过程中对原则进行再创造，其实就是形成独特风格最为关键的一步。

中央提出的供给侧结构性改革，这是非常重要的战略，提出了高质量发展的目标。对媒体来说，最重要的就是做好内容，稳扎稳打。现在大家都在讲，资本的寒冬来了，其实我们从没觉得寒冬有多么可怕，也不觉得春天有多么美好。正是四季轮回，世界和生活才会充满变化与精彩。在这里，我们不妨用地理学的思维，进一步理解“资本寒冬”这个说法。寒冬到来，落叶回归大地，给土壤带来营养，让来年的春暖花开、万物生长充满能量。生物界遵循的自然法则，在我们的商业社会是一样的，经历了危机之后的企业以及新生企业，会格外强大。所以“寒冬”是必经之路，所有的经济现象背后都有其运转的秩序。面对中国经济正在经历的结构调整和再平衡——经济增速换挡、结构调整阵痛、前期刺激政策消化的三重局面叠加，我们要持续升级和转化，坚持内容为王，追求高质量发展，如此才能继续生长。■

云南香格里拉的纳帕海湿地，每年都会吸引无数游人前往，这里水草丰美。图中，落日下，人们骑着马前行，逆光下勾勒出美妙的剪影。摄影 / 王宁

清晨的新疆乌恰县玉其塔什草原，村庄升起袅袅炊烟，这里有着壮美的红层地貌。人们过着游牧的生活，每年都会在秋末开始一年一度的转场。摄影 / 王宁

博物
中国国家地理

第 13 章

话题引领式新发行：酒香也怕巷子深

作为市场化的期刊，生存方式有两种，一种是依靠巨大的发行量，以发行收入维持运转，另一种是杂志本身发行量一般，但由于拥有强大的品牌，从而能吸引大量广告客户。《中国国家地理》是为数不多用两条腿走路的期刊。我们始终相信，一本杂志只有拥有大量忠实的读者，才能形成强大的品牌影响力，进而拥有高质量的广告客户。

1998 年元旦过后，改版第一期的《地理知识》杂志印出来了，我和两位年轻的同事江郁、陈俊华一起去风入松书店送杂志，拎着两捆杂志走在中关村大街上，不时被贩卖各类盗版碟片的小商贩拦下，有的要给我们推销东西，有人问我们是否拎着“大货”，他们可以帮我们分销。当看到我们拎的“大货”是杂志时，一脸不屑：“谁会要这种东西？”两位同事也渐渐耷拉下脑袋，刻意跟我拉开了距离，那个场景真是扎心。那些贩卖不良光盘的人都可以抬头挺胸高声叫卖，而我们寄售科学杂志的人却那么自卑，难道国人真的只关心娱乐而不需要科学知识吗？一定不是这样的！我暗下决心，一定要让同事们为自己所从事的工作感到自豪和荣耀，我们要为科学传媒赢得尊严和底气。

我们所期待的底气和尊严，便是依靠媒体的价值，在市场上立身，做到发行盈利。盈利最基本的原则是确保终端读者的利益，让他们觉得杂志内容值这个价钱。从传统的坐店批销开始，我们把《地理知识》铺进报刊亭和书店。我们深知，酒香也怕巷子深，因此和发行商建立起稳固的商业联盟，打造了独家的发行体系，并随着渠道变化、读者更替和市场下沉，不断调整发行策略。内容铸就媒体品牌，发行成就媒体的影响力。从线下发行、网上开店、文创研发到跨界创新，我们跳出传统的发行模式，转向内容运营，即话题引领式新发行，《中国国家地理》不再单单是一本杂志，而是具有媒体价值和公信力的知识产权品牌。

从仅有一个员工的发行部，到今天的全景地理发行公司，发行团队的愿景始终没有改变，那就是将编辑部精心制作的内容尽力传递给每一位潜在读者。发行从来没有点石成金的本领，只能在优质内容的基础上锦上添花，让更多人知道、喜欢、阅读这本杂志。2002年的1月刊“新疆专辑”，让《中国国家地理》第一

从仅有一个员工的发行部，到今天的全景地理发行公司，发行团队的愿景始终没有改变，那就是将编辑部精心制作的内容尽力传递给每一位潜在读者。

次有了当月连续三次加印的纪录。2003年“非典”肆虐，这一年我们开始突出杂志的典藏性——“知识和思辨不会过期”，发行曲线快速昂扬向上，跨入月发行量25万册的门槛。2005年10月的“选美中国”特辑使《中国国家地理》进入快行道。2006年10月的“中国人的景观大道”专辑，发行达到100万册。2010年，发行公司在淘宝上开办了旗舰店，网红“售前君”横空出世，与吸粉千万的“博物君”在社交媒体上彼此呼应。2015年，为了扩大读者外延和品牌年轻化，发行公司从杂志内容汲取灵感，做成文创产品，向网络社群中的年轻人介绍《中国国家地理》。2019年，凭借四张来自《中国国家地理》影像库中的精美照片，中国国家地理与美妆品牌“完美日记”联名推出四款“中国美色”眼影盘，走进了巴黎时装周，以“上眼中国美色”为切入点，助阵中国设计师品牌。这个跨界创新带来的美妆产品，在“双十一”当天销售额达到1个亿，为我们带来4.6亿关注和50万潜在读者。

在市场上唱衰纸媒的时候，我们的发行曲线却一直昂首向上，成为国内为数

2018年1月5日，第十七届《中国国家地理》发行研讨会在北京召开。每年年初，发行公司都会组织全国优秀代理商召开发行研讨会，截至2020年，《中国国家地理》发行研讨会共召开了十九届。摄影 / 朱浩

不多靠发行就能盈利的杂志。总结过去23年的发行经验，我们认为《中国国家地理》发行量持续增长的原因其实无他，唯“内容为王”尔。

把发行商变成地理粉：搭建独家线下发行体系

目前，《中国国家地理》月均发行量在80万~90万册，60%为传统渠道销售，40%为电商渠道。电商渠道的销售增势明显，但传统线下渠道仍然占主导地位。传统渠道虽名为“传统”，实为动态演进，并非一成不变。发行总是伴随着新渠道的兴起和旧渠道的衰落，只有不断调整发行策略，才能让喜欢的读者方便地买到杂志。

《地理知识》改版之前，我们的个人订阅用户很少，主要是通过邮政系统在机关、企事业单位和学校发行，没有市场零售经验。邮政渠道是所有传统渠道里最主流也是最有效的渠道。上世纪90年代，期刊可以自办发行，也可以依托民间

发行渠道走向市场，但发行市场上的新兴力量毕竟薄弱，国家邮政部门有遍布全国各地的网点，具备很大优势。

我们参加各地邮政系统的业务培训大会，为一线工作人员讲解《中国国家地理》的办刊宗旨以及地理科学的平民化和趣味性。我们始终以“内容为王”立身，靠商业价值和内容价值来打动客户和读者。我们坚持“不打折、无赠品、先收款”的发行原则，成为媒体行业中为数不多的“另类”。

中国邮政是期刊发行的重要渠道，从2016年开始，我们与中国邮政开始尝试深入合作，开发邮政专属产品，推出了“选美中国”合集套装，把历年来的地理精品内容组合为一款收藏性很强的产品，推向市场。作为这个合集产品的主力销售渠道，中国邮政发行系统发挥了资源优势和渠道优势，取得了骄人的销售成绩，至此，合集成为发行部门在邮政渠道创新的主要着力点。

我们不仅紧紧依靠中国邮政这棵“参天大树”，也在不断拓展和提升各级发行商的地域权限和认知。利用一年两次的发行团队培训，把发行商变成地理粉。我们带领发行商走进大自然，进行实地考察，随行的编辑团队给发行商讲我们在办一本怎样的杂志，科学家们则为发行商讲解沿途地质地貌、生物生态和风土人情，让发行商切身地感受到地理的魅力，了解《中国国家地理》的内容特色、刊物特点以及精神内涵，并通过各级发行商渐次传播。久而久之，《中国国家地理》在供应链上就不再是简单的商品，而是一种生活理念和思维方式，这种共识从编辑部经过发行渠道最后到达终端读者，成为《中国国家地理》发行稳定上升的重要因素。

2000年《地理知识》更名为《中国国家地理》后，发生过一个特别典型的杂志销售故事。有一对夫妻是北京下岗职工，街道给他们办了一个报刊亭，既卖报刊，也卖饮料、小食品之类。第一次听说这样一个销售点一个月就能卖出600多本《中国国家地理》时，我是不信的。那时，我们的杂志在全国1万多个报刊亭销售，月发行量仅为5万本左右，平均下来每个报刊亭一个月只能卖出4本杂志。于是，我专门跑去这个报刊亭，实际情况让我很受震撼。一般，每期杂志内容基本确定后，编辑部都会撰写当期杂志的内容梗概，方便发行团队传给合作伙伴使用。但是，这对夫妻看完内容提要后，还融合了自己的理解和语言，来介绍杂志内容，寥寥数语、简洁有趣，老百姓一下子就能明白。比如，一位戴着眼镜、背着电脑包，看起来受过良好教育的年轻人来到报刊亭，原本可能只是想买份报纸、买瓶矿泉水，而摊主就会跟他聊天，说《中国国家地理》这期内容很精彩，你要不看看？三言两语，介绍生动，很多人便会拿起杂志，只要翻一翻内容，基本上都会买。一旦遇到杂志卖空又有顾客想买的情况，他们就搞预订服务，到货后会专门送到顾客家里或者上班的地方。所以，这个摊点一个月能卖出600多本杂志。试想，如果我们的每个终端店都这么卖，我们杂志的发行量得有多大？

将发行商变成地理粉之后，我们开始打造独家的线下发行体系。2002年1月，我们在北京召开了首届发行研讨会，向发行合作伙伴分享我们的经营数据，介绍杂志社的选题计划和市场行动，以合理的价格折扣体系保障我们的发行商和

> 我们始终以“内容为王”立身，靠商业价值和内容价值来打动客户和读者。我们坚持“不打折、无赠品、先收款”的发行原则，成为媒体行业中为数不多的“另类”。

销售终端都有利可图。读者觉得我们的内容过硬才会心甘情愿地花钱买杂志，发行商只有在盈利的情况下，才会把我们的杂志源源不断地送到读者手中。这一年，我们的发行商由原来的40多家增至70多家，杂志发行量比2001年翻了两倍。2003年1月，我们召开了第二届发行研讨会，确立了“渠道完善、操作规范、服务周全、按时结算”的发行方针和“先款后书、款到发货、经销为主、全额打款”的发行原则。到2004年时，我们的服务发行商已经遍布全国各省区市，发行网络基本建成。

2005年10月，为了纪念创刊55周年，我们推出厚达550页的“选美中国”特辑，限量55万册发行，一时间洛阳纸贵、一刊难求，杂志社每个办公室的电话都快被打爆了。所有的发行商都在议论一个话题，如何能拿到更多的“选美中国”特辑。我们决定推出“选美中国精装版”，各类订单如雪片一样飞进来，发行团队加班加点了两个多月才得以喘息。“选美中国精装版”畅销了十几年，累计发行超过500万册，这项纪录至今未被打破。“选美中国”和“中国人的景观大道”这两本“10月刊”的成功，让《中国国家地理》和发行商之间的联盟更加稳固，也吸引着更多发行商加入到我们的发行网络，《中国国家地理》

不仅是读者心目中的优质刊物，也成为发行商青睐的产品。

随着数字化阅读的兴起，报刊亭数量不断减少。尤其以北京、上海、广州等大城市最为明显，很多报刊赖以生存的在地渠道消失了。报刊亭拆除后，想买我们杂志的人上哪儿去买？我们看中了分布在城市各个角落的超市和便利店。这个渠道基本可以覆盖整个省区或者城市。以北京为例，我们只需要与四五家商超发行商合作，就能将杂志铺进分属不同系统的大型商超和便利店。

目前，我们在全国31个省区市拥有180多家发行商。他们在横向上覆盖了大中城市的主要销售点，在纵向上下沉到县、区市场。2009年《博物》杂志的发行量越过5万生死线，就是省级发行商纵向渠道发挥的作用。横向渠道的发力，不仅将杂志送进校园以及商超与便利店，还进入到机场和高铁站点。从2016年开始，发行公司利用有限的市场预算，与全国所有的机场渠道和高铁渠道签署了进场销售协议，将杂志投放到了机场、高铁渠道，取得了良好的销售和宣传作用。

我们逐步完善了发行商选拔制度、签约制度、奖惩制度，还制订了每两年更新一次的《中国国家地理发行规范》，所有的发行活动都得遵此规范，这让我们从管理机制上规避了诸如催收款和接发货等运营风险。

会员征订体系使我们得以直面读者。2000年10月，我们成立了专门的会员服务部。《中国国家地理》会员可以享受订阅新杂志及推介新书的价格优惠，还可以获赠诸如台历、典藏书盒等精美礼品，还能优先优惠参加俱乐部的科学考察等

《中国国家地理 · 选美中国》一版再版，销量在期刊界创造了奇迹，
2006年以英、德、法、意、西、阿、日、韩、俄、中文繁体10种语言版本，在全球发行。摄影 / 王宁

户外活动，大客户订阅还会有相应配套的个性化服务。会员制的建立，改变了传统媒体的单向传播模式，读者的意见和建议能迅速反馈到杂志社。目前，《中国国家地理》拥有十多万名会员。

1998年到2008年的十年时间，我们靠独特的发行体系、完善的发行规范和牢固的发行商联盟，确保杂志的销量连年高速增长。

移动互联时代的新改变：淘宝店和网红“售前君”

随着移动互联网的兴起，尤其是2008年之后，不少期刊的发行出现断崖式下跌，残酷的现实迫使我们转变发行思路。2009年，我们将发行部和会员部的一部分业务整合改组为全景地理发行公司。2010年年底，发行公司成立了数据销售部，在天猫上开设了中国国家地理旗舰店，同时支持和鼓励发行商进入电商领域，让读者足不出户就能买到杂志。

2011年，我们的天猫旗舰店每月都呈现两倍的业绩飙升，我们利用一年两次的发行团队培训，向发行商宣讲把握电商时代的机会。那时电子商务是一个全新领域，大家还不太了解，于是我们将天猫旗舰店每个月的营业额、利润率和人力成本等商业数据毫无保留地展示给发行伙伴，以真实的案例来鼓励大家转变思维。但这项动员工作并不容易，我们前后花了两三年的时间才看到效果。我们发行公司能迅速开起一家网店是因为背后有《中国国家地理》杂志社的支持，但是对于发行商来讲——他们多为自负盈亏的个体户，放下原本熟悉的线下渠道、转向陌生的电商世界是需要下很大决心的。

起初，我们自营的天猫旗舰店在电商平台上是一枝独秀，在所有销售《中国国家地理》《中华遗产》《博物》的网店中，我们旗舰店的营业额是最高的。随着发行商逐步将网店开起来，发行公司总经理李宁提出，我们需要扶持发行商渡过难关。让读者觉得杂志物超所值，让发行商有利可图是发行的商业逻辑。地理类杂志的市场很大，仅靠我们自己是不可能建立起强大有效的商业体系的。表面上看，我们向发行商开放了数据，也让出了一些市场空间，利润降低了，但实际上随着物流成本的增加以及现代人对快捷物流的依赖与日俱增，我们的就近分发节约了大量的物流成本，如此一来，利润反而增加了。此举不仅增强了发行商的实力和信心，使商业联盟更加稳固，还减少了杂志在运输途中的损毁，使读者满意度大为提升。

拓展电商渠道为我们带来了持续增长的发行收入。从2011年起，我们的电商销售一直保持着两位数的增长，2019年时电商渠道带来的发行收入已占发行总收入的30%。最近两年，我们的电商自营渠道仅在“双十一”和“双十二”这两天就能卖出上百万元的杂志，这个金额对于豪华车企来说不过是一辆车的价格，但对于我们来讲，则意味着数以万计的订单和杂志，这是非常不容易的。

移动互联网与电子商务不仅带来了发行渠道的改变，而且改变了内容的传播生态。2013年，发行公司诞生了一位和“博物君”齐名的微博网红，他给自己

让读者觉得杂志物超所值，让发行商有利可图是发行的商业逻辑。地理类杂志的市场很大，仅靠我们自己是不可能建立起强大有效的商业体系的。

起名“售前君”，还弄了一个哪吒头像。他并不是真的在中国国家地理天猫旗舰店做客服，而是在微博上注册了“中国国家地理旗舰店”，经常与“博物君”互动，把微博上的粉丝看客转化成了杂志的购买者。和“博物君”一样，“售前君”也是自然科学出身，他是学天体物理学的，说话诙谐幽默，既能介绍硬核科学知识，还能掰扯社会热点事件。这两人一唱一和，跟说相声一样，把科学知识以接地气的方式在微博上传播，对杂志销量的提升效果令人击掌称赞。受益于微博平台的导流，中国国家地理天猫旗舰店的销售额节节攀升。

“售前君”很会玩儿。他以“Buy or Die”这个网络热词作为“中国国家地理旗舰店”的简介，“购买与否”事关生死，可见他卖杂志的决心。周末没事干的时候，他会在微博上说，今天要亲自给读者送杂志，然后就蹬着自行车满北京城地跑。很多网友就在微博上回复：“你快来我这儿吧。”一个周末就卖出去好几百本杂志。他以自己独特的风格，和网友在线上线下互动，吸引了很多热爱科学、愿意学习的年轻人。“售前君”曾经火到什么地步？他偶尔去淘宝客串一下客服，跟买家说了几句话，人家便问他：“你是不是微博上的那个售前君？” 他回答：“正是在下。”买家便立刻把对话截屏下来发到微博上，特别激动地说：“我居然

跟活的‘售前君’对话了！”

高冷的“博物君”和风趣的“售前君”这对搭档在微博上掀起一股科学风潮，年轻人突然发现原来科学可以这么有趣，“博物君”的粉丝在不断增加，接近千万，“售前君”紧随其后。对于一家媒体来说，读者的认可是对内容的最大褒奖，而广告主的青睐则是对媒体品牌和价值的最高赞誉。2015年，当我们为博物微博谈下第一个广告客户的时候，我们知道，“博物君”真的成功了。当时我们认真了解第一个金主 —— 百雀羚的需求，研究了微博平台的互动特点，坚持创意必须要符合“博物君”的科学气质。在多次的创意碰撞之下，我们决定尝试一种从来没有出现过的广告形式 —— 每日一更。在一个月的时间内，每天介绍一种花鸟，从科学的角度让年轻人认识动植物物种，而自然花鸟的寓意也符合百雀羚亲近自然、用料天然的产品风格。

高冷的博物君和风趣的售前君这对搭档在微博上掀起一股科学风潮，年轻人突然发现原来科学可以这么有趣，博物君的粉丝在不断增加，接近千万，售前君紧随其后。

第一次接触微博广告，第一次给客户报价，因为全新的广告形式，心里多少有点打鼓，由于格外珍视这第一个客户，我们小心翼翼地报出12万的价格，现在看来，这个价格是偏低了，客户当然欣然接受，同时提出要求每条微博必须保证900条以上的评论，我们答应了这个条件，因为我们对自己充满信心。广告从推出的第一天就在微博上获得一片好评，粉丝们评论说，“从来没有看过这么美丽的广告，每一幅手绘都像一件艺术作品”，“原来看广告也可以涨知识”，“科学媒体打起广告都这么走心”…… 在长达一个月的广告发布完成之后，我们每条微博的平均评论数达到4000以上，远远高出客户的期待，同时，这种新颖的广告宣传方式也荣获当年4A广告公司十大经典案例，上榜理由就是“第一次像追剧一样追广告”。

在这中间还有一个小插曲，在我们的广告发布十几天之后，突然有一天发现评论数极少，客户也反馈说看不到广告，原来是被莫名其妙地屏蔽掉了。负责同事跑来问我怎么办，我当时回答：客户看不到就重发，一直发到客户满意为止。当时我们内部也有质疑声，毕竟我们是按条收费，第一次广告就白送这么多，给以后的客户谈判增加难度。但我的想法是，如果连这第一个客户都服务不好，哪里来以后的客户？处理后的结果当然是客户非常满意。之后，我们将这一个月的广告绘画素材再次加工，设计出“啼莺余花”花笺纸等一系列文创产品，引起广告粉丝们的追捧，再次强化了我们的广告价值。在百雀羚之后，我们又以“看《芈月传》，讲古代服饰配饰”，给手机品牌讲玻璃屏幕的科学故事等切入点接下了好几个广告，都得到了极大认可。

2018年11月11日，中国国家地理天猫旗舰店单店当天销售额达197万。

2016年，博物微博广告订单猛增到需要排期，我们为此不得不单独成立一个部门来管理运营，这也就是博物运营中心的雏形。

走个性化卖萌路线的“博物君”和“售前君”在微博拥有众多活跃粉丝，发行团队趁热推出了“线上订阅季活动”。2014年，“博物君”首次在官方微博发布的杂志订阅消息，很快就吸引了大量订阅订单。看到这种利好消息后，“售前君”紧随其后，在2014年12月发布了《中国国家地理》《博物》《中华遗产》3本杂志的订阅活动，吸引了311万人阅读。既然微博上搞征订叫好也叫座，能否成为媒体营销的常态模式呢？

通过微博卖杂志的关键点是通过内容运营引发传播效应，进而拉动期刊订阅。与传统线下发行渠道不同，网络营销的受众分层更加细化，我们必须清楚粉丝群体的构成和他们喜欢的语言风格与传播方式。我们的4个官方微博——“中国国家地理”“中华遗产”“博物杂志”“中国国家地理旗舰店”的受众群不一样，必须选择契合各自受众群体的传播内容。与此同时，微博和微信用户的阅读偏好和消费习惯也不一样，我们需要细化运营思路。微博与微信征订的好处在于操作简单，只要设定好内容及购买链接，用户随手一点就可以完成购买，比官网的“地理商城”更节约客服成本，更重要的是微博营销有助于发行团队开发新用户。我们纸刊的订户主要是偏爱纸质阅读的中年读者，而微博上的订阅者几乎都是大学生和刚入职的年轻人，两者间的重合很少。因此，通过微博、微信等新媒体平台做营销并不是与传统渠道抢客户，而是挖掘偏好网络阅读和消费习惯的新用户。后来，“线上订阅季”就成了我们的年度重头营销活动之一。

转向互联网营销后，发行团队里的“销售网红”用网络语言把“高大上”的科学讲得生动、有趣还接地气，让社交媒体上的年轻人发现《中国国家地理》不仅内容严谨，还语言活泼、图片生动、版面时尚，我们的品牌形象一下子年轻化了。移动互联网带来的新变化让发行团队开始思考：当年轻网友知道中国国家地理这个品牌后，我们应该如何吸引他们的目光，使其成为杂志新一代的读者群呢？

文创之路：品牌年轻化和读者外延

对于上面的问题，李宁提出的方案是做文创，以年轻人喜欢的方式来实现“网络看官”到“杂志购买者”的转化。文创，从本质上来讲还是内容营销，但它打破了传统发行的思维边界。当我们的名气处于上升阶段时，我们需要强化品牌，但是当品牌逐渐响亮时，就意味着品牌老化的挑战袭来，发行团队认为应当将重心转向品牌年轻化和读者群的外延。

当年，我们的总编辑单之蔷在《地理知识》改版时说的理想读者是30岁左右、年轻有为的高学历、高收入人群，现在23年过去了，我们的读者究竟是当年那批30岁的人，还是现在30岁的人？当年30多岁的读者已经成为我们的忠实粉丝，我们想要扩大影响力和发行量，就必须吸引现在30岁和每一代30岁的读者。今年30岁的青年，出生于1990年，我们中国国家地理应该用什么样的方式走进90后的世界？这是发行团队需要持续思考的问题，文创之路只是开端。

2015年，发行公司和《中华遗产》合作，重新梳理了“最中国的颜色：中国美色”专辑，设计出“中国美色”明信片。上册从1000多张中国山水图片中，选出14张能代表青赤黄白黑等传统五色系统的照片，增加书写框，附上传统颜色的色卡，让买家在感受山水之美的同时，辨识自然中的最中国颜色。下册选取了15张具有代表性的古代器物、绘画与建筑图片，展现中式配色的表达效果，尽显传统中国的礼制与自由、人俗与大雅。那些独具中国特色的颜色，比如碧色、黛色、青色和玄色，到底是先祖调制出来的还是大自然里就有的？“中国美色”明信片会告诉你，最中国的颜色大多汲取于天地之间的无穷变幻：以颜色之小，洞见传统中国的“天人合一”思想之博大。编辑部和发行团队的匠心，得到了市场认可。这套上下两册的明信片推出后卖出30多万套。不少购买者拿着明信片按图索骥发现了《中华遗产》的存在，开始订阅这本杂志。直到现在，这套明信片仍在印刷和销售，成了我们的经典文创产品。

这次尝试让发行团队意识到，文创产品及其承载的“轻知识”能迅速吸引年轻人的关注。随后，发行团队围绕杂志内容开发了年历、花笺纸和笔记本等纸制文创产品，扩大《中国国家地理》《中华遗产》和《博物》的影响力，取得了不俗的销售业绩。现在，发行公司有2位同事专门做文创研发和推广。

2016年3月，《中国国家地理》出版“海昏侯”专题，发行公司围绕杂志内容，开发出一款文创产品——“海昏侯·当卢”书签，火遍网络，一版再版，并带动了《中国国家地理》杂志“海昏侯”专题的销售。

2016年5月，发行公司开发了以科学手绘为主题的文创产品——花笺纸，让手写书信在文艺青年群体中成为一种风尚。

当年轻网友知道中国国家地理这个品牌后，我们应该如何吸引他们的目光，使其成为杂志新一代的读者群呢？

2015年5月，发行公司为《博物》官方微博开发了第一个广告，形式为富有创新性的连载形式。

其实，我们的文创之路起步得比较晚。故宫博物院在2008年就启动了文创项目，后来在单霁翔院长的带领下，成功地搭建起了故宫文创矩阵，在年轻人中极受欢迎，也把古老的故宫扮饰得新潮又时尚。晋升为超级“网红”的故宫，非但没有降低自己博雅庄重的气质，反而在和民众的互动中传播了中国传统文化，在不经意中提升了国人的文化自信。为什么故宫的文创产品这么火？除了因为里头有故宫的文化元素，更重要的是以跨界混搭、兼具设计感和生活实用性的方式连接了古代传统和今天的社会，把厚重的历史文化轻型化、生活化了。我们的文创，也是打破了科学传媒体系化和学科边界的束缚，拉近了科学、历史与读者的距离，让品牌形象更加丰满。我们不必在寻找读者的路上一步到位，可以走诸如文创之类的中间道路，先让大家知道《中国国家地理》《中华遗产》和《博物》，愿意花钱买我们的文创产品，进而再成为杂志的读者。

2019年，迎着国货潮，发行团队以跨界方式推出一款爆款文创，即与国货美妆品牌完美日记联手打造的“中国美色眼影盘”。发行公司选取了4张有关中国自然风光的图片——赤彤丹霞、粉黛高原、碧蓝湖泊、幻彩梯田，让地理之美呈现在年轻人的妆容上。当时，我对这个创新方案虽然在口头上很支持，但内心并不看好，一方面是受到直男思维限制，另一方面是科学与美妆之间的巨大差异，让我觉得这个跨界有些遥远。然而，后面发生的事情令我大受震动，给我上了一堂深刻的跨界思维训练课。

2016年12月，发行公司用24幅宋代画作搭配科学严谨的鸟类生物学知识，开发了一款限量版《绣羽》台历，一周内即售罄。

2019年12月31日，罗辑思维“时间的朋友”跨年演讲在上海东方体育中心举行，中国国家地理与完美日记的跨界合作项目成为演讲中的经典案例。供图 / 完美日记官方

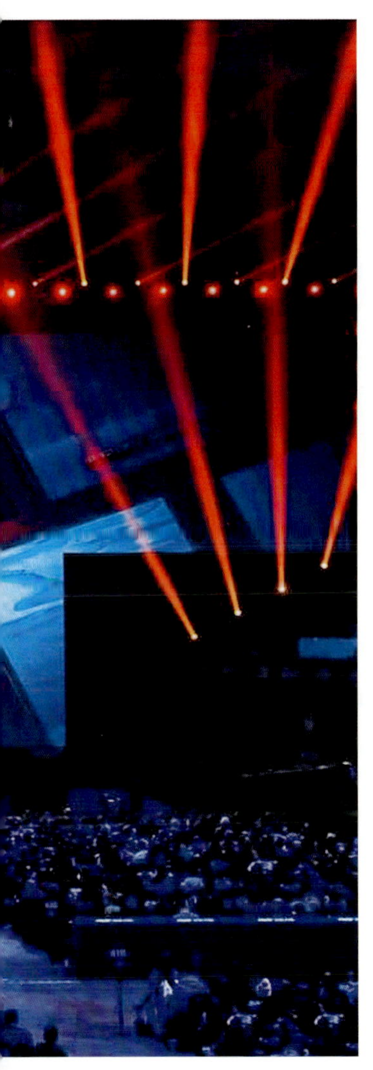

2019年10月，完美日记联手Faceu和轻颜相机定制的两款滤镜，为年轻人抒发爱国情怀找到一个表达点——将祖国山河色彩定格在妆容上。随后，中国国家地理出现在了国庆七十周年庆典上，接着又和中国美色眼影盘一起走进了巴黎时装周，让时尚界知道了什么是地理之美和中国之美。我们的巨幅广告出现在了北京、上海、广州的商业中心和交通枢纽，我们的品牌标志出现在抖音、B站、小红书和微博、微信上——这些都是90后甚至00后的聚集地。“双十一”当天，这款联名眼影盘成为爆款，为中国国家地理带来了4.6亿的关注，并在24小时内实现了一个亿的销售额，让我们获得了50万的潜在读者。年底，“中国美色眼影盘”获得2019年青年泛时尚新势力榜单“硬核跨界TOP1”大奖，成为经典跨界案例。

这个跨界联名的商业活动，让发行公司的文创走出了纸制品范围，也激励文创团队选择与跨界最强者合力打造优质周边产品。当然，媒体在做跨界创新时并不一定要在非专业领域强行突破，而应以合作借力的方式让专业的人做专业的事情，共同成长。

二度提价的底气：
巩固渠道、梳理内容、拓宽服务

虽然电商、社交媒体和文创等新渠道为我们带来了很多增量用户，但传统线下发行渠道一直是我们的大本营，守住存量和巩固渠道是发行团队的基础工作。我们一方面坚持内容营销策略，另一方面不断拓宽服务、为读者带来全新体验。我们先后两次提高零售价，杂志销量不降反升，可见市场对优质内容的认可度超乎想象，“内容为王”再次带来奇迹。

很多人认为，在纸媒渐衰的情况下涨价是一种“自杀”行为，但不可否认，做杂志的成本也在不断提高。尤其最近几年，人力成本大涨，纸张和纸浆价格暴增，物流、包装费用不断攀升，杂志进行调价是顺应市场变化的举措。2009年《中国国家地理》提价时，金融危机的余波还未消散，许多杂志发行量上升缓慢甚至出现大幅下滑。如何应对这场危机，是发行团队的难题，此前酝酿多年的提价计划引发了内部争议。鉴于纸媒发行量的逐年下滑，涨价对我们来说是一个巨大考验，报刊同行涨价后发行量一落千丈的案例比比皆是。经过大量市场调研和客户走访后，发行团队制定了提价方案：涨价看似逆势而为，却能抓住不断下沉的市场红利，以精准的定位和优质的内容满足读者的阅读期待；涨价后，发行公司搭建的独立发行体系、多年来精心维护的代理渠道、高效的发行机制将为我

我们先后两次提高零售价，杂志销量不降反升，可见市场对优质内容的认可度超乎想象，“内容为王”再次带来奇迹。

们提供销售保障。鉴于此，2009年《中国国家地理》第一次提价，从16元涨到20元。2017年，《博物》从10元涨至15元。2018年，《中国国家地理》再度提价，从20元涨至30元，《中华遗产》亦在同年从20元涨到30元。涨价后，我们的发行量都有提升，从2013年到2019年，我们发行公司的营业规模增长了150%，年度销售额完成了从千万级到亿级的跨越。

我们发行的强势与巩固渠道、拓宽服务和延长产品生命周期策略密切有关。在渠道巩固方面，发行公司跳出“铺货、算账、收钱、运货”的传统思维，转向话题引领式的内容营销。虽然我们杂志的内容过硬，但是作为月刊，它的时效性只有一个月。这种时效性导致纸媒行业绝大多数过刊都失去了阅读价值，基本上只能进入废品市场或化成纸浆。因此，如何延长产品的生命周期，是发行团队一直在思考的问题。

为了让杂志的“保质期”更长，我们首先提出“典藏性”，突出《中国国家地理》和《中华遗产》的收藏价值，科学思想和历史文化知识赋予这些杂志持久

2020年3月，中国国家地理与女装品牌LILY开展合作，推出了“山水如衣”和“奇珍世界”系列服饰，把地理风光和环保理念“穿”在身上。供图 / LILY商务时装

的生命力。其次，我们对过刊坚持“不销毁、不打折”的原则，凡是市场上退回来的刊物我们统一回收到仓库，由专人管理，并把品相完好的杂志按照主题进行重新梳理和包装，以合集形式再次投入市场，而且售价不低于新刊。此举令杂志过刊库存减少了57%，既避免了资源的浪费，又避免了过刊销售影响新刊的正常价格体系，维护了杂志的品牌价值。比如《中国国家地理》的“选美中国系列合集”“雄浑大西北合集”和“冰川合集”，销售异常火爆，部分产品甚至需要重新印刷；我们还将《博物》杂志的一些内容重新集结，做成了《博物少年科普精选》，上市当年就脱销了，过刊变成了抢手货。

可以说，在杂志的编辑与制作、销售与再次销售中的每一个运营细节中，我们都在实践“内容为王”。我们非常珍惜自己的产品——每一本刊物都是编辑部

2008年8月北京奥运会，“选美中国”专辑被奥组委定制为奥运官方礼品，赠送给外宾。

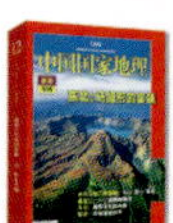

2016年，《中国国家地理》杂志社出版《选美中国》系列合集，在全国邮政渠道发行，销售额在当年全国邮发品种中名列前茅。

智慧的结晶，大家都愿意为传播有价值的产品而努力。对于不断增长的发行量，编辑部认为功劳属于发行公司，而发行团队则认为这是因为我们的编辑部足够强大、内容足够优质。这种互相欣赏的团队精神背后是价值观的统一，团队的核心理念都体现在每个部门和每个人的行动中。

内容为王是我们的立身之本，无论从内部的选题策划，与科学家们的合作，还是摄影师的拍摄配图，都渗透着科学传媒的严谨和扎实，每个选题都极有含金量，如同一本专著。但从发行的规则来说，即便是我们视若珍宝的作品，市场给予我们的销售周期也只有一个月，30天过后，新一期杂志又会上架，很多优秀的选题便这样与读者擦肩而过，这种情况在《中华遗产》上尤为明显。我们决定尝试“自己营销自己”，把之前的优秀选题重新梳理制作，利用增刊的形式再度推向市场，在销售渠道上也着重于年轻群体。在与编辑部的合作之下，先后推出“中国美

2016年3月，为扩大《选美中国》系列合集的销量，河北邮政发掘自身资源，开发出专属旅游套票，赠送给系列合集的读者。供图 / 中国邮政集团有限公司河北省分公司

为了让杂志的“保质期”更长，我们首先提出“典藏性”，突出《中国国家地理》和《中华遗产》的收藏价值，科学思想和历史文化知识赋予这些杂志持久的生命力。

色”“中国衣冠”“妖鬼记”“神仙传”等主题增刊，每本增刊的销售量都是之前的四倍以上，长期占据销售区C位。此举也再次验证了“内容为王”的价值。

2019年，我们将读者服务站升级成为中国国家地理会客厅，以“同城活动”的形式向各地区读者提供展览、观影、讲座和其他出行体验活动。读者服务站启动于2006年3月，是我们在期刊界首创的期刊专卖店销售模式，主要用于销售与展示《中国国家地理》《博物》《中华遗产》杂志及图书，为当地会员提供更为细致的售前与售后服务。升级后的地理会客厅除了方便读者订阅、购买杂志，读者们还可以在此及时了解杂志社的最新动态并参与各项活动。目前，我们在全国一线城市建立了21家中国国家地理会客厅。

我们既提供多样性的产品与服务，又有整体的价值观与品牌形象，共同造就中国国家地理的大IP，所谓各美其美、美美与共。

跨界发行与全渠道营销

2019年，受到以合辑形式销售过刊模式的启发，发行公司跳出印刷品限制，以音频形式梳理三刊内容。这和新媒体公司在移动客户端App上销售的数字化期刊不一样 —— 数字期刊和纸质期刊的内容完全一致，发行公司则将按照话题梳理的逻辑对原刊内容进行重新编排，按照专题形式输出成全新的音频产品，以此适应那些只愿意用耳朵听内容的“读者”。这对我们的发行工作来说，将是一个全新的尝试。

我们有一个共识：企业的尊严在于不断地创新进取。在科学传媒供应链里，我们是内容和思想的供应商，全渠道传递内容是我们永不更改的使命，我们接纳、尝试、借力这个时代的一切新兴渠道。发行不仅是编辑部的“眼睛和耳朵”，也是杂志的“锣鼓”，让中国国家地理的品牌形象通过不同的渠道进入更多人的视野和日常生活。

2019年9月8日，极地摄影师Anders先生在中国国家地理重庆会客厅举办的《极致之美》南极私享会上，向读者朋友分享南极的魅力。摄影 / 叶屈

2018年6月16日，苏州邮政邀请执行总编单之蔷在苏州人民大会堂举行“中国人的景观大道——北纬30度线上的世界级景观带”演讲活动，近千名读者参加了活动。 摄影 / 郭小明

2016年和2017年，我们与北京报刊发行局合作，把中国国家地理系列刊物推入全国两会代表驻地；2016年9月，我们联合甘肃省报刊发行局、甘肃省政府，《中国国家地理》成为丝绸之路文博会赠送外宾的官方礼品；2017年5月，“一带一路”高峰论坛在京召开，29位国家元首和政府首脑参会，中国国家地理系列刊物在论坛现场展示销售，向各方友邦展示中国之天地大美；2008年“选美中国”特辑推出多个语种的外文版，作为国礼送给外宾。我们的发行团队还曾与甘肃省和四川省合作，推出了具有收藏价值的公交卡，这些公交卡不仅有IC卡功能，还附带有《中国国家地理》曾经发布过的省专辑电子版内容，用来吸引潜在读者。

我们还摸索了独特的发行推广模式——以内容置换广告。其中，我们与成都地铁、长虹电视的合作就是两个典型的案例。作为全国闻名的旅游城市和休闲之都，成都的名声和日常客流量能为中国国家地理带来很好的宣传效果。我们的广告以成都地铁隧道作为播出的空间载体，还推出了中国国家地理和成都地铁联名的储值卡，既为成都地铁带来美观优质的卡片，也为中国国家地理的品牌传播起到了宣传作用，让更多爱玩、爱旅游的人关注并喜爱中国国家地理。与长虹智

2019年4月，在浙江邮政举办的《博物》专场讲座中,《博物》编辑何长欢博士与小朋友们合影

2018年6月，成都地铁发行中国国家地理天府通联名地铁卡，既给地铁卡卡面赋予了地理美学，也为中国国家地理起到品牌宣传作用。供图 / 成都天府通金融服务股份有限公司

能电视端的合作，则借鉴了电脑屏保功能，在电视使用空白时间，《中国国家地理》杂志的数字内容将替代“雪花点”，借此融入大众日常生活。

2020年，在全民齐力抗疫的日子里，一年一度的高考放榜期也到来了。我们深知这一纸大学录取通知书对于学生及其家庭的重要性，希望能借此向这批新的栋梁之才传递能量和祝福。于是，我们与中国邮政一起，又联合了一批有此愿望的企业，共同制作出了“山海云月育江苏”特刊，随邮政投递的录取通知书一起赠送给30万江苏学子，希望他们能心怀家国，健康成长。此次合作让我们再一次看到中国邮政值得信赖的企业品质与实力，也体现出我们作为国家科学传媒的社会责任。

这一系列的变化和成长，表明我们的发行已经从单一的发行职能转变成为一个具有多元商业价值的品牌拓展平台，在传播中国国家地理品牌形象的同时，形成了独特的发行文化。

2020年8月，发行公司与中国邮政合作，所有当年被大专院校录取的江苏籍考生会随高考录取通知书收到一本《中国国家地理》的“江苏专辑”。供图／中国邮政集团有限公司江苏省分公司

地球是个巨大的生命体，人类只是偌大地球的一个组成部分，21世纪，人类的关注重点将转向“人与自然”“人与社会”等更深层的关系。所以，无论是“推开自然之门，昭示人文精华”的《中国国家地理》，还是“叩击历史星空，梳理华夏文明”的《中华遗产》，以及“博学成就梦想，知识改变人生”为办刊宗旨的《博物》，都在不断提升用户价值的商业阶梯上努力攀登。作为办刊人，我们能够有价值观、有自己的声音和态度并且坚持下去，是一件艰难而快乐的事。

“民以食为天”，农业对人类生活与社会文明的重要性不言而喻；对自然条件恶劣的雪域高原来说，作用更是不可估量。正是拉萨河谷农业养育着拉萨人，也是高原独特文明形成的重要背景。图为参加活动的村民，正穿过一片青稞田。摄影／吾金次仁

第 14 章

亿元广告年收入背后：策划式营销与极致体验

和编辑部与发行公司一样，广告公司也是秉承内容为王的圭臬，由财务型的销售进化到策划先行、品牌契合的全案模式。即使在纸媒广告整体下跌的形势下，中国国家地理的广告刊例价在近五年仍以每年5%的速度逆势上涨。在刚刚过去的2019年度，我们的广告销售规模接近一亿元。

之所以能赢得客户的信任、市场的认可，中国国家地理凭借的是“商业操守、全案营销、极致体验和IP跨界”，开创出了一条风景独好的广告景观大道。

采编经营泾渭分明，以媒体操守求商业共识

自1998年杂志改版之日起，就采取了采编和经营分离，营收部分独立运行的原则。为了媒体的尊严和品牌的永续，划定禁区是必要的。禁区内，必须坚守三大防线：

一是，广告版面必须显著标明，醒目可识别。

2015年国家颁布了新《广告法》，规定“广告”必须醒目标注，这是国家法律的硬性约束。但是在此之前，主要依靠媒体的自律。

早在上世纪末，我们就已经在杂志目录页列出“本期广告目录”。后来随着业界硬广开始变“软”、广告名目异彩“纷呈”，自2004年后，我们不仅在广告目录上标出广告主题、详细页码，还在广告版主动标注“市场企划”或“广告资讯”字样，提示读者注意该版面的商业属性。决不允许广告和杂志内容有视觉上的混淆。

在商业世界里对客户说“不”，需要勇气。我们的特立独行，给广告团队带来了巨大的销售压力，1998年之后的十年，几乎每周都在婉拒那些不愿意标识

自1998年杂志改版之日起，就采取了采编和经营分离，营收部分独立运行的原则。为了媒体的尊严和品牌的永续，划定禁区是必要的。

“广告”的合作请求。因为这个不可商榷的原则，我们失去了不少客户。

这一矛盾，在2005年“选美中国”和2006年单期发行量突破100万册的“中国人的景观大道”两大特辑面世之后，才得到根本性缓解。“内容为王”的核心理念给予了我们生命力：一些离开的广告商也成了“回头客”。这也充分证明，当编辑部奠定了内容的权威和美誉度，发行成就了科学传媒的影响力后，广告经营才能更有尊严地兑现媒体的品牌价值。

二是，严控广告的绝对数量，求“质”胜于求“量”。

2002年起，《中国国家地理》开始发行省区专辑。以“新疆专辑”“四川专辑”和“大香格里拉专辑”为代表的地方专辑热卖，直接拉动了广告数量、版面价格与发行量的直线上涨。但是“一枚硬币，总有两面”，不少读者写信到杂志社，投诉广告太多。

为了保证杂志的可读性、不引起读者反感，我们采取了如下举措：

例如，严格控制正文和广告的相对比例，保持在4∶1以内。即148页杂志，

最多承载32页左右的广告；增加杂志的整体厚度。比如，“上帝为什么造四川”有200页，“中国人的景观大道”有405页，“选美中国”更是达到了550页。

三是，为客户量身定制，让广告可读可看。

严控广告与正文的相对比例，增加杂志的绝对页码……这些举措的背后，是庞大的印制、发行成本和高价广告版面的压力。为此，我们开始强力推进与品牌直客和4A广告公司的对接，并且成立了专职策划部门，针对广告主的品牌诉求，进行主题定制营销。

我们突破了以往的硬广思维，先后推出了一系列营销定制产品，比如“中国国家地理会员暨宝马车主”系列访谈专栏、伊利“蒙地原生态”系列专栏、水井坊“名人地理”专栏等面目一新的广告形式。在广告位供不应求的情况下，营销定制既满足了客户要求的强曝光、高吸引力和市场影响力，也兼顾了读者对杂志的连贯性阅读需求。

勇闯天涯，在自然现场开启策划营销

《中国国家地理》单期发行量突破100万册后，广告价格已经进入期刊业界前列，触顶天花板。与此同时，杂志社严格诸如执行采编和经营分离、正文和广告泾渭分明及内容广告比重限制等原则，留给广告的版面和形式都相对有限。

如何摸准公众和广告商的喜好标准，来实现广告增量？我们的答案是，“在路上”，开拓项目类营销。其中值得称道的，是与我们最早携手、并且连续合作十一季的“华润雪花啤酒勇闯天涯”项目，该项目融合了对自然极地的探险挑战和对自然环境的情怀担当，并面向全国消费者进行海量招募，在业界很有影响。

2005年，经过对地方啤酒的强势资本并购，华润雪花啤酒已树立起品牌大旗，稳居中国市场占有率第一名。短期占住了消费者的胃，那么，如何长期留住消费者的心、打造独具辨识度的强势品牌，是雪花啤酒的当务之急。与此同时，作为重量级竞品的青岛啤酒，正式宣布成为北京2008年奥运会的国内啤酒赞助商，并借机展开一系列奥运营销。如何错位竞争、打一场非对称性的营销战。华润雪花啤酒高层决定，携手专业合作伙伴“勇闯天涯”，重新定义专业户外探索旅行的样子。以上的背景，便成为我们合作的缘起。

从2005年到2015年，我们不仅提供从主题、路线到专家团、话题库的智力支

“瞄准一群人，阐述一群人的精神，表达一群人的生活，形成这一群人的品牌”，这是雪花啤酒勇闯天涯的成功之道。
供图 / 华润雪花啤酒

持，更亲身与雪花啤酒数万名户外爱好者一起探秘长江源、远征国境线、触摸中国极限、挑战乔戈里、穿越可可西里、冲破雪线、征服未登峰……雪花啤酒就此从卖场货架走向雪峰荒原，把“勇闯天涯”的理念铺向了全国。

除了项目自有的“勇闯天涯”户外百人团，我们还助力雪花啤酒在全国各销售大区持续推出菜单式的“勇闯天涯”系列挑战，招募愿意挑战自我的户外勇士。十一年间，时时有话题传播、处处有出行招募，线上线下始终有“勇闯天涯”的音量和存在。雪花啤酒的“勇闯天涯”，也从一个原创性活动品牌飞跃至具有极高忠诚度的啤酒品牌。

雪花啤酒“勇闯天涯”历年合作项目

2005 探秘雅鲁藏布大峡谷：地球上最深邃的峡谷

2006 探源长江之旅：探访母亲河源头

2007 远征国境线：丈量中国轮廓

2008 极地探索：探索中国最冷、最热、最高的地理地标

2009 挑战乔戈里：征服世界最难攀登的八千米级山峰

2010 共攀长征之巅：徒步长征艰苦路段和沿线最高峰

2011 穿越可可西里：穿越中国连绵无人地带

2012 冲破雪线：突破冰雪生命线

2013 翻越喜马拉雅：徒步世界最高峻的山脉

2014 挑战未登峰：在尚无人登顶的山峰进行开拓性的攀登

2015 挑战未登峰（大学生版）：高校总动员，新青年，新挑战

全境界出行，四驱车轮上的全案服务

2008年世界金融危机过后，中国成为了汽车年度产销量和公路总里程的双料世界冠军，自驾旅行的浪潮蓄势待发。但是，国人的长距离户外自驾行一直有两层天花板未曾突破。第一层，关乎户外旅行路线本身，即“去哪儿”的问题：过于注重“探险猎奇、观光打卡”，忽视了旅行过程中的自然审美和旅行仪式感；第二层，关乎户外旅行路上的同行者，即“和谁去”的问题：更多的是与同事、同道、驴友、兄弟结伴出行，缺乏专家向导之类的精神引领者。

《中国国家地理》作为专业的科学传媒，与国人一起突破以上两个屏障，既是我们的使命，也是我们的机会。特别是随着2005年“中国最美的地方”、2006年“中国人的景观大道”……2009年“百年中国地理大发现”一系列开创性专辑的推出，中国国家地理圈点中国、定义地标的实力，得到了业界和公众的双重肯定，世界500强企业也纷纷抛来了橄榄枝。

具代表性的，是在2009年初，美国克莱斯勒公司的传奇车型——Jeep®牧马人即将在中国正式引进。（其中Jeep®牧马人的顶配车型Rubicon以美国加州著名的世界级越野胜地“Rubicon山路”命名）克莱斯勒公司为此先后在北京、上海两地，力邀我们出谋划策、共襄盛举。

我们设立了由广告部和科学考察部组成的跨部门团队，让跨界灵感厚积薄发：“中国是世界上地理生态和人文历史资源最为丰富多样的国家，集纳了地球上从赤道到极点几乎所有的自然地带和生态类型，拥有罕见的四大地势阶梯景观，更留存着亟待全球地理学家和越野人士发现的潜在越野胜地……”

我们就此提案：“联合Jeep®品牌，在中国寻找一条属于中国人的Rubicon之路，此举不仅可以奠定Jeep®牧马人在中国市场的品牌识别度，更可借此机会进入国人从未涉足的路线地带，重新定义中国越野新版图。”

双方一拍即合，首创了SUV长距离地理休验旅行的营销模式——“极致之旅”。我们一起广募天下Jeep®爱好者，并集合地理学者、影视明星、拉力赛车手、摄影大家等各路精英，展开对中国典型越野地带的全景式考察：走过当时尚未通公路的“隐秘莲花”——墨脱县，越过世界平均海拔最高的自然保护区——阿尔金，开出亚洲戈壁核心——黑戈壁，穿行于天堑要素汇集的雪域天山。一路上，虽然历经新疆“7·5”事件和墨脱80K泥石流断路等一系列不可预知的社

“金九银十”是汽车的传统销售旺季，这意味着我们将在雨季挺进当年不通公路的墨脱。唯有做好准备，勇往直前。摄影／王宁

作为国内最早的自驾旅行执行方，我们协力汽车厂商打造的SUV旅行平台，成为很多品牌每年的“传统保留节目”。摄影／王宁

会事件和自然险阻，但是通过步步精心和时时营销的传播策略，终将“四驱利器”Jeep®牧马人的强悍性能与传奇血统彰显得淋漓尽致，打造了一次难以复制模仿的营销旅程。

这次全新的整合营销出行，也开启了独具中国国家地理特色的全案服务模式：从项目预热期的“主题创意、路线亮点、招募奖励、话题共鸣、友商协同”；到执行期的“各地形驾驶心得、各路段传奇嘉宾、在地的匠心手作、每天的关怀文创、意外的生日之喜”；再到回顾期的“电子路书、精装画册、巡回策展、店面宣讲、影像大赏”……

以上服务要素的兑现，凭借的是对祖国山川的理解力、传媒业界的号召力、从中央到地方的公关力，同时也考验着我们内部的部门协同能力。跨部门联动，是全案项目制胜的常态，科学考察部的主任甚至兼任了广告公司的副总经理。不知不觉中，我们已经是一个兼具策划、广告、出行和制作的全能团队了。

2009年至2018年，我们和Jeep®品牌连续合作了十年，联手打造了一系列精彩纷呈的营销案例。可以说，十年极致路，每一次出发都是一次里程碑。

Jeep®“极致之旅”历年合作项目

2009 极致之旅：寻找中国RUBICON之路

2010 极致之旅：重返冰河时代

2011 极致之旅：非凡故事路

2012 极致行摄大赛：“记录世界尽头”

2013 极致行摄大赛：“十年”

2014 手机行摄大赛：“指尖印证足迹”

2015 越野路书评选：“人生最美的旅程”

2016 众筹旅行：5天时间，改变10年追求

2017 四驱合家欢：看过世界的孩子更强大

2018 家庭星级路线大赏：为爱驱动每一路

摄影 / 王宁

薄“告”厚“收”，用IP破界占据市场“塔尖”

最近十年，广告市场金额占比最大的是汽车品类。能否在汽车营销领域纵横驰骋，是广告经营制胜的关键。全景广告公司的总经理高颖，在这一关键战场起到了决定性作用，率领团队把我们的IP矢量化与无限化，用商业创新兑现了品牌溢价。

十年间，我们协力汽车业界，全案打造了诸多地理体验旅行，从雪佛兰·科帕奇“自由之路”，凯美瑞·混动“世界遗产探访之旅”，日产·奇骏“驾临南极胜境”，再到历时四年的凯迪拉克·SRX“中国版66号公路”纵横开拓之旅，合作五季的一汽马自达·CX-4“秘境探索”行动…… 不仅拓展了车辆试驾的情怀内涵和人文外延，助推了偏远绝景地标的传播共振，也引领了国人旅行方式的迭代升级。

除了在路上定义营销，线上策动同样是我们的主场。在同一传播周期，能够为互为竞品的汽车品牌同时提供IP、携手同行，依靠的正是广告团队运筹协同的组织力，与时俱进的创意力。

概念组图拍摄：

BMW——英雄联盟，与KOL一起尽拓不凡

在与BMW的合作上，我们选择与关键意见领袖（KOL）一起尽拓不凡。

2017年夏天，全世界最大的跑步和徒步越野接力赛事Hood to Coast（HTC）正式落地中国，首席冠名合作伙伴为宝马品牌。这一赛事的灵魂，是队友之间的意志接力、人车之间的极限竞技。如何让跑者社群与宝马品牌心意互动，让HTC赛事得到具有生命力的彰显？广告策划团队，从队员拍档上找创意，在

高原、山地、戈壁、海岸，人车接力，用奔跑张扬品牌的生命力。摄影 / 王宁

人车结合上做文章，于杂志的朋友圈里寻人选：“组合一群拥有传奇探险经历的精英跑者，为备战HTC盛大赛事而赶赴高原进行一场特殊的训练。”

这些跑者，有的是昔日的极地考察领队、有的是曾穿梭在枪林弹雨中的战地记者，还有年轻的荒野生存大师、诠释速度与激情的赛车手，他们都有一个共同点，身在冷门领域、有神秘感、有突破性、有故事性。换句话说，他们都是当下“泛视频化+泛娱乐化”浪潮中，难得的既有挑战情怀、又具突破潜能的爆款“主角”。广告拍摄团队用20张大片呈现了精英跑者的故事，四位拍档同时登上一辆BMW X，以车辙和双脚，展开一场振奋人心的冒险。

“蜀山之王”贡嘎，调节风雨，滋润蜀地。这是人们第一次用现场弹奏的钢琴旋律，在这里呼应角峰旗云的云开雾散。摄影／吕雷亮

VC视频拍摄：

Audi——山川能语，云端赏乐

“Audi”在拉丁文中是“听”的意思——这让奥迪品牌与音乐从一开始便结下了不解之缘。我们在2019年与奥迪合作了一部“奥迪Q家族·云上音乐会”的影音MV，这场音乐会的灵感就来自《中国国家地理·赏云时代已经来临》（2012年9月刊）。广告策划团队邀请到大热综艺《声入人心》乐队总监、青年音乐家马克及乐队成员，将钢琴、提琴运送至海拔4500米的贡嘎云海之上，以独创的云上钢琴曲致敬“进无界，胸怀天地”。

IP全案协同：
Mercedes-Benz——致敬地理发现，天地征途冲击播

2015年，梅赛德斯-奔驰的SUV家族阵容，开启了全新的命名法则，即参照轿车对应的“A、B、C、E、S”5个级别平台，构架起明晰的SUV产品序列：“GLA、GLB、GLC、GLE、GLS”。2015年—2019年，我们协同梅赛德斯-奔驰品牌，以致敬经典意义上的人类地理发现为名义，开启“天地即征途——梅赛德斯-奔驰SUV征服之旅”。从喜马拉雅到东海之滨，从丝路驿站到茶马古道，从冰封的北疆到热带的海岛，展开一系列带有地理发现色彩的极境跋涉。

新中国成立70周年之际，在北京三里屯通盈中心，我们与梅赛德斯－奔驰品牌联合举办“冠览天地——21世纪中国地理大发现摄影展”，一睹本世纪中国地理发现的壮阔全景。摄影 / 吕雷亮

天地即征途
2020
1950
《中国国家地理》杂志创刊
005
中国特辑
CHINESE NATIONAL GEOGRAPHY
中国国家地理
V I D I
见

时至2019年，正逢新中国成立70周年的高光时刻，全国人民的家国情怀无比高涨。我们以《中国国家地理》经典选题和范例专辑为时间轴，同时贯穿“天地即征途”五年来的行路光影，盘点专属于中国人的地理发现，并选址在北京三里屯标志性的通盈中心Mercedes me展馆，开启了“冠览天地——21世纪中国地理大发现摄影展”，展示了超过200件的影像作品和艺术装置，给予了国人更多热爱中国的理由。

微纪录片拍摄：
Land Rover——发现中国二十四节气

节气，是什么?

节气，是我们祖先对季节规律的感知，是传承千年的中国IP，也是完整贯穿全年的时令营销节点。

2018年，在路虎品牌迎来70周年之际，我们与路虎携手打造了自然科学与民俗文化的联合探索行动，在四季分明的华夏大地，探寻节气背后的科学逻辑和风物来由。最初的策划灵感，来源于《中华遗产·你和我的二十四节气》（2010年12月刊）。在执行层面，则是以春分时节为起点，摄制十二部风物纪录短片，组织二十四次节气时令旅行，从田园日常，到诗和远方，架构起贯穿全年的多线程风物壮游。

“节气”统领了华人文化圈两千多年。无论帝王将相、贩夫走卒，他们的自然“三观”，大多发源于节气。这一次我们用现代视角和科学手段，重新定义国人的节气时令旅行。供图／捷豹路虎

当英伦血统的路虎品牌，遇见15天更新一次的中国风IP。在驾临国家节气版图的同时，展现出中国人的时间美学。

守正出奇，由风土，变风尚

在广告客户心中，我们是“中国自然地理IP的整合提供商”，传播的内容、观点、理念常被业界所称道。尤其是旗下三刊的内容库——编辑部创造的话题和谈资，既是我们的基因库，也是我们的护城河。

但是，远离都市红尘的自然地理IP，如何“由风土，变风尚”？广告团队在腕表品类和3C品类，找到了突破点。

BALL Watch——环保派对，卓越人物

美国波尔表（BALL Watch）以生产美国铁路官方标准时计而闻名，一直受到铁路机械和蒸气时代赞美者的爱戴，是集铁路文化、探险文化为一体的腕表品牌。

2006年，时值青藏铁路开通，面对世界屋脊伟大的列车运输线，波尔表品牌亦表示要贡献心力。于是我们选址在上海的新天地，联合举办“波尔表·勇访顶峰环保主题派对”，拍卖三只波尔表高级腕表，将派对拍卖所得款项捐赠到“中国国家地理基金”，用以应对“在青藏铁路沿线未来可能发生的环境问题”。

同年，完成“南极环境与环保关系考察之旅”的香港影星梁家辉，成为第一位登陆南极大陆的亚洲艺人。作为“波尔表卓越人物”，梁家辉亲赴杂志社，成为中国国家地理首批“荣誉会员”。

天梭&天猫——竞逐晨昏线，共贺双十一

2017年年末，天梭成为天猫历史上首个官方计时品牌，将为每年影响海内外的“双十一狂欢夜”进行官方计时。2018年，恰逢天猫“双十一”十周年，天梭天猫，双“T”携手，共贺十年大庆。如何精准把握十年一遇的传播机遇，创新激发双“T”共鸣？我们选择的切入点，是“晨昏线”。

晨昏线，是黑夜和白天交会的时刻。令人惊艳的风光摄影和赏景行动，大多是在追逐晨昏线。定格天光，需要精准的守望，更是一场与时间的赛跑，完美契合腕表的计时气质；而且天猫的大本营在杭州，每年的11月中旬，正是浙江沿海地带，代表中国大陆迎来第一缕阳光的日子。

11月11日来临前的24小时倒计，杂志编辑根据地球晨昏线的推进速度，选取12个中华地标，计算出日光依次照亮中国大地的节奏，用精准计时，唤醒探索之心。

Sony Ericsson——极地探索，敢为人先

“买一部手机，就有可能实现探索北极的梦想！”

这是2005年，我们与当时世界知名的通信产品制造商索尼爱立信，在中国市场推出的营销举措。此举一方面是为了纪念中国首次北极科学考察十周年和世界电信日，另一方面也用于彰显索爱勇于探索和关心环保的精神。

凡在活动期间，购买索爱P910c和S700c手机的消费者，都可以通过登录新浪网开辟的专门网址进行报名。活动最终抽取了10名幸运消费者，亲身奔赴北极，参加为期十天的北极之旅。在旅途中，我们还设置了小型科考任务，鼓励队员用索爱手机全程记录，即时与国内朋友分享。

P910c和S700c是当年索尼爱立信高端商务和影像产品的代表作。尤其是S700c独特的旋转设计，超大屏幕和只有在数码相机上才能见到的拍摄功能和设置，是当年百万像素影像手机的典范。今天“我行我路，随心所摄”的人手一机，在十五年前已经初见端倪。

HUAWEI——越山向海，重构想象

自从1896年马可尼发明无线电报以来，手机是无线通信领域百年来最具革命性的产品。直到2019年，中国企业华为正式走到了世界3C舞台的中央，制造出了全球第一款全网通5G手机——华为Mate30 Pro。

针对以极速互联和非凡影像见长的华为5G系列手机，如何“凝聚家国情怀、重构体验想象、突破畅想边界”？我们的营销推介是“雪线之上，海面之下”：

雪线之上，是记录可可西里科考巡山之旅的《感知三江源头，守望自然“尽头”》；海面之下，则是中国首部用手机拍摄的潜水纪录片《无际蓝》。

无论是极高山的高寒雪线，还是海平面下的负海拔极限，在以往只有专业级单反才能适应的严酷自然环境下，新时代的影像手机展现出了意料之外的适应能力和画面素质。在这些令人震撼的绝美画面背后，曾经意味着沉重的设备和行囊。今天的人们，已经可以轻装上阵，即时共享自然现场！

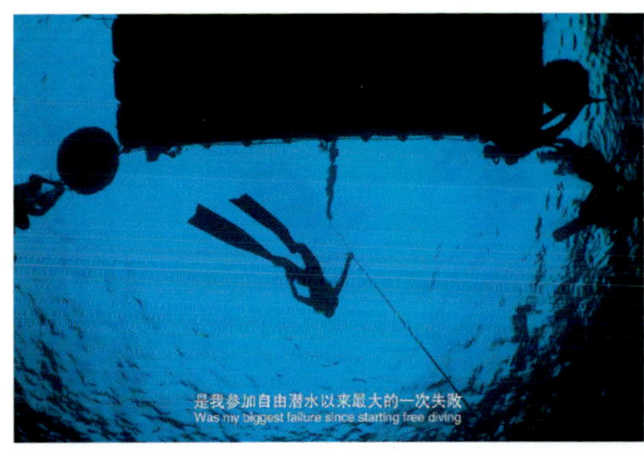

《无际蓝》是中国第一部完全使用手机，记录水下自由潜水竞技比赛的微纪录片。供图 / 华为

华为手机夜景模式下的可可西里。摄影/张超音

今天的全景国家地理广告有限公司，已跳出传统媒体的广告运营模式，跨界成为一个涵盖公关、策划、执行、影视制作与全媒体营销的全能部门。我们能领会甚至引领客户的“市场形势、产品卖点、竞品参照、传播导向”，同时用实力将策略和情怀贯彻落地，与终端用户共享、共鸣。

我们不仅收获了真金白银的收益，更借助与知名企业项目合作的商业力量，使中国国家地理借势完成了从专业科学媒体向权威公众媒体，从单一纸媒品牌向全媒体传媒群，从对地理爱好者的单一影响力，到对全体中产阶级具有强大感召力的品牌升级。

德国地理学家李希霍芬，第一个指出了罗布泊的方位，第一个提出了了“丝绸之路”的概念。
世纪行过，如何致敬里程碑式的地理发现？我们选择带领公众，从祁连山到罗布泊，重返自然现场。供图／梅赛德斯-奔驰

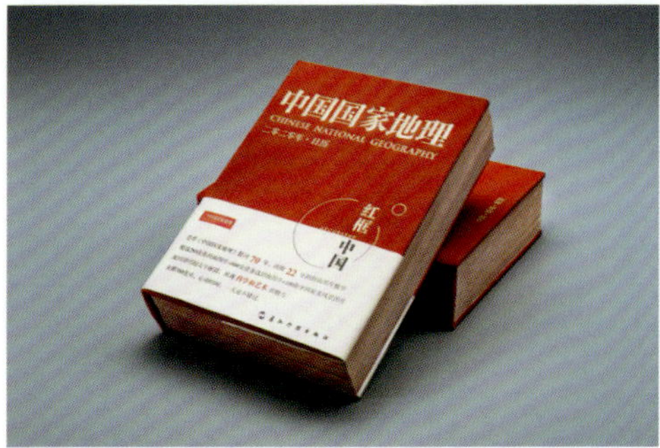
中国国家地理
CHINESE NATIONAL GEOGRAPHY
红框
中国

第 15 章

“垂直深耕”与跨界发展：建构一个多维度的中国国家地理

过去二十多年，在“内容为王”的大旗下，我们作为科学类媒体，已经做得很扎实了。而为了寻求新的突破点和增长点，就必须往垂直领域扩张。“垂直”并不是发展单一型业务，而是充分挖掘细分市场的机会，往深处行进。考虑到外部环境的巨变，尤其是商业跨界掠夺者和新技术带来的挑战，我们在2019年提出以“跨界创新”的方式实现外向生长。就像一棵有生命力的树，只有迎着阳光雨露不断地生枝发叶，才能深深扎根于大地之中。未来，我们将以“垂直深耕”和跨界创新的新策略，打造中国国家地理的垂直矩阵生态，形成完整的科学传媒产业链。

当下，中国的四大红利——新人口红利、城市化红利、全球化红利和互联网红利依然存在，是我们需要抓住的机遇。不少人认为时代的变迁和技术的迭代已经让这四大红利成为过去时。对我们做实业的人来讲（传媒业也是实业，因为我们的产品是一个字一个字码出来的，我们的话题和谈资是落在实处的），中国的经济和庞大的内需市场并不是凭空想象而是真实的，因此，这四大红利依然是我们科学传媒行业的未来增长空间。

2019年，网上流传着一组惊人的数字：南京人一年吃掉1亿只鸭子，四川人一年要吃掉2亿只兔子，武汉人一年要吃掉30亿只小龙虾，中国有40万家火锅店、50万家奶茶店、2亿辆私家车、11亿部智能手机，一年有500亿快递单子；另有10亿中国人没坐过飞机，8亿人没有到过北京，没有护照、没有出过国的人有12.6亿。中国有着世界上最大的单一市场，2019年，中国的消费品零售总额已逼近美国。面对这个单一市场，我们不能忽视其中存在的两个巨量市场：一个是拥有消费升级能力的4亿人口——超过了美国的人口总量，另一个是10亿级的大众消费市场，正因如此，淘宝、京东、天猫才能打造巨大的商业帝国，拼多多才能获得巨大的成功，这就是中国的国情现实。无论是消费升级还是降级，中国的消费市场的潜力都是巨大的。在科学传媒市场中，我们要紧盯着这4亿消费升级的人口，也要关注10亿级的大众消费市场。此外，按照国家规划，未来4年，中国20万人口以上的城市都会有高速公路和机场，高铁将覆盖80%的100万人口以上的城市，城市化红利结合人口红利，将是垂直产品的风口。

作为内容驱动型的媒体企业，我们向前走的每一步都是对“内容为王”的延伸。我们在垂直领域的扩张，主要建立在三个层面的用户体验上。

首先，是阅读体验。中国国家地理拥有六大内容传播矩阵——《中国国家地理》《中华遗产》《博物》、影视公司、图书公司和新媒体公司，打通了纸上、网上和移动终端等不同的媒体介质，以融媒体的方式传播自然科学和历史文化领域的新发现与新进展，不断提升用户的阅读体验。

其次，是互动体验。在这个激情澎湃的时代，我们再也不可能像十几年前那样，靠“读者调查表”去了解读者的阅读感受。读者大都用最简单的方式，即“买还是不买”来表达自己的看法，如何让读者参与杂志的成长，已经是媒体品牌经营中的一大“技术”难题。为此，每年我们通过上百场的“中国国家地理大讲堂”全国巡回演讲、“博物课堂”、图片巡回展览、读者联谊会、网络、社交媒体以及文创产品等形式，与读者互动并且根据读者的反馈意见，调整选题和传播方式。

第三，是实地应用体验 —— 包括科学家带队的实地考察、摄影师指导下的摄影实践以及中国国家地理乐园的情景式学习和自然教育的营地式体验。我们利用背靠中科院地理科学与资源研究所的强大优势，结合地理科学、生物科学、历史人文科学所涉及的社会热点、难点和疑点，组织以科学家为领队和导师的学习课程和出行考察团，带领会员、广告客户以及不同年龄层的受众走进自然课堂或者进行野外考察，让用户真正亲身体验地理之美。

通过打造中国国家地理的三重体验，我们建构了一个多维度的中国国家地理。

品牌发展：从纸上山河到“红框中国”实景

2014年，我们将原来的“市场部”改组成“品牌发展部”，不仅具备品牌推广职能，还深度介入地方文旅产业的发展，成为我们探索垂直领域新业务的先行者。

品牌发展部最初的业务是以制作附刊、增刊为主。从本性质的附刊和增刊，讲述的是地方故事，传播的是地方的自然美景和人文、历史故事，产品的依然是“纸上河山”，只不过报道的对象集中在了某个领域或某个地方，选题规划更为集中，服务的内容也更加细化。

作为在垂直领域的新型探索，跟地方政府和企业在传播层面的合作，实际上并没有脱离“内容为王”的理念。我们以景观发现、地方风物为核心，讲述所在地的人与自然共生、历史与当下辉映的故事。

这个看起来简单，操作起来并不那么容易。因为自“选美中国”特辑开始，读者对《中国国家地理》就有了先入为主的意识。我们大家都知道，在快节奏的阅读时代，有很多人是“知道分子”，他们掌握的是碎片化的快餐式信息，但是愿意认真阅读《中国国家地理》杂志的读者，一定不会满足于“知其然而不知其所以然”，他们希望看到内容扎实、观点独到的深度解读。所以我们的每一期附刊，都有鲜明的主题、丰富的景观和新颖的观点，不仅能够为读者提供话题或谈资，还要展现不同观点背后的思辨。

品牌发展部最初就继承了这种策划和报道理念。我印象最深的是制作贵阳附刊时，编辑小组去贵阳参加选题研讨会，我刚好陪同秦大河院士一同去贵阳，路上我们聊起贵阳，秦院士说了一句“贵阳是一个连气候都可以消费的城市”。大

品牌发展部活动现场。

家都觉得眼前一亮。秦院士对贵阳的这个评价，可谓这个附刊报道的点睛之笔，它是建立在地理学家对一个地方的准确认知和科学定义上。而从报道的角度看，这样地理概念化的、醒目又有话题感的定义，就是我们做附刊报道时所追求的。

俗话说，“纸上得来终觉浅”，但这种说法对我们制作的报道却未必适合。虽然是商业合作性质的附刊，但相关团队、编辑从选题策划时候起，就要琢磨如何讲好故事，不仅要让读者的目光被纸上精彩、壮美的山河图片所吸引，还要让他们从娓娓道来的山河故事中，读出“物色故相撩”的内涵。

品牌发展部主任王杰认为：“中国蓬勃发展的文旅业让地方政府、景区、国家公园和文旅企业的传播意识增强，加大了对地方品牌塑造以及特色文化和旅游形象的推广力度，科学传媒的影响力、公信力，可以实现传播效益和社会效益的最大化。而这个需求，正好契合了我们的市场下沉的策略，品牌合作也由此而生。”

在实际运作过程中，品牌发展部能够不断跳出常规业务，探索新的传播方式，正是基于对我们“红框”品牌的维护和热爱。《中国国家地理》的封面红框，是由China首字母C变形而来的，可以这样说，红框是构成《中国国家地理》品牌的核心元素。在《中国国家地理》改版走过的20余年历程里，成千上万的读者通过这个红框，了解并熟悉了精彩的中国，一册册精心编辑的内容，就像山河志，传递着科学和艺术的魅力，提升了人们对美丽中国的认知，也在潜移默化中影响了一代又一代读者，成为改变阶层生活方式的精神食粮。其实，这些公信力和所谓“权威”的本质，依然离不开“内容为王”。在我们向垂直领域扩展的时候，我们该如何借助红框，完成跟用户的互动体验呢？

品牌发展部的同事开始琢磨，既然读者表达自己看法的方式是“买或者不买”，那么我们能不能用“参与或不参与”杂志封面创意来了解读者对红框的喜爱程度呢？也就是说，如果让读者自己当模拟主编，他们是否会踊跃投票挑选自己喜欢的封面图片，决定封面用什么标题、字体、字号和颜色等，或者干脆把自己的生活与“红框”同框呢？

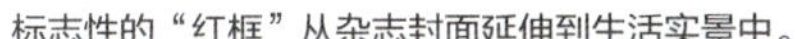
标志性的“红框”从杂志封面延伸到生活实景中。

2014年，我们将原来的“市场部”改组成“品牌发展部”，不仅具备品牌推广职能，还深度介入地方文旅产业的发展，成为我们探索垂直领域新业务的先行者。

为此，品牌发展部联合中移互联网有限公司，做了一次大胆尝试。我们开发了一款手机程序，让读者挑选自己喜欢的图片，一键生成专属的《中国国家地理》封面。这种新颖、有趣的玩法一下子吸引数百万用户参与和分享，红框封面秀活动推广期间，活动页面总PV达到550万，平均每个用户访问近2.4次。我们征集到了4万多份优质封面摄影作品。通过微信、微博等社交平台传播专属红框封面的人更是数不胜数。中国移动方面，共有江苏、浙江、广东、上海等七八个省级公司主动向亿万用户推广这个红框封面秀活动。

从“纸上山河”到线上“红框封面秀”，品牌发展部做出了一次有效探索，而从“红框封面秀”步入线下“红框实景”，则是中国国家地理“红框”的又一次创新。“红框实景”是依照《中国国家地理》红框封面，按比例制作的线下“红框摄影装置”，它通常竖立在景区内方便赏景的最佳位置，它服务的对象，是从纸上山河中抽身出来，进入山河实景的游客。

第一个红框摄影装置是2018年10月期间在南京幕府山设立的。当时南京市政府和企业组织了一场有中外游客参加的幕府登山节，主办方在半山腰平台上竖起了一个巨大的中国国家地理“红框”，透过红框远眺，山脚下就是浩荡奔流的长江。这种新奇的“红框中国实景”，一下子抓住了游客心理，攀登至此的游客纷纷驻足，竞相站在红框内拍照，这个地方很快成了游客口口相传的“网红旅游打卡点”。

这之后，红框摄影装置迅速被江苏虞山尚湖，浙江莫干山、下渚湖湿地以及四川甘孜，重庆合川等一些地方引入，随着媒体报道和社交媒体的传播，中国国家地理“红框实景”开始被更多人熟悉。北京三里屯Mercedes me体验中心、中国国家地理广州会客厅以及其他品牌合作方，在联合主办线下活动的时候都把我们的红框摄影装置设立在最醒目的位置。或许在他们看来，透过这个“红框摄影装置”看到的一切，才代表着“红框里的中国”和用户最真实的体验。

博物运营：互动传播、实地体验与IP孵化

博物运营中心成立于2016年，目前已经建立了六大业务板块：新媒体官方账号运营、新媒体广告、博物旅行（自然出行）、博物小馆（文创）、品牌运营和IP打造，在垂直领域的探索和跨界创新方面取得了骄人的业绩。可以说，《博物》杂志和博物运营，是中国国家地理科学传媒体系中最典型的、成功的自我裂变案例。

2005年，创刊一年的《博物》杂志就推出了第一期博物夏令营——《博物》达里诺尔草原夏令营，以自然旅行的方式丰富小读者的博物体验。不管是面向成人的《中国国家地理》还是面向青少年的《博物》，我们都非常注重行、知、悟，希望读者和我们一起通过实地体验获得新知。比起早期《博物》编辑部组织的青少年夏令营，由专人打理的“博物旅行”不仅变得更加专业了，辐射人群也更加广泛。2016年，博物旅行推出第一场自然旅行“肯尼亚之旅”，18位参与

者全是20多岁的成年人，和杂志读者的年龄段差距很大。虽然现在有不少青少年参加我们的博物旅行，但粉丝仍以青年人为主。为什么会有这么大的反差？

《博物》杂志的主要受众是青少年，读者多为10~12岁的小朋友。博物运营，主要靠新媒体平台吸粉——大多数情况下只有成年人才有微博和微信，主要用户为13~30岁的年轻人，尤其以18~24岁年龄段为主。此外，社交媒体上大多数博物粉丝都是先知道博物微博——拥有千万级粉丝的网红"博物君"，尔后才知道《博物》是一本杂志。这就意味着博物运营团队的用户群与《博物》杂志有着明显的不同，博物运营团队一方面要吸引这批有消费能力的年轻人，另一方面

博物运营团队一方面要吸引这批有消费能力的年轻人，另一方面还要实现《博物》杂志与博物新媒体之间的互动，扩大博物的影响力。

还要实现《博物》杂志与博物新媒体之间的互动，扩大博物的影响力，做好整个博物的品牌运营。

有了这些考虑，博物旅行既注重自然探索和野外生存方面的体验项目，也将科研体验和野生动物保护项目作为主推产品。博物旅行的全过程，包括招募、执行和收队后的评价，都会以"跟着博物去旅行"的关键词发布在微博和微信上，与粉丝互动。2019年国庆假期间，通过博物旅行"肯尼亚之旅"和"新加坡之旅"两条线路在微博上的图文、视频互动，"博物君"主持的微博话题"跟着博物去旅行"，7天就收获超过1.5亿次阅读和1.2万条跟帖讨论。"博物君"在社交媒体上强大的互动传播能力降低了博物运营的边际成本，既提高了交叉销售的业绩，也提高了用户的忠诚度。另外，博物旅行中有趣的故事，也会出现在《博物》杂志上，促进了纸刊、新媒体和线下活动之间的良性互动。目前，博物旅行与资深自然教育专家、户外运动专家共同策划线路，以海外线路为主，领队均为有趣、健谈、知识渊博的专家学者，其主题涵盖动物、植物、地理、地质、气候、历史等诸多领域，承袭了《博物》杂志"好玩又能学知识"的精神，很受年轻人喜欢。

受到发行公司开发文创产品成功案例的启发，博物运营中心总经理郭亦城和

博物出品的文创产品全部由运营中心自主设计研发，涉及手办模型、毛绒玩具、文化用品、生活用品等众多品类。其中，“滚滚而来”套系手办、“元宝”系列毛绒产品已成为“网红”爆款，曾被很多娱乐明星及综艺、网剧自发“带货”。文创产品线下快闪店“博物学家工作室”也成为各大文创展会上的“打卡点”。

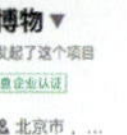

FANTASTIC FLOWER
PROTEA

项目总监王辰也开始设计文创产品，以自然集市的创意立身，在淘宝店铺“博物小馆”上进行销售。从最初不到10款产品，成为现在每年能推出60多个SKU（单品）新品的文创团队，博物小馆已经成为博物在“物化”方面的子品牌。媒体天生具有不规则的特性——内容一直在发生改变，因此格外需要以“物”为载体，杂志就是一种将思想和理念物化的形态，文创也是如此，把无形的价值观“物化”为具体的存在。文创为用户提供了阅读体验之外的赏玩体验，通过看着可爱、摸着舒服、还能摆在家里的文创产品拉近了读者与杂志的距离，在创收的同时扩展了品牌的外延。在这个过程中，文创产品依托互动传播和交叉销售的方式，实现了物化的销售和品牌的扩张。每一个新品上市，都会在博物微博和微信上做广告，其中单条广告阅读量可获得上万次点赞和数千条转发。拥有26万微淘粉丝的博物小馆还开始尝试以众筹的方式预售文创产品。2019年的“博物招财五福动物招财手办”项目，原计划众筹8万元，结果却获得了超过85万元的众筹款，是目标金额的10倍之多。2020年6月，博物运营团队还将以往4次众筹成功的经验，在博物杂志增刊《博物君式科普》这个项目上进行了营销尝试——这也是期刊界第一本以众筹形式售卖的期刊，既是线上营销推广，也是期刊的新形式售卖。通过35天的众筹募集，最终预售量超38000本，众筹金额超过188万元，同时也在微博、微信、抖音、B站等平台上涌现了大量有关博物杂志的推广信息流。

博物小馆还组织和参与多次线下创意集市类型的展览和快闪店，吸引了众多访客，尤其是高1.6米的巨型棕榈鬼鸮、整面墙的博物周边玩偶和博物学家工作室，成为网友打卡的热点店铺，真正实现了线上、线下间的互动销售。

博物的品牌运营最为关键的地方在于内容运营，而内容运营必须要有优质的内容资源，《博物》杂志的内容库是其最重要的依托。官方微博和官方微信上发布原创有趣的“微科普”，一些有趣的微博段子也会成为杂志专栏内容。“微科普”是内容精准营销的成功实践，博物运营团队采用数据分析的方式，了解用户的意见和习惯，据此调整内容或改变传播方式。比方说，在微信平台上增加博物官方服务号及运营社群与用户的互动，用户活跃度将会大增，因为博物微信上的大多数用户的阅读偏好都更贴近生活化的知识性内容，这类内容占比在2019年高达77%。新媒体的互动传播特性和纸刊的单向阅读完全不同，运营新媒体账号的专员必须兼具渊博的科学知识和幽默诙谐的文字风格，才能在会话这种碎片式的互动中，增强科学传媒品牌的权威性和时效性。

“年轻＋喜欢潮流文化＋互联网爱好者”是博物品牌运营中心员工的标签，深谙长大后的博物少年和喜爱科普年轻人喜好的他们，能够通过各种新颖的营销方式，将杂志多年来积累的内容，转化为新媒体内容、文创产品和品牌概念。

博物的品牌运营最为关键的地方在于内容运营，而内容运营必须要有优质的内容资源，《博物》杂志的内容库是其最重要的依托。

“博物课堂”也是内容营销的范例。“博物课堂”是《博物》杂志在2015年推出的项目，主要面向少年儿童，带领大家体会自然知识的乐趣与大自然的美妙。主要形式为线上语音课程与线下互动体验课程，每周末开课，依托《博物》杂志的专业老师团队来设计课程，内容涵盖自然、天文、地理等方面，逐渐成为少年儿童校外自然教育的重要品牌。2019年，“博物课堂”与学而思合作，第一次推出了专为青少年开发的《博物带你看世界》第一季系列视频课程，超过10万用户购买了“博物课堂”在线课程，包括《给孩子的第一堂自然观察课——趣味观察笔记法》《跟着博物学家去肯尼亚：理解动物王国的真实法则》《跟着博物学家去海南：热带雨林夜探昆虫》《跟着博物学家去香格里拉：探访神奇的高山植物》等，广受青少年、家长和老师的赞赏。2020年，“博物课堂”除与学而思公司继续合作《博物带你看世界》系列视频课程第二季，还开发出第一档线上直播互动博物课《靠近一点看昆虫》，首期同时在线上课学生超过1800人。

可以说，无论博物运营的IP变现之路走得有多远、跨度有多大，编辑部都是博物运营的根基。只有依靠编辑部扎实的内容支撑和科学传媒所主张的思辨精神，周边虚拟产品或者实体产品才有发展前景。这也让我们重新审视自我裂变的出发点：要想体现中国国家地理的媒体价值，我们必须坚持内容驱动型模式，而非资本扩张的路径。做科学传媒需要有坚实的科学研究背景，我们传播的知识、打造的产品不能出错，只有专业的人做专业的事，才能做出专业的产品，产生不可替代的价值。

科学考察：切身感受世界之大与地理之美

20世纪90年代初期，作为国家南极科考队队员，我曾经在南极看到天空中出现了五六个太阳，这种幻日现象让人联想到后羿射日的故事。原来，天空中出现多个太阳并非虚无缥缈的神话，而是有一定自然现实根据的"传说"！我们把神奇的幻日现象拍成了照片，但图片的观感，实在难以比拟现场亲眼所见时的强烈震撼感。自然的神奇与壮阔是文字和图片无法描述和呈现的，以在场的方式亲身体验，才是认识世界的正确方式。后来，我去北极和青藏高原做科考，回来给朋友讲述自己在那里的经历，大家听得两眼放光。每个人对远方都有向往，每个人对大自然都有好奇心，荒野在召唤我们每一个人。这种召唤正是中国国家地理做出行体验项目的原因，我们希望为读者提供阅读之外的现场体验，以身临其境的实地考察来感受世界之大与地理之美。

2002年，我们成立了中国国家地理会员俱乐部，开始为读者提供实地考察的机会。经过14年的积淀，2016年5月，我们在会员俱乐部的基础上成立了科学考察部，以《中国国家地理》杂志选题为基础，邀请权威专家、学者，选取典型的自然生态环境及富有文化气息的目的地，精心设计各类出行线路，为会员提供真切、丰富、立体、新奇和专业的体验。到2020年初，我们已经形成了一个遍布世界七大洲的全球化产品体系，除了国内的150多条经典线路，还有包括南极、北极、冰岛、格陵兰岛以及亚马孙河流域、加拉帕戈斯群岛、潘塔纳尔湿地、乞力马扎罗山、撒哈拉沙漠、瓦罕走廊等50多个独具特色的境外奇异景观目的地。

2012年，我们组织了200多人首航南极，访问中国南极长城站的活动。2013年开展了140多人穿越北极圈的活动，到达以绚丽极光而闻名的斯瓦尔巴群岛，并远赴中国北极黄河站。

2016年，科学考察部正式成立之初，我们就推出了“中国国家地理号”首航亚马孙的活动，独立包船，带领读者深入这个神秘的“物种与河流的王国”，考察世界最大的热带雨林区。2017年起，“中国国家地理号”连续三年前往地貌多样、动植物奇特，被誉为“生物学者向往之地”的加拉帕戈斯群岛。

在国内活动及线路方面，自2016年以来，我们整理、开创了累计150条以上的经典线路，覆盖了中国34个省级行政区。其中，涉及不同自然地理地貌景观主题的野外活动项目，深受读者和地理爱好者们青睐。比如，我们完成了“高原上

> 每个人对远方都有向往，每个人对大自然都有好奇心，荒野在召唤我们每一个人。这种召唤正是中国国家地理做出行体验项目的原因。

的高原”阿里环线考察和“西藏江南”藏东南雪山冰川考察；组织队员徒步“世界第一大峡谷”雅鲁藏布大峡谷、“顶级壮美集结地”珠穆朗玛峰东坡，穿越连接天山南北的夏特古道；实现车队穿越千里瀚海塔克拉玛干沙漠等。此外，我们还进行了横断山三江并流区少数民族调查、广西乐业和陕西汉中天坑群探索、“草原丝路古咽喉”黑戈壁穿越，以及希夏邦马峰、西沙群岛、海南鹦哥岭热带雨林考察等。这些主题活动，涵盖了高原、雪山、冰川、峡谷、沙漠、戈壁、喀斯特地貌、地下天坑、海岛、热带雨林等有着巨大差异的丰富景观，突出了地理属性。

我们也多次组织了无人区探险活动，包括阿尔金山无人区野生动物调查、新疆罗布泊南戈壁雅丹考察、可可西里藏羚羊保护志愿者行动、羌塘无人区高原湖泊考察等。我们的脚步抵达了高海拔的大江大河源头地区，比如长江源姜古迪如冰川、黄河源头约古宗列曲以及露营海拔达到5500米以上的普若岗日冰原等。我们积累了在高海拔地区开展野外活动的经验，能更好地为大型团队提供安全的野外保障及完善的后勤服务。

近些年，家长们对孩子假期出行、自然教育、研学实践的需求持续增长。旅游市场上也涌现出了大量相关的研学、游学产品，水平参差不齐，让家长们难以

上：2016年10月，“穿越天山雪岭 徒步夏特古道”活动中，队员走在暴风雪后的天山上。摄影 / 陈锐
下：2020年5月，“守护斑头雁行动”中，队员们乘冲锋舟在海拔4600米的长江源区雅西错上开展高原湖泊调查。摄影 / 卓鹏

上：“徒步穿越塔克拉玛干沙漠”活动中的后勤驼队。摄影 / 黎桂先
下：2018年5月，珠峰东坡考察活动中的夏浓牧场野外营地。摄影 / 李冬冬

甄别和选择出对孩子教育真正有益的高质量出行活动。我们应广大读者的需求，在成年读者活动线路之外，每年寒暑假期间也为读者的孩子和家庭提供知识内容丰富的出行线路。青少年及亲子活动更强调在旅途中学习，涉及多层面的知识传达。以广受欢迎的西沙群岛生态营为例，每年暑假，我们会组建百人团队去西沙，活动中仅担任课程讲解的学科老师就有10位，分别负责多个主题：岛屿地理、海洋生态与保护、航海知识、天文、岛屿植物、昆虫、珊瑚、潮间带生物、海洋鱼类、南海历史等。在打造高质量知识内容的同时，我们也十分注重知识和活动线路的体系化，为青少年们提供系统的知识学习和出行实践的选择。近些年我们开发并推出了“中国海洋科考营”，囊括了黄渤海、东海、南海三站，营员们可利用两三年的假期，走遍中国的主要海岛及海岸，完整认识中国的海洋。

此外，经过历时两年的筹备，我们在今年暑期开启了“跟中国国家地理看中国——中国少年营”活动平台，利用三年的寒暑假时间，陆续推出基于34个省级行政区的34站活动，旨在通过每一站活动，让营员们实地了解一个地方的地理地貌和人文风貌。活动设计以省级行政区为单位，项目涉及的地点分布相对集中，减少了因旅途辗转而造成的时间浪费。通过这个活动平台，可以让青少年在走遍中国的同时，深入了解中国的地理环境和自然条件，认识中国社会和多彩人文。我们相信，遍览中国的孩子，身心都会成长得更为茁壮、强大。

我们也走出了偏重自然地理的传统，增加了人文地理的体验活动。近年推出的“大河巡礼”系列，就是基于大江大河地理单元，重点考察沿河区域历史文化的项目。具体线路包括：澜沧江—湄公河跨五国文化考察、尼罗河古埃及文化考察、伊洛瓦底江佛教历史考察、伏尔加河人文地理考察、印度恒河文化考察等。这些著名的江河，都是人类文明的重要区域及发源地，沿河历史遗留丰富，是我们乘船索迹，线性考察人文历史的绝佳方式。

我们还有许多特色主题的项目，例如，适逢“滇越铁路”建成百年时，我们便组织了滇越铁路人文考察。线路从云南昆明至越南海防，沿滇越米轨铁路线，考察了沿途碧色寨车站、人字桥等重要的车站及桥梁；走访了米轨火车司机、铁路博物馆馆长、铁路摄影师及米轨铁路历史文物私人收藏家；乘坐体验云南开远段及越南境内仍保留的米轨列车。一路从高原走向大海，在回荡山谷的汽笛与锵锵声中，感受这一历史文化遗产的魅力。同类型的线路还包括重返滇缅公路——滇西抗战历史考察、云南茶马古道及普洱茶文化考察、徒步雪山冰川——寻找驼峰坠机等。

现今，“中国国家地理科学考察”已经形成了自然和人文地理考察系列、野外探险和徒步系列、青少年科考营和亲子营系列等出行产品矩阵。可以说，在中国，我们是科学旅行线路界的“权威”供应商。

将知识性与科学性贯穿始终，是我们对中国国家地理出行的基本要求，也是称其为“科学考察”的原因所在。出行并不是中国国家地理的核心业务，没有哪个媒体是靠旅行产品生存的。因此，我们的科学考察并不以盈利为目的，也不会盲目扩大规模，而是以自营的方式，做好读者和广告客户的实地应用体验服务，提供“行、知、悟”的实践机会，这是我们与旅行社最大的区别。目前，我们每年更新60%以上的出行路线，平均每年做30~40场活动，服务上千用户。

将知识性与科学性贯穿始终，是我们对中国国家地理出行的基本要求，也是称其为“科学考察”的原因所在。出行并不是中国国家地理的核心业务，没有哪个媒体是靠旅行产品生存的。

为什么中国国家地理希望并有能力为读者和用户提供“行、知、悟”出行产品？因为地理科学的“场”不是实验室，而是野外与自然环境，强调亲临地理现场。对于热爱地理的人来讲，在路上是一个探索的过程，也是一个发现新知、不断认识自己和世界的过程。如果说《中国国家地理》杂志给读者提供的是出行由头，那么我们的科学考察活动想与读者分享的，就是出行和思考的过程，带给用户自然与人文的启迪。我们给孩子讲“弯弯曲曲的河流”，不如带孩子去看看黄河的“九曲十八弯”、去三江源看看黄河的源头，讲一讲黄河如何从青藏高原发源、如何流经黄土高原、河水如何在地心引力和科里奥利力的作用下将河道侵蚀得蜿蜒曲折。人们讲“百闻不如一见”，通过实地体验，书本上的知识不再是零散、枯燥的，而成为了旅途中寻找答案的钥匙和线索。实地考察和专家的现场讲述，也打破了想象力的局限，让杂志的内容“流动”起来。

我们广受追捧的路线多在人迹罕至、环境复杂多变的地区，优秀的领队、完善的出行管理流程至关重要。领队是灵魂，不仅要把团队管理得井井有条，更要将

2019年7月，考察队员们行进在冰岛内陆的索尔黑马冰川之上。摄影 / Bertrand Sinssaine

自己保护环境的理念、对地理哲学的理解传递给队员。管理流程涵盖行前准备、出行组织、行程后宣传三个方面。行前，要根据主题和线路制作一本精美而实用的“路书”—— 包含沿途地理景观、生态系统、人文历史的特点与旅途注意事项等。对于青少年活动而言，这不仅是一本出行指南，也是一本野外课本，梳理了知识系统，增加了有趣的互动内容。行前工作还有重要的一块，那就是从大量报名者当中，根据出行目的地和户外活动项目，进行出行难度分级，合理优选队员，并评估出行风险，做好充分的应急预案。

阅读让读者发现中华大地上丰富多样的自然和人文景观，实地考察让读者现场感受中国山川的壮美与文化景象的多样性，民族自豪感和家国情怀也在旅途中油然而生。

行程中，领队严格按计划推进。多年的实践，使我们积淀了一套野外考察活动运行标准和规范，大到路线厘定，小到车辆摆放，都有成文的规定，这样才能确保极致体验与安全。

行程完成后，我们会收集队员们旅途中的个人摄影作品，集结成册，以一本精美画册的形式，给队员们留作长久的纪念。许多队员的考察笔记与回顾，图文并茂，经编辑后，会在“中国国家地理科学考察公众号”等平台发布，让更多的读者感受到活动的精彩。一些主题调查活动，会由随队指导专家带领大家完成一份科学报告，相关数据、记录可提供给有关研究机构汇总及使用。另外，所有的新线路都会配备随队摄像师进行视频录制，后期剪辑后发布相关纪录影片。

阅读让读者发现中华大地上丰富多样的自然和人文景观，实地考察让读者现场感受中国山川的壮美与文化景象的多样性，民族自豪感和家国情怀也在旅途中油然而生。在路上更加科学地认识自然、了解自然、研究自然，切身感受地球与生命的无穷魅力。我们坚信，唯有深入了解这个世界，才能更好地改变这个世界。

上：2017年5月，“垂直速降——勇闯天坑地心”活动，队员在广西乐业未开发的天坑中绳降。摄影 / [illegible]
下：2018年8月，“中国国家地理号”第二次航向厄瓜多尔的加拉帕戈斯群岛。摄影 / 蔡石

落日余晖下，停泊在太平洋洋面上的“中国国家地理号”考察船。摄影 / 蔡石

华物景程：打造呈现中国之美的本土文旅IP

华物景程成立于2017年，是中国国家地理旗下最年轻的成员。依托中国国家地理积累的庞大内容体系和专家团队，华物景程致力于推动从阅读体验到互动体验以及实地场景体验的贯通与融合。在目的地规划、室内外设计、建设施工、运营体系、管理标准等全链条的方方面面，我们始终以“内容为王”贯穿统领，打造以科学性、知识性为核心的，呈现中国之美的本土文旅IP。

经过两年多的布局，华物景程已经形成了初具规模的四大板块规划：营地、探索中心、自然教育课程、国粹系列。四大板块从不同维度呈现中国之美，以科学内容的导入和传播，赋能在地文旅。在泱泱中华的广袤土地上，遍布众多引进海外版权的主题乐园，中国急需开创自己的原创文旅IP。

四大板块中最早启动的是自然教育课程，旨在将媒体内容转化为教育研学产品，以专业精神和科学的方法论，重新梳理定义中国的自然教育与营地教育标准。我们招聘了博物学科全科的人才，打造出了一个“硕博团队”，在内部进行专业间的跨界对话，通过相互培训、相互学习给专业学科“破壁”。比如植物老师要懂古生物、地理老师要懂昆虫、动物老师要懂地质，辅以专业的教育学理念，为孩子们打造有营养的自然教育产品。

在此基础上，我们确立了只有做成行业标准才能突破行业桎梏的战略。于是在前期的研发阶段，我们开发了自主知识产权的自然教育标课，还同步研发了教师培训体系、标化的课件和教具、标化的自然教室设计。以标化解决非标化的技术障碍。经过两年的时间，我们研发了涵盖昆虫、古生物、鸟类、植物、动物、天文、地质等学科内容的上百堂标化课程；5大教师培训主题和7个自然教室设计。标化的课程、培训和空间共同构成了我们的自然教育体系。希望借此，成为国内自然教育的定义者。

除此之外，我们很注重课程的呈现形式，同步推出博物馆课、电影课、农场四季课、Geo大发现考察和Geo Party等活动；开发了“课本里的博物学”和双语博物学等教育产品形式。我们坚信，自然是最好的老师。一年四季，我们带着孩子们在农场种菜植树、骑行观鸟、奥森夜探、画科学手绘、写自然笔记、去到考古一线考察恐龙足迹、挖掘化石、钻溶洞、爬火山，在孩子重返天地、发现万物的过程中，他们不仅释放了天性，还逐渐构建起“人与人”“人与自然”“人与自

2020年夏季的夜晚，极奥训练营的袁烁老师带领小朋友，在露营地观察蝉的羽化。供图 / 极奥训练营

我”之间的联系。

自然教育也是倡导热爱本国乡土物种的爱国主义教育，自然教育因地而异的特性，使它和在地旅行紧密结合。我们将打造覆盖中国主要自然带和生态系统、具有唯一性和独特性的、关怀“天地万物”的自然教育体系。“天地”，意味着无论是山川、河流、大气、岩石还是生物活动的痕迹，都能讲述沧海桑田的自然故事；“万物”，意味着繁多的鸟兽鱼虫和花草树木等，既关注微观层面上每种生物的习性，也从宏观层面思考它们与地球共同演化的历史。在此基础上，将博物和中华风物作为认知工具包，以“地层派”和“生命树”为抓手，打造整个营地自然教育体系内容。在中国国家地理自然教育体系中训练过的孩子，将对自己的国家和地理，有着更为深入和多层次的了解。

2020年，在《中国国家地理》创刊的第70载，我们正式启动营地板块，以营地形态切入文旅市场，打造地理文化主题的本土营地IP。区别于其他文旅产品，科学、深度、有趣是我们的鲜明特征。中国拥有世界上最完整的自然带和最丰

2020年6月，正在建设中的中国国家地理·淄博营地入口。摄影 / 朱锐

富多样的景观类型，我们根据 6 大气候带及 8 大生态系统，将中国划分为近 50 个独特的地理单元，未来计划在每一个单元建设营地，以科学的内核和科技的手段，梳理、呈现每一寸土地的差异化之美。

2020年秋天，我们的首个营地在山东淄博开业。这里地处温带季风气候区，是黄淮海平原与鲁西丘陵山地的过渡地带，新生代的火山喷发奠定了淄博山河容姿的基底，中生代的海洋陆地交汇堆积体给这里历史悠久的制瓷业提供了丰富的原料，也为琉璃业的兴起和发展提供了可能。齐人在平原和丘陵的交汇地带，因势利导，修建了中国第一座长城；姜太公“因其俗，简其礼”，发展手工业和工商业，使齐国强势崛起，九合诸侯，一匡天下。正是相对独立的地理特点和天然形成的自然屏障，使齐地形成了相对独立的文化系统，称霸春秋，泽被华夏。这便是淄博精彩的前世今生。

我们专业的设计研发团队，经过系统、深度的梳理和挖掘，把淄博的自然与人文独特性融入在营地中，使其成为这个文旅项目的灵魂和核心，并贯穿于淄博营地的前期规划、建筑空间设计、场馆及室外体验内容、运营体系和管理标准中。

营地分为三大板块：地理科学互动体验馆、户外探索生活基地和系列运营内容。

在地理科学互动体验馆中，我们结合多媒体声光电技术，以创意互动、数字沉浸体验等高科技方式展现淄博的地理文化特征，和观众形成互动。比如，我们利用淄博陶瓷中独特的雨点釉和纹样，以及“齐”字在各个历史时期的演变，设计出美丽的动态变化效果，让观众在镜面空间中进行沉浸式体验。我们还从《齐民要术》中整理出10种与当地有关的植物，进行科学手绘，设计成互动体验场景，现场扫码会有这些植物的相关延伸阅读。

户外探索生活基地，倡导亲近自然的生活方式。主要分为帐篷野营区、无动力设施区、分级别徒步线路等。可以在营地山谷中露营篝火、围炉夜话；也可以跟着专业教练进行户外运动，或远足至古老的齐长城感受历史烽烟，或到半山崖洞安静地“对话荒野”，沿途扫码，便能听取相关专业人士的精彩解读。

系列运营内容，包括系列课程、主题活动、科学大V驻场项目等几个方面。有自主开发的针对孩子的自然教育课程、科学考察活动，也有针对成人的户外运动课、摄影课等。另外还邀请科学家、科普大V等嘉宾参与驻场项目，比如与“水哥”王昱珩合作的生态植物墙、太阳能环保鱼塘等。

科学和教育是我们营地的核心，科技的手段、有获得感的互动体验、亲近自然的感受是营地最大的特点。旅行可以不仅仅是休闲度假，也可以是深度的知识探索和自然体验。另外，营地还会打通线上和线下，线下有场景体验、内容生产和活动承载功能，线上则涉及用户运营、传播渠道和产品销售等。

中国拥有丰富的地理、文化资源，但缺乏挖掘本土文化内涵的高水平文旅项目。以内容为核心的这种创新旅行产品，顺应了当下大众旅行正在升级迭代的时代需求。

另外，我们今年还开启了探索中心板块，在城市综合体建造科学体验乐园。而国粹系列媒体矩阵，将针对垂直行业，不断开拓、深耕内容。

未来，我们将以这些垂直探索为基础，以营地为网络，串联起华夏大地，为大众提供异于传统旅行的，更亲近自然、深入有趣、更富知识内涵的体验。期望经由我们的探索和尝试，祖国的山河之美、人文之盛能得以更好地传扬。

一个多维度的、垂直跨界的中国国家地理，将与你携手，一起发现至美中国，相约未来。■

西藏扎日南木错的壮丽日出。摄影 / 王宁

第四部分

公司架构与企业文化

我们有严格的商业运行原则，但我们在内部，营造的是一种轻松愉快的工作氛围和环境。作为轻资产型企业，媒体最重要的资产是品牌和团队，而品牌由团队打造。团队越优秀，品牌影响力越大。在中国国家地理科学传媒体系内，我们提倡自我裂变和跨界创新的企业成长方式，这意味着我们每个人都要发挥出自己的潜能，如此才能借助外力，实现我们在垂直领域的扩张。为了激发员工的创造性和工作热情，我们实行扁平化管理模式，鼓励内部竞争，构建学习型企业，提升员工的自信心和尊严感，让大家在平等、善意、有上升空间的工作机制中创造价值。

第16章

团队、愿景与价值观

1997年，在我们筹备《地理知识》改版时，一切都是摸着石头过河，完全没有企业管理概念。七八个人，一台陈旧的电脑，每个人都身兼数职。即便是相对独立的编辑部，也要在杂志印制出来后和大家一起上街卖杂志。随着团队的壮大，我们开始考虑组织架构、管理模式和企业文化。但我们不想照搬照抄，而是结合企业的实际发展来调整组织策略。

我们将自己定位为科学传媒，核心原则是采编与经营完全分离。这种采编与经营分离的模式在纸媒的黄金年代很流行，如今已不多见了。对媒体行业来讲，最大的挑战是让所有人都能着眼未来，让大家觉得做内容是有希望和前途的，这

2007年5月，杂志社员工在南疆进行团队培训，大家沿着塔里木沙漠公路穿越了世界第二大流动沙漠塔克拉玛干。

样我们才有机会自我裂变，实现在垂直领域的扩张。为此，我们在公司组织架构、内部竞争协作机制、管理模式以及人才培养方面摸索总结出了一条适合自己的路子。只有应变能力强、功夫过硬的团队才能打胜仗，我们必须依靠良好的企业文化和强大的集团军进行整体作战。

H形架构带来的协作模式打造了独立运行的编辑部门、高效进取的市场部门、有行动力的行政部门，但H形架构定义的是业务部门之间的关系而非员工和部门的关系。由此，我们鼓励一定规模的员工跨部门流动。

H形组织架构

我们讲“内容为王”、采编与经营分离，主要通过公司组织架构来保障。受到企业组织结构理论的影响，我们中国国家地理形成了自己定义的H形架构：H左边一竖代表制作内容的编辑部，右边一竖代表与之平行的市场经营部门，而连接两者的短横线则为包括行政、财务、人事、法务和技术服务在内的其他部门。对我们来讲，编辑部和市场经营部是独立的，相互之间靠行政等部门以及企业文化和规则来往。执行总编单之蔷负责内容，我负责行政和经营。偶尔我们会有不同意见，但在编辑相关事宜上他有最终决定权。这种组织结构最适合传媒公司。

目前，中国的大多数公司都是A形架构：站在顶端的CEO管理两边的技术部和市场经营部，中间的行政等部门的作用仅在事务上连接其他两大部门，三者共同隶属于CEO之下。如此，公司很容易按照CEO的偏好行事。如果CEO是技术出身，极有可能像乔布斯或者马化腾那样，以技术推动市场。如果偏重市场，比如乔布斯的接班人蒂姆·库克或者马云，市场则会做得非常好。但是，对于媒体来说，由于内容具有创意和思想性，必须保持独立，否则经营会失去基础。因此，自上而下、独裁式的A形架构不能保持媒体公司的可持续发展。另外，在A形架构下，企业规模越大，层级界限越多，同事间彼此的熟悉程度会降低。而试图打破层级感的H形组织架构实行的是扁平化管理方式，鼓励小团队或项目制，

2019年冬天，行政部的“女将们”在繁忙的年底留下珍贵的合影。摄影 / 王彤

更加灵活和高效，有助于专业化生产。

H形架构带来的协作模式打造了独立运行的编辑部门、高效进取的市场部门、有行动力的行政部门，但H形架构定义的是业务部门之间的关系而非员工和部门的关系。由此，我们鼓励一定规模的员工跨部门流动。内部流动或者转岗能最大限度地挖掘员工的潜能，对我们在垂直领域的扩张大有裨益。

普通员工对科学的理解力、对新发现的敏锐度以及对市场的判断力，决定了公司的高度。因此，打破层级感、促进内部流动、保持业务的相对独立，既能促进专业主义精神，也能激发团队创造独特的业务模式和企业文化。

内部竞争与野蛮生长

2005年，我们建立了内部有限竞争制度，以提升运行效率。编辑部不仅会提供多个封面选择，也会制作多个版本的配套内容——每个封面的图片和背后的主题故事都不一样，然后从中挑出最优版本印制刊发。内部竞争让编辑部充满了活力，多组清样时常让定稿讨论会充满火药味，却也确保了杂志内容的质量。

也是在这一年，“博物旅行”的前身“博物夏令营”开始运行。这样，我们杂志社就有两个部门运营出行体验服务——针对成年人的会员俱乐部（科学考察部的前身）和专门为青少年服务的博物夏令营。经过十多年的发展，博物旅行除了主攻青少年出行项目，也开始涉及成年人的出行项目，而科学考察部则增加了亲子活动，比如2019年推出的“环中国海少年科考营”。与此同时，做自然教育和研学旅行的华物景程，和博物旅行、博物课堂以及科学考察部的亲子活动均有重合。这种“野蛮生长”，正是我们想要的内部竞争。中国国家地理之所以有今天，就在于我们的很多业务一开始就在竞争中生长，企业支持不同的团队做同一件事，最终谁能长大就选谁。

> 可控、高效、运转良好的内部竞争机制锻造了我们团队的精气神。首先，要有大局意识，面对内部竞争，各个部门和业务板块首先要考虑的是中国国家地理的品牌形象，而不是山头主义。

在目前中国的科学传媒期刊市场中，中国国家地理虽然做到了一家独大，但如果因为独占鳌头就变得沾沾自喜、浑浑噩噩，很快就会被市场抛弃。所以，我们必须鼓励内部竞争，让团队远离“温水煮青蛙”的状态。商业社会的规则，从来就没有雪中送炭，永远只会锦上添花，我们必须要对市场的变化保持高度敏感和警觉。探索和创新从来都是艰难的，在商业扩张中，我们既要豪情万丈，也需背起沉重行囊，义无反顾地坚持走我们所认准的道路，靠扎实的内容和良好的经营策略，实现我们传播理性与思辨精神的初心。

当然，我们也要避免恶性的内部竞争。首先，依靠组织架构和业务单元为项目做区分。第二，我们制定了合理的价格体系和有限授权制度。不管是传统的媒体产品还是正在开发的教育产品，都具有不规则、没有唯一标准的特点。从不规则的创意到标准化的产品之间有很大的发挥空间，内部竞争能增强团队的灵活性，实现产品的多样性，在做大市场的同时分散市场风险——多款商品中总有一款是用户需要的。内部竞争，让我们的团队以最合适的方式、最优化的路径，做出最有效的项目来。

2006年6月，杂志社员工在北疆进行了为期10天的培训，行程近4000公里。图为李栓科和同事们一起在帐篷里休息，奶茶两大碗，“如此美味”!

2007年5月，杂志社员工培训在南疆举行，同事们在博斯腾湖泛舟。

可控、高效、运转良好的内部竞争机制锻造了我们团队的精气神。首先，要有大局意识，面对内部竞争，各个部门和业务板块首先要考虑的是中国国家地理的品牌形象，而不是山头主义。其次，团队学会了处理内部和外部的各种竞争，组织效率、沟通效率和协作能力均有提高。最后，要想产生真正有效的内部竞争、打造有血性的团队，我们必须信任每一个员工，营造宽松有序的工作环境，敢于放权让团队去尝试创新项目，在底线之上，海阔凭鱼跃。

放权：用导师的思路做管理

宽松有序和有限授权是媒体创新不可或缺的机制保障。在不断的鼓励中，团队才能创造奇迹，保持常变常新、永不消退的热情。

我很幸运，在青年时代遇到了一位影响我终身的硕士研究生导师——北京师范大学地理系的周廷儒院士。他是真正的大家，一位了不起的人物！周先生不仅是一位杰出的地理学家，还是一位卓有成就的文化大家，精通多门外语，能使用不同语言和多国专家辩论。但对我影响最大的却是周老先生给我们上的第一堂课——让我们反对他！

当时，周先生已经从事地貌和古地理研究六十多年了。他把自己多年前的研

2011年3月底，在高黎贡山举办的杂志社员工培训。风雨中穿越丛林十分艰辛，但也因此而更具魅力。摄影 / 王宁

究成果拿给我们这些求学的年轻人，鼓励我们在三个月内找出其中的瑕疵、纰漏，并且给出有根据的反驳。“你连几十年前的研究成果都看不出毛病，你对科学的敏锐性在哪里？你连自己的导师都没有勇气质疑，你能找到什么科学问题？在科研上能做出什么贡献？”周先生的这番话，让我很受震撼：科学研究是由质疑产生问题进而寻找突破点的过程，要培养一个科研人员，就必须培养他的这种质疑精神和独立思考的能力。现在回想起来，周先生这种独特的教法恰恰是培养优秀团队的思路：在企业管理中，我们最需要思考的问题就是如何处理反对意见。

我们非常强调个体的价值和尊严，会给员工充分施展才华和抱负的空间，包括犯错误的机会。哪怕一个人提出的质疑显得很稚嫩也没关系，这份敢于质疑的勇气才是最重要的。在我们的这个团队里，每一个人都能得到充分的尊重，而这

上：2007年5月，去往慕士塔格峰的路上，李栓科给大家讲解高寒荒漠地带的冰川力量。
下：2017年7月，杂志社的同事们从海拔3061米的“华北屋脊”——五台山北台出发，翻越北台—中台—西台，行程约15公里。

上：2009年11月末，杂志社同事们徒步呼伦贝尔大草原，深入大兴安岭林区，考察北方少数民族的风俗与传统。
下：2018年8月，夏季员工培训和“中国国家地理木兰围场超级跑”同期举办。图为团队拓展活动，员工行走在动力绳圈上。

份尊重是建立在互相信任的基础之上的。

在企业内部创造积极向上的工作氛围、良好的同事关系、提升员工的工作体验是品牌铸就和延续的基石。当每个人都把自己的长处发挥得淋漓尽致，我们就能拥有一支真正的精锐队伍。要想建立一个自信、大气的团队，鼓励比批评更重要。“坏事不出门，好事传千里”，在中国国家地理，我们对员工的批评基本都是私下的、小范围的，褒扬则都是公开的。这样一来，每个人都能感受到集体的鼓舞和尊重。这么多年过去了，有的人离开了杂志社，有的人依旧坚守在这里，不论是留下的还是离职的，每个人都在这里感受到了尊重的意义。

我们非常强调个体的价值和尊严，会给员工充分施展才华和抱负的空间，包括犯错误的机会。哪怕一个人提出的质疑显得很稚嫩也没关系，这份敢于质疑的勇气才是最重要的。

在这个快速更迭变化、竞争激烈的时代，“企业如家”的传统也许显得有些不合时宜，但我们依然希望中国国家地理是一家有人情味的企业。在这方面，我非常认同里德·霍夫曼在《联盟》一书中的观点：新型的企业—员工关系应是联盟关系、互惠关系，共同拥有持续的创新与丰富的智慧宝库，公司和个人才能持续繁荣发展。为个人提供持续创新的机会，增加员工对企业的情感依赖，增强“价值认同感”，让我们拥有了一批五年、十年、二十年甚至服务时间更久的老员工。2017年岁末，在社里的年度总结大会上，我们举行了一个小而隆重的仪式，为四位在这里工作超过了二十年的同事进行特别荣誉表彰。其中，我们最为资深的编辑、年近八旬的李志华老师说：“我作为一位老编辑，能为一本杂志工作四十多年，是多么幸运！在我心底深埋着一个字，那就是——爱，爱我所从事的这份事业，爱为这个事业而努力奉献的团队。苍天待我不薄！”

中国国家地理将员工视作企业的长期人脉，注重个人晋升通道的铺设，并配套绩效竞争及奖励策略。我们的管理岗位优先从内部选拔，绝大多数中层都是跟着杂志社一路成长起来的。我们从来不否认“空降兵”的活力和冲击力，但从企业基层摸爬滚打出来的人才其实更能传承企业文化，提拔和培养人才比引进人才更重要。

2010年11月，杂志社同事乘船来到东营黄河入海口，在这个特别的地理点上合影留念。

学习之有用与“无用”

近些年来，中国国家地理的新入职员工学历越来越高，大多拥有硕博学历或国外留学经历。一个以“天地生人”为立命哲学的科学传媒企业，其团队成员必须具有豪情万丈、激情四射、百折不回的气质，他们不仅要有丰富的人生阅历、良好的教养和敬业精神，能专注于自己的本职工作，还要有较强的沟通和协作能力。

对于一个合格的员工，我们有自己的标准。综合素质为第一位，借用曾国藩的一句话：“观人之道，以朴实廉介（清廉耿介）为质”，一个人的品德、学识、阅历甚至家教都十分重要。第二位是岗位能力，无论任何岗位，必须能满足工作需求。第三位是沟通能力。这三种能力缺一不可，也不能颠倒排列次序。

在上述基础上，我们对管理层有着更高的要求：既要能扛事，又要敢闯、能扛责。第一，能扛事代表你能干，这是最基本的。员工都能干，你不能干，那你是不称职的。第二，敢闯乃是真正区别管理层和员工的地方。领导者要有身先士卒的担当精神，这样才能有凝聚力，否则就是没有用的管理者。第三，还得能扛责，有问责了甚至要“砍头”了，不能当缩头乌龟。我们看不起那些向下推卸责任的管理层。有了这样一个清晰的用人指南，我们才能拥有一个有向心力、能做事的团队。

为了提升企业发展的后劲和团队的软实力，我们很早就提出要打造学习型企业文化：面对变化，持续不断的学习和创新是我们不变的目标。我们期待公司上下养成良好的学习氛围，向优质的书籍、企业和个人学习。员工除了每月阅读《中国国家地理》《博物》《中华遗产》三刊之外，我们还按月向员工发放购书补贴，并要求大家在年终提交阅读清单。每年岁末，我们都会公布年度优秀员工的书单，并组织一些内部读书活动。

我们还鼓励员工以各种方式为自己充电，实现“知行合一”。我们既倡导大

为了提升企业发展的后劲和团队的软实力，我们很早就提出要打造学习型企业文化：面对变化，持续不断的学习和创新是我们不变的目标。

家学习英语，读在职研究生、EMBA、博士，出国进修，鼓励大家参观博物馆和美术馆，也勉励大家多出去旅行，以行走的方式增长见识。早些年，员工自发组织了徒步队，同事们约着一起体验了渤海止锚湾的暴风骤雨、延庆后河峡谷的涓涓溪流、昌黎翡翠岛的篝火、河北潘家口水库的美味、延庆海坨山的金莲花，还有北京昌平明十三陵的沧桑古神道。

学习为我们带来了许多意想不到的好处，我们的很多选题甚至发行和广告的灵感都来自持续不断的思考和学习。“博物君”张辰亮的畅销书系列《海错图笔记》就是一个极佳的例子。

清代画家兼生物爱好者聂璜著述并绘制过一部《海错图》，共描绘了300多种生物，几乎涵盖了无脊椎动物门和脊索动物门的大部分主要类群，还记载了不少海滨植物，是一本颇具现代博物学风格的奇书。但因时代所限，书中也有很多错误，比如有些动物聂璜并未亲见，仅凭别人描述绘制，因此图画存在诸多失实之处。关于生物习性的记载也是真假混杂。因此，勤学好思的“博物君”从现代生物学的视角，对《海错图》中的生物进行了详细的分析考证，辨别真伪对错。例如，《海错图》里描述了一种会飞的蚶（生活在浅海泥沙中带壳的软体动

2018年8月，木兰围场越野跑及员工培训。

物，俗称“瓦楞子”）：“忽有忽无，可一二十里不等。”张辰亮觉得不可思议，难道螺类生物也会飞？于是他开始了长达三年多的学习和考证。功夫不负有心人，2019年，在网友的帮助下，张辰亮得到了两大箱“飞蚶”，随后又与厦门大学曾文荟老师的实验室进行了联系和对接。最终，他发现《海错图》里“丝蚶”壳上的所谓“翅膀”，乃是核螺属的一种小海螺产的卵。春末它在浅海爬行，把卵散产在海底，有些便粘在了蚶露出泥面的壳上。人们在捕捞蚶时，受海水、海风的扰动，卵囊会轻轻摆动，不细看的话，可能会误认为是蚶在“扇翅膀”。于是，一番口口相传、添油加醋后，就有了“飞蚶”的传说。

在种种探寻研究之后，张辰亮在著作《海错图笔记·叁》里写道：“这幅康熙年间的小画背后的真相，竟几百年间无人知晓。而这就是古代博物学的价值。被现代人忽视的细节，古人会记录下来。在与古人对话时，我们就能朝花夕拾。”大概聂璜也未曾想到，300年后的今天，有一位和他志同道合的“博物君”如此较真，将他留下的信息作为线索，续写了一个这么有趣的故事。

除了这些能变现的“有用”学习，在中国国家地理，我们也鼓励大家钻研些“无用之学”，培养自己的兴趣和爱好。这就是我们所提倡的博物学精神，把无用当成有用。我们不妨想一想，陪伴人一生最长久的，其实是个人的兴趣爱好。所以，超越学以致用功利主义的爱好，不仅是人生苦闷或孤独时的一种消遣，也是一种高雅、有趣的探索，让我们能时刻保持对世界的好奇心和求知欲。

“地理味”的户外培训

和所有的媒体公司一样，我们会对员工进行各种形式的培训。新员工一入职就有入职培训、岗位培训，然后是各种业务能力培训和专项培训，但我们最有特色的是户外培训。《中国国家地理》杂志的核心是“地理”，提高员工的地理科学素养是我们培训的重点，由此户外培训成了一项制度化的设计。

从2001年开始，杂志社每年都会组织全体员工进行一次主题鲜明的野外培训。2004年，我们去了青藏高原。出发前两个月就给大家推荐了3本关于高原地貌和生态环境的专业书，每人都要认真学习，必须带着5~10个问题上路。我们的领队、专家会随行一路讲解，回答大家提出的问题。从西宁到拉萨，为期10天的培训很辛苦，大家一路睡兵站，吃路餐，忍受着强烈的高原反应，但是高原辽阔、丰富的地貌景观和独有的生态环境，让大家对青藏高原有了看得见、摸得着的感性认识，壮美的风光更是让大家深切感受到了地理的魅力。

将近20年的户外培训，我们的足迹遍布中国。从海拔四五千米的青藏高原到新疆的戈壁沙漠，从内蒙古浑善达克沙地到黄河三角洲，从翻越高黎贡山到川西草原徒步……对自然景观、地貌类型的认识，对大自然的神奇和奥秘的领略，加深了大家对科学传媒及旗下杂志品质的理解和把握。同时，户外培训考验了员工的体力与毅力，锻造了员工互助协作的团队精神。

在不同环境中长距离徒步是杂志社培训中的经典项目。2011年3月，杂志社组队徒步翻越高黎贡山、考察腾冲火山及地热景观。在考察的一周时间里，云南保山、腾冲一带阴雨连绵，高黎贡山更是云遮雾罩。风雨中穿越丛林，异常艰辛却也因此而更具魅力。翻山线路选择的是茶马古道中“蜀身毒道”的一段，长约23公里。徒步途中，领队张书清还找到了未开发的野温泉，不少同事直接跳进去解乏，没携带换洗衣物的，泡完温泉后就浑身湿漉漉地接着走完全程。

2012年8月，杂志社又在川西高原的康定境内、贡嘎山脚下展开培训，参训员工在原始森林里跋涉三个多小时，绝大部分都顺利到达终点——海拔4200米左右的莲花湖畔。当日这趟旅程，徒步往返6个多小时，加上之前约8小时车程，再加上高海拔等因素，相当有挑战性。完成项目后，队员们都感叹自己的生命状态“升级”了。

随着杂志社人员的增加，有时户外培训必须分为前后两个队伍。近两年来，我们又相继创造出一些新的组织形式。2018年夏季，杂志社举办“中国国家地理木兰围场超级跑”，在展开商业赛事的同时进行员工培训，这也是中国国家地理第一次允许带家属参加培训。50公里超级跑是专业级别的，参训员工根据自身条件，可以选择参加10公里体验跑或3公里亲子跑。

2019年，我们的员工已经增至260多名，于是户外培训改由下属部门、子公司各自策划实施，提前申报路线计划和预算方案，完成后提交总结报告。其中，《中国国家地理》编辑部的张璇把大家带到了她的家乡大同，考察了大同火山群、悬空寺、云冈石窟、应县木塔，讨论了古城保护问题。新媒体公司的同事们走进了四川阿坝藏族羌族自治州，前往《中国国家地理》新媒体曾评选出的数个“最美观景拍摄点”——如桃坪羌寨、大藏寺、卓克基土司官寨、西索民居、四姑娘山双桥沟及卧龙大熊猫繁育研究基地，实地考察了解当地的地质地貌、生态环境和历史文化。《博物》编辑部则结合杂志策划的“海军基地”与“西沙群岛”专题，组队前往海南三沙市培训。在永兴岛及其周边岛屿，博物团队不但考察了我国南海区域的珊瑚礁、海草床等特色生态系统，还对我国低纬度的星空、潮汐和岛屿植被变化、珊瑚礁岛屿淡水演化、野生海龟保护、南海岛屿垃圾处理、渔业资源利用等领域进行了深入调查。

这种独具特色的户外培训为员工推开了地理世界的另一扇大门，每个人都深深感受到作为中国国家地理人的骄傲和使命感：我们是在大自然里和天地万物一起工作、思考和生活！

本书供图 / 《中国国家地理》杂志社　封面摄影 / 张超音

2008年6月，在内蒙古赤峰草原徒步一整天后，同事们在山坡上休整。

后 记

回归地理哲学

任何科学到最后都是哲学问题，地理科学也一样。就像全球变暖问题，福兮祸兮，就是一个哲学思辨问题。最近这几年，特别是随着颠覆性技术如人工智能和区块链技术的出现，让我对地理哲学的认识越来越清晰了。

从概念上来讲，“地理”不再是枯燥的知识，而是一种认知领域的大局观和思维方式。随着公众科技意识的提升，人们开始接受思辨精神，不再寻求标准的答案，除了继续关注人与自然的关系，地理学开始关注技术革新带来的时空关系感：我们与时间和空间的关系发生了改变。打开手机上的卫星地图，我们可以看到南极和北极的实时动态图，甚至以前觉得遥不可及的太空，现在看来也不那么遥远了。技术不是科幻，它已在时时叩击着人类的认知之门了，高新科技正在对人与自然的关系形成强烈的冲击。

如果技术再进一步，比如，当人工智能具备深度学习和独立思考的能力后，时空关系的改变将超越我们现在的思辨能力。到那个时候，虚拟变成现实，我们人类将面临史无前例的变化与挑战。比如，使用一个拥有人工智能的机器作者或编辑，可能比雇真人要便宜很多，而且它能充分了解我们的想法与偏好，写得又好又快。在这种情境下，地理类科学传媒仍然会存在，尽管传播的方式、介质和从业者会有所改变，因为时间和空间——地理学最基本的两大要素不会消失，人类社会仍然要处理暴风雨、洪水、地震、火山爆发带来的种种问题。真正的威胁在于，如果我们跟不上变化，无法适应虚拟化、压缩的时空世界，就会落后乃至被淘汰出局。所以，我们要常变常新，保持对自然、世界和人类社会的关注，传递媒体的思想价值，这是我们作为科学传媒的基本逻辑。

如此说来，媒体的最高境界也是哲学，它徘徊在人类社会的三大思想基石——科学、宗教和艺术之中，不断思考、进退和联结。科学相对正确，但它是有尽头的，艺术和宗教也有各自的局限，但这三个局限恰好在相互咬合、相互弥补、相互纠缠中进步，建构出最基本的人类文明历程和思想传承。未来，还会有“中国国家地理”吗？如果有，“中国国家地理”的未来会是什么？我不知道。它可能既是媒体，也是一切可能的新形态。

李栓科，男，1964年11月生，甘肃平凉人，中共党员，毕业于北京师范大学地理系，获硕士学位。现任中国科学院地理科学与资源研究所研究员，《中国国家地理》杂志社社长兼总编辑。曾经从事南极、北极和青藏高原地区的地貌、第四纪地质环境演变等领域的研究工作。

李栓科于2003年获得第七届“中国科学院杰出青年”称号；2004年获得“第八届中国优秀青年奖”；2006年入选新世纪百千万人才工程国家级人选；2007年获得第一届中国出版政府奖优秀出版人物奖；2009年获得“中国百名优秀出版企业家”称号；2010年和2011年分别入选全国宣传文化系统“四个一批”人才；2013年获得国务院颁发的政府特殊津贴；荣获2016年度广州市产业领军人才称号；2017年入选全国万名优秀创新创业导师人才库。

个人主编出版了《梦幻大陆——南极》《地球之冠——北极》《多彩张掖》《极致之美》《再发现四川》《发现青海》《发现西藏》《发现内蒙古》《发现广东》等专著。

图书在版编目（CIP）数据

科学传媒的做点：中国国家地理之路 / 李栓科著
. – 北京：北京联合出版公司，2020.10

ISBN 978-7-5596-4119-9

Ⅰ. ①科… Ⅱ. ①李… Ⅲ. ①地理 – 杂志社 – 出版工作 – 研究 – 中国 Ⅳ. ①G239.22

中国版本图书馆CIP数据核字（2020）第056595号

科学传媒的做点：中国国家地理之路

作　　者：李栓科
出 品 人：赵红仕
责任编辑：管　文
策　　划：《中国国家地理》杂志社
　　　　　北京地理全景知识产权管理有限责任公司
特约编辑：陈惊鸿
图片编辑：吴　敬　王　宁
书籍设计：介　彬
校　　对：陆凤山
制　　版：北京美光设计制版有限公司

北京联合出版公司出版
（北京市西城区德外大街83号楼9层 100088）
北京联合天畅文化传播公司发行
北京华联印刷有限公司印刷 新华书店经销
字数：200千字 710毫米×1000毫米 1/16 印张：23
2020年10月第1版 2020年10月第1次印刷
ISBN 978-7-5596-4119-9
定价：88.00元